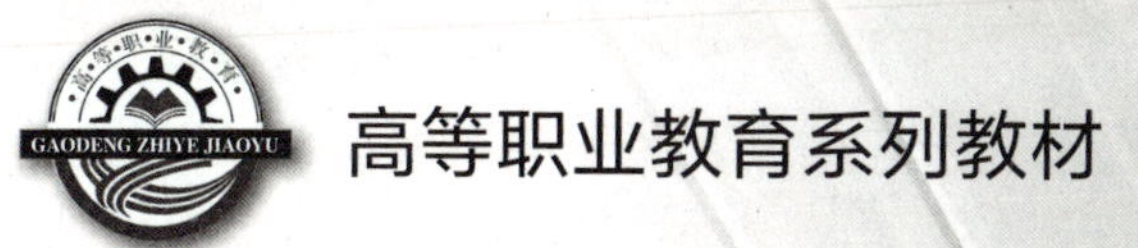

职场沟通与写作训练教程

主 编 宋卫泽 陈志平
副主编 韩春英
参 编 陈姗姗

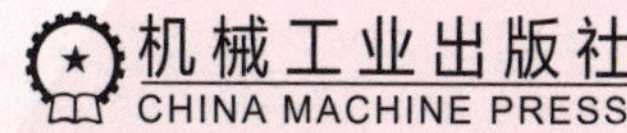

本书是针对高职高专学生编写的职场沟通技能和写作训练教程。编者打破了惯常的编写模式，设计了一系列生活和职场中必须面对的口头与书面沟通的情境，按照“情境导入”“任务描述”“案例导引”“知识平台”“相关资讯”“实践演练”的体例，设定了6个教学情境，15个教学任务，引导学生完成各项任务目标，逐步解除紧张心理，尝试有效人际沟通，掌握演讲和辩论、推销的一般技法；并能选择恰当的方式，完成如求职信、个人简历、市场调研、活动策划、总结、广告文案等任务中的应用文书写作，切实培养和提高沟通水平。为提升阅读效果，活跃版面，本书采用双色印刷。

本书内容通俗易懂、循序渐进，既可以作为大专、高职院校口才与写作类课程的通用教材，也可以作为普通读者自我学习和训练的参考用书。

凡选用本书作为教材的教师，均可登录机械工业出版社教育服务网www.cmpedu.com下载本教材配套电子课件，或发送电子邮件至cmpgaozhi@sina.com索取。咨询电话010-88379375。

图书在版编目（CIP）数据

职场沟通与写作训练教程/宋卫泽，陈志平主编．—北京：机械工业出版社，2016.8（2020.2重印）
高等职业教育系列教材
ISBN 978-7-111-54279-7

Ⅰ.①职…　Ⅱ.①宋…②陈…　Ⅲ.①人际关系学-高等职业教育-教材②汉语-应用文-写作-高等职业教育-教材
Ⅳ.①C912.1②H152.3

中国版本图书馆CIP数据核字（2016）第171965号

机械工业出版社（北京市百万庄大街22号　邮政编码100037）
策划编辑：王海峰　赵志鹏　责任编辑：王海峰
责任印制：郜　敏　　　　责任校对：陈秀丽
北京中兴印刷有限公司印刷
2020年2月第1版·第5次印刷
184mm×260mm·15.25印张·373千字
12 901—16 900册
标准书号：ISBN 978-7-111-54279-7
定价：39.80元

电话服务　　　　　　　　网络服务
客服电话：010-88361066　机　工　官　网：www.cmpbook.com
　　　　　010-88379833　机　工　官　博：weibo.com/cmp1952
　　　　　010-68326294　金　　书　　网：www.golden-book.com
封底无防伪标均为盗版　机工教育服务网：www.cmpedu.com

前言

高等职业教育的目标是培养面向生产、建设、管理、服务一线的高级应用型人才，教会学生掌握职场沟通与写作的知识与技能，对提高毕业生综合素质和就业竞争力具有十分重要的意义。为此，我们根据教育部制定的相关高职高专教育基础课程教学基本要求，依据课程标准，结合高职学生的实际，参考近年来出版的应用写作与口语表达类教材，博采众长，编写了这本教材。

本教材以培养学生表达与沟通能力为目标，淡化理论阐述，注重实践应用，加强职业情境设置，强化学生技能训练，形成了如下特色。

1. 内容实用　在内容的选择上突出高职基础课教学“实用、适用”的特色，选择高职学生在校学习生活，及进入职场后使用频率较高的文体组成各章节内容，对学生应知应会的内容，以理解贯通为主，强化训练、重在应用；对写作理论知识不做高深的理论阐述，注重通俗易懂，简洁明了，服务于写作实践。

2. 体例新颖　在章节结构上打破传统应用写作教材的结构体系，以真实的工作任务为载体，模拟职场情境来设计教学，各情境由情境导入、任务描述、案例导引、知识平台、相关资讯、实践演练等部分组成，与专业学习相结合，与职业技能提高相结合。精心设计每部分的内容，既独立成篇又紧密结合，各部分相互之间构成有机整体。

3. 实训扎实　本书强化基本功训练，各情境内容重点放在典型例文分析和综合实训内容的设计上，每章节都按照由浅入深、情景模拟的原则，精心设计实训内容，注重培养学生职业人的角色意识，提高学生分析问题、解决问题的能力。

本教材由宋卫泽、陈志平老师任主编，韩春英任副主编，陈姗姗老师参加编写。陈姗姗老师编写了学习情境一；陈志平老师编写了学习情境二；宋卫泽老师编写了教材开篇部分，学习情境三任务 2、任务 3、学习情境四，学习情境六以及附录部分；韩春英老师编写了学习情境三中任务 1、任务 4 以及学习情境五。全书由宋卫泽老师审定统稿。

在教材编写过程中，我们参考了一些专家、学者的著作以及已出版的其他院校同行编写的同类教材，在此致以诚挚的谢意。

由于水平所限，本教材一定存在不少缺点和不尽如人意之处，敬请广大读者和专家、同行们批评指正。

编　者

目录 Contents

开篇 怎样沟通

沟通是各种职业活动中最富人性化的活动，在职场中无时不在、无处不有。良好的沟通能力可以使职业人准确和恰当地表达自己的思想和感情，进而获得他人的理解和支持，保持良好的人际关系，促进职业活动的顺利开展和自身职业的发展。

一、了解什么是沟通

情境导入

如果你是一个公司的项目经理，目前正在负责一个项目工程。在工作过程中，你发现项目组中的成员小张由于粗心犯了一个错误，这个错误对你所负责的项目会将产生严重后果，你希望可以尽早得到纠正。

你应该怎么办？

任务描述

人们在工作学习生活中都要进行沟通。常见的沟通方式有书面和口头两种。如何达成有效的沟通？我们需要了解沟通的内涵、特点，以及沟通的类型。

案例导引

案例1 小张和小王的故事

小张与小王同时担任公司的项目协调员，两人的项目设计均思维缜密、考虑周到，按理说在水平上旗鼓相当，但偏偏小张被提拔为项目经理。

小王想不通，每次讨论他设计的项目，大伙都提不出什么意见，偶尔有人想说点什么，小王都据理力争，说得对方无言以对。虽然大家都认为他说得有道理，但总觉得他有点儿“得理不饶人”的清高自傲。特别是当领导极有风度地点拨其项目中的某些缺陷时，小王显得欠沉稳，急呼呼地抢白领导的话，辩解又有点儿过多，弄得领导脸面上有点儿看不出来但能感觉到的难堪。

小张则不，讨论他的项目时，尽可以畅所欲言，每个到会的人，不管水平高低，都愿意献出自己的一家之言。小张谦虚豁达，从善如流，对每个人的话都做认真记录，即使有个别极不对自己思路的意见，他也做出洗耳恭听、兼听则明的姿态。特别是领导的指示，他认真聆听与重视，并一个劲地点头。最后修改过的项目书，必定是容纳百川，又能以领导指示精

神为纲。参加小张的项目讨论会，大家都有畅所欲言的机会，也都有显示自己真知灼见的成就感。当然，太出格的建议，小张是弃之不取的，但他记着下一次有机会，一定吸收该建议者的一些合理意见，以求平衡。

所以在讨论提拔谁担任项目经理这个职务时，几乎所有的人都推荐小张。

怀才不遇的小王愤然跳槽。过了两年，听说小王又跳槽了，而小张则春风得意马蹄疾，听说即将走马上任主管工程项目的副总经理了。

思考讨论

从本案例可以看出，小王确实有“才”，但是由于职场沟通能力方面的不足，导致其在工作上无法顺利晋升。

那么沟通能力好坏对一个人事业发展是否有帮助？

案例2 “交往剥夺”的实验

美国心理学家义沙赫特曾经做过一个实验：他以每小时15美元的酬金先后聘请了5位志愿者进入一个与外界完全隔绝的小屋，屋里除提供必要的物质生活条件外，没有任何社会信息进入，以观察人在与世隔绝时的反应。结果，其中1个人在屋里只待了2小时就出来了，3个人待了2天，时间最长的一个人待了8天。这位待了8天的人出来后说：“如果让我再在里面待1分钟，我就要疯了。”也有心理学家曾做过一个“交往剥夺”的实验，结果发现受试者在百米深的洞穴中，单独生活了156天以后，精神面临崩溃状态，神情呆滞、冷漠无情、举止失常。

思考讨论

沟通对一个人是否重要？

案例3 方言误解导致的纠纷

据报载，小王给河南的老丈人买的“轩尼诗”洋酒和“白鹤”香烟，被老丈人用河南方言念成了“选你死”和“白活”，导致翁婿冲突。还有媒体报道，一对东北姐妹到苏州乘公交车，只因不懂苏州话，把司机口中的“你们这两位少见的”误听成了“你们这两位小贱人”，竟暴打了车上的男公交司机，最后因打人被处以拘留10天的治安处罚，并罚款200元。

思考讨论

如何避免在沟通中因方言的差异而导致误解？

知识平台

在生活、学习、工作中，沟通无处不在。沟通能力决定生活品质。但在现实生活中，很多人或是缺乏沟通意识，不愿主动沟通；或是缺少沟通技巧，沟而不通。那么，什么是沟通？主动沟通有什么意义？在生活、工作中有时为什么会出现无效沟通？这个任务将通过对沟通基本知识的介绍，让读者了解沟通的重要性，明了有效沟通的含义、要素、原则及沟通的步骤、方式，明确影响有效沟通的障碍因素，帮助读者养成主动沟通的意识和习惯；通过克服自我沟通及人际沟通的心理、情绪障碍的训练，让读者能有端正、积极、愉悦的心态，为有效沟通做好准备；通过对沟通过程中解读肢体语言、有效倾听、正确提问等基本技能的学习和训练，提高读者的沟通能力。

（一）沟通的概念

汉语中“沟通”一词最早出现在《左传·哀公九年》：“秋，吴城邗，沟通江淮。”杜预注：“于邗江筑城穿沟，东北通射阳湖，西北至末口入淮，通粮道也。”这里“沟通”的意思是开挖水道，让水从一个地方流到另外一个地方。引申为能够对话、交流，形成一致。从现代汉语的一般意义上讲，沟通就是发送者通过一定的渠道（或称媒介、通道），将信息发送给既定对象（接收者），并寻求反馈，以达到相互理解的过程。

无论在职场上还是在生活中，沟通都是人与人之间交往不可或缺的重要组成部分。人们每天都是信息的发送者，也是信息的接收者，沟通则是信息交换的桥梁。

要达到有效沟通，必须具备三个条件：一是沟通中所使用的符号双方都能理解；二是传递的信息尽量不受外界干扰；三是沟通双方都要有心理准备。

职场沟通是一个人职业发展的需要，是一项最基本而又最重要的技能。在职场上，仅仅踏实肯干是不够的，还需要掌握必要的沟通技能。只有这样，才能妥善处理好职业发展过程中的种种问题，让自己的事业蒸蒸日上。

（二）沟通过程模型

沟通过程包括沟通主体（发送者）、沟通客体（接收者）、信息与通道等基本要素。沟通过程如图 0-1 所示。

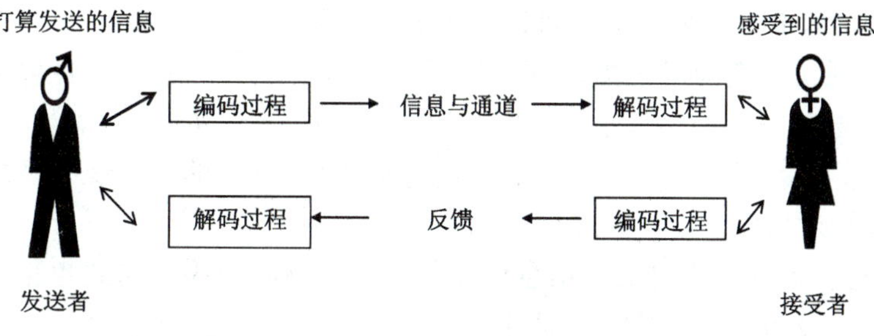

图 0-1 沟通过程

（1）主体/发送者 主体/发送者即信息源与沟通发起者，这是沟通的起点。

（2）编码 编码即组织信息，把信息、思想与情感等内容用相应的语言、文字、图形或其他非语言形式表达出来就构成了编码过程。

（3）信息通道 信息通道即媒介、信息的传递载体。沟通除了面谈外，还可借助电话、

传真、电子邮件、手机短信等媒介传递信息。

(4) 解码　解码即译码，是接收者对所获取的信息（包括中性信息、思想与情感）的理解过程。

(5) 客体/接收者　客体/接收者即信息接收者、信息达到的客体或信息受众。

(6) 反馈　接收者对信息的理解和态度，接收者向发送者传送回去的反应即反馈。

（三）沟通对象分析策略

1. 沟通对象是谁?

(1) 最初对象　最初对象即最先接收到信息的个体或团体。他们可能与信息传递的主要客体没有直接关系，对信息内容也没有发言权，但对信息进一步准确传递有决定性作用。

(2) 信息传递者　信息传递者是沟通者与最终受众之间的“桥梁受众”，其有权进一步传递信息或阻止信息进一步传递。

(3) 主要受众　主要受众是直接从沟通主体得到信息的个体或团体，可以决定是否接受沟通主体的建议，是否按照主体的提议行动。

(4) 次要受众　次要受众即间接获得信息，或受到信息波及的个体或团体。其可能会对主体的提议发表意见，或在主体的提议得到批准后负责具体实施。

(5) 意见领袖　意见领袖即客体中具有强大影响力的、非正式的个体或团体。一般是在某些非正式组织中具有较高威信、较大影响力的个体，其对信息的传递产生巨大影响。

(6) 关键决策者　关键决策者即可以影响整个沟通结果的决策者。

2. 沟通对象有哪些特点?

需要了解受众对沟通内容的了解情况、对新信息的需求及受众的期望和偏好，其中包括风格偏好、渠道偏好及标准态度与格式偏好。

3. 沟通对象有什么感觉?

要了解受众对提供的信息感兴趣的程度，其中主要包括积极的受众、中立的受众及敌意的受众三种类型。同时还需要了解所要求的行动对受众来说是否容易做到。

（四）沟通的类型

1. 语言沟通和非语言沟通

根据所借用的媒介的不同，沟通可划分为语言沟通与非语言沟通。

(1) 语言沟通　语言沟通是指以词语符号为载体实现的沟通，主要包括口头沟通、书面沟通和电子沟通等。

1) 口头沟通：借助语言进行的信息传递与交流。口头沟通的形式很多，如会谈、电话、会议、广播、对话等。

2) 书面沟通：借助文字进行的信息传递与交流。书面沟通的形式也很多，如通知、文件、通信、布告、报刊、备忘录、书面总结、汇报等。

3) 电子沟通：又称E-沟通，是以计算机技术与电子通信技术组合而产生的信息交流技术为基础的沟通。它是随着电子信息技术的兴起而新发展起来的一种沟通形式，包括传真、闭路电视、计算机网络、电子邮件等。

(2) 非语言沟通　非语言沟通是指通过身体动作、体态、语气、语调、空间距离等方式交流信息、进行沟通的过程。在沟通中，信息的内容部分往往通过语言来表达，而非语言则作为提供解释内容的框架，来表达信息的相关部分。因此非语言沟通常被错误地认为是辅

助性或支持性角色。非语言沟通主要包括标记语言、动作语言、物体语言等形式。

2. 直接沟通和间接沟通

按信息沟通的过程是否需要第三者加入，可分为直接沟通和间接沟通。

（1）直接沟通　直接沟通是指信息发送者与接收者直接进行信息交流，无须第三者传递的沟通方式。例如，面对面的交谈、电话交谈等。直接沟通的优点是沟通迅速，双方可以充分交换意见，交流信息，迅速取得相互了解。其缺点是信息的有效传递需要时间和空间的一致性，有时直接沟通存在一定的困难。

（2）间接沟通　间接沟通是指信息发送者必须经过第三者的中转才能把信息传递给接收者。间接沟通的优点是不受时间和空间条件限制。其缺点是较耗费人力和时间，且可能使信息失真。

3. 正式沟通和非正式沟通

按沟通的组织结构特征，沟通可分为正式沟通和非正式沟通。

（1）正式沟通　正式沟通是指按照组织明文规定的渠道进行信息的传递和交流。例如，组织内部的文件传达，上下级之间例行的汇报、总结，工作任务分配以及组织之间的信函往来等都属于正式沟通。正式沟通具有组织的严肃性、程序性、稳定性、可靠性及信息不易失真的特点。它是职场沟通的基本方式。

（2）非正式沟通　非正式沟通是指正式沟通渠道以外自由进行的信息传递和交流，它是正式沟通的补充。例如，员工之间私下交换意见、交流思想感情或传播“小道消息”等。其特点是自发性、灵活性、不可靠性。非正式沟通作为正式沟通的补充有其积极的作用，通过它可以掌握组织成员的心理状况，并在一定程度上为自身的职场行为提供依据。但由于在非正式沟通中信息失真比较大，所以作为职场人员既不能完全依赖它获得必要的信息，又不能完全忽视它。

4. 上行沟通、下行沟通和平行沟通

按沟通的方向，沟通可分为上行沟通、下行沟通和平行沟通。

（1）上行沟通　上行沟通是指在组织或群体中从较低层次向较高层次的沟通。它是群体成员向上级提供信息、发表意见和对情况的反映。如果上行沟通渠道畅通，可使下级员工积极主动向上级反映自己的意见和愿望，获得某种心理上的满足，同时也可使领导者及时、准确地掌握下级情况，为做出符合实际的决策和改进管理创造条件。上行沟通是一个组织领导者了解和掌握组织全面情况，以做出正确决策的重要环节。因此，组织领导者应大力鼓励下级向上级反映情况，从而确保上行沟通渠道的畅通无阻。同时下级员工也要鼓足勇气进行上行沟通。

（2）下行沟通　下行沟通是指组织或群体中从较高层次向较低层次传递信息的过程。它是组织领导者把组织的目标、规章制度、工作程序向下传达的沟通方式。下行沟通可以使下级员工明确工作任务、目标，增强责任感和组织归属感，而且可以协调组织各层次的活动，加强各级间的有效协作。

（3）平行沟通　平行沟通是指组织或群体中各平行机构之间的交流及员工在工作中交互作用和交谈等。平行沟通能够保证部门间的相互通气、相互配合和支持，从而减少矛盾和冲突，有利于组织各种关系的平衡和稳定。

5. 单向沟通和双向沟通

沟通按信息发送者与接收者的位置是否变换，可分为单向沟通和双向沟通。

（1）单向沟通　单向沟通是指信息的发送者与接收者之间相对位置不发生变化的沟通，即信息的交流是单向的流动，如演讲、做报告、广播消息等都属于单向沟通。单向沟通的优点是信息传递快，其缺点是缺少信息反馈，沟通的信息准确性差，当接收者不愿接受意见或任务时，容易引起不满与抗拒。

（2）双向沟通　双向沟通是指信息的发送者与接收者的位置不断变化的沟通，即信息交流是双向的活动。例如，组织间的协商、讨论或两个人之间的谈心等都属于双向沟通。双向沟通的优点是能及时获得反馈的信息，沟通信息准确性较高，通过沟通有助于联络和巩固双方感情。其缺点是信息完整传递的速度较慢，接收者可以反对信息发送者的意见，在一定条件下可能给发送者造成心理上的压力。

6. 工具式沟通和情感式沟通

按照功能，沟通可分为工具式沟通和情感式沟通。

（1）工具式沟通　工具式沟通指发送者将信息、知识、想法、要求传达给接收者，目的是影响改变接收者的行为。

（2）情感式沟通　情感式沟通指沟通双方表达情感、获得对方精神上的同情和谅解，最终改善相互之间的人际关系。

7. 有意沟通和无意沟通

根据沟通者是否意识到沟通的发生，沟通可以分为有意沟通和无意沟通。

（1）有意沟通　有意沟通是有意识的沟通，如谈话、聊天、上课等。

（2）无意沟通　无意沟通是当事人没有意识到沟通的发生，普遍存在但常被人所忽视，如护士看到病人睡觉会放轻脚步。

（五）影响沟通的因素

沟通是一个双向互动的过程，无论是信息发出者和接收者的主观原因，或是外在的客观因素，都会导致沟通的失败，即双方无法就某一信息共享或达成一致的认识。

1. 个人因素

（1）生理因素　一是暂时性的身体不适，如疼痛、饥饿、疲劳等，会使沟通者难以集中精力而影响沟通。当这些生理不适消失后，沟通就能正常进行。二是永久性的生理缺陷，如感官功能不健全（听力不足、视力障碍等）、智力发育不健全，则会长期影响沟通。与这些特殊对象进行沟通便要采取特殊方式，如加大声音分贝和光线强度，借助哑语、盲文等。

（2）情绪状态　若沟通者处于特定情绪状态时，常常会对信息的理解“失真”。例如，当沟通者处于愤怒、激动状态时，对某些信息的反应常会过分（超过应有程度）。

（3）个人特征　现实中每个人都会因其生活环境和社会经历的不同而形成各不相同的心理、社会特征，许多特征都会不同程度地对人际沟通产生影响。人格对人际沟通的影响包括如下一些方面。

1）性格特征的影响。例如，两位性格都很独立、主观性又很强的人相互沟通，往往不容易建立和谐的沟通关系，甚至会发生矛盾冲突。而独立型性格的人与顺从型性格的人相互沟通，则常常因为“性格互补”而建立起良好的沟通关系，有利于沟通的顺利展开。一般

来说，与性格开朗、大方、爽快的人沟通比较容易，而与性格内向、孤僻、拘谨、狭隘的人沟通往往会遇到许多困难。

2）认识差异的影响。由于个人经历、教育程度和生活环境等的不同，每个人的认识范围，以及认知涉及的领域、专业等都有差异。一般来说，知识水平越接近，知识面重叠程度越大（如专业相同或相近等），沟通时越容易相互理解。知识面广、认知水平高的人，比较能适合与不同认知范围和水平的人进行沟通。

3）文化传统影响。文化发展具有历史的延续性，不同地域、不同民族的文化在长期的发展过程中会形成许多具有鲜明地域性和民族性的特征，从而形成特定的文化传统。这种文化传统的影响定势，总是在左右着每个人的行为，形成人们既有共性又有个性的“文化”特征。一般来说，文化传统相同或相近的人在一起会感到亲切、自然，容易建立相互信任的沟通关系。当沟通双方文化传统有差异时，理解并尊重对方文化传统将有利于沟通，反之，将对沟通产生不利影响。

（4）沟通技能　有的人口才很好而写作不行，口头交流时讲得头头是道，但书面交流则困难重重；有的人则正好相反。另外，口齿不清、地方口音重、不会说普通话、书面记录速度慢等，也属于沟通技能方面的问题，也会影响沟通。人际沟通的情境千差万别、千变万化，其影响因素也颇为复杂多样。了解一些常见的影响因素，有利于沟通者在设计沟通时“兴利除弊”，在沟通进行时随机应变。

2. 环境因素

（1）嘈杂声干扰　例如，门窗开关的碰击声、临街的汽车声和叫卖声、邻居的音响声、各种机械噪声，以及与沟通无关的谈笑声。

（2）环境氛围影响　例如，房间光线昏暗，会使沟通者看不清对方的表情；室温过高或过低，会使沟通者精神涣散；色彩鲜艳的环境布置和氛围，可使沟通者放松、愉快，有利于促膝长谈。

（3）隐私条件影响　凡沟通涉及隐私时，若有其他无关人员在场，缺乏隐私条件，便会干扰沟通。回避无关人员的安静场所，则有利于消除当事者的顾虑，使其畅所欲言。

（六）沟通中易出现的障碍

1. 文化背景

经济全球化的情况下，跨国交往活动日益频繁，跨国公司大量出现，合资企业大量涌现，使得企业员工背景多元化趋势日益明显。在跨文化的沟通中，很多职场人士又面临着诸多新问题，常由于种种原因而产生误解。

例如，保加利亚人和印度的某些民族对于点头和摇头的理解与我们的习惯相反。又如，在英国，如果晚宴的时间是20时入席，那么多半的客人会在20时15分到场；在德国则看重准时；在希腊，即使到了21时或21时30分到达也属正常；如果到了印度，那可能就更晚了。如果不了解这种差异，就会造成很多误会，造成人际交往中的障碍。

中国是一个幅员辽阔的多民族国家，来自不同地域的人们进行沟通时，可能会出现种种沟通障碍。而在不同行业、不同职业以及不同专业之间的人士进行交往时，也容易出现沟通障碍。

2. 语言障碍

由于人们语言习惯和修养上的差异，即使使用同一种语言，也会对其表达的内容产生不同的理解。因方言误解而出现沟通障碍就更多了，媒体上就常报道因此而出现的纠纷。

3. 心理障碍

心理障碍的范围很广，如人们在需求、动机、爱好、兴趣、态度、能力和人格等方面的差异，都可能会造成人际交往中的障碍。

4. 地位障碍

社会地位不同的人通常具有不同的意识、价值观念和道德标准，从而造成沟通的困难。不同阶级的成员，对同一信息会有不同的甚至截然相反的认识，政治差别、宗教差别、职业差别等也都可能成为沟通障碍。不同党派的成员对同一政治事件往往持有不同的看法；不同宗教或教派的信徒，其观点和信仰迥异；职业的不同常常造成沟通的鸿沟，即所谓的“隔行如隔山”；甚至年龄也会造成沟通障碍，所谓“代沟”即为一例。

5. 组织结构障碍

如果组织结构过于庞大、臃肿，层次重叠，人浮于事，就会使信息经过层层传递而出现失真、损耗和歪曲，从而造成人际交往中的障碍。

（七）沟通的诀窍和原则

1. 沟通的诀窍

（1）尊重别人　俗话说：“种瓜得瓜，种豆得豆。”把这条朴素哲理运用到社会交往中，即你处处尊重别人，得到的回报就是别人处处尊重你，尊重别人其实就是尊重你自己。

（2）乐于助人　人是需要关怀和帮助的，尤其要十分珍惜自己在困境中得到的关怀和帮助，并把它看成是“雪中送炭”，视帮助者为真正的朋友、最好的朋友。

（3）心存感激　生活中，人与人的关系最是微妙不过，对于别人的好意或帮助，如果你感受不到，或者冷漠处之，可能生出种种怨恨。

（4）产生共鸣　俗语说：“两人一般心，有钱堪买金；一人一般心，无钱堪买针。”人与人之间，如果能主动寻找共鸣点，使自己的“固有频率”与别人的“固有频率”相一致，就能够使人们之间增进友谊，结成朋友，发生“共振”。

（5）真诚赞美　林肯说过：“每个人都喜欢赞美。”赞美之所以得其殊遇，一在于其“美”字，表明被赞美者有卓然不凡的地方；二在于其“赞”字，表明赞美者友好、热情的待人态度。人类行为学家约翰·杜威也说：“人类本质里最深远的驱策力就是希望具有重要性，希望被赞美。”因此，对于他人的成绩与进步，要肯定，要赞扬，要鼓励。当别人有值得褒奖之处时，应毫不吝啬地给予诚挚的赞许，以使人们的交往变得和谐而温馨。

（6）诙谐幽默　人人都喜欢和机智风趣、谈吐幽默的人交往，而不愿同动辄与人争吵，或者郁郁寡欢、言语乏味的人来往。幽默，可以说是一块磁铁，以此吸引着大家；可以说是一种润滑剂，使烦恼变为欢畅，使痛苦变成愉快，将尴尬转为融洽。

（7）大度宽容　人与人的频繁接触，难免会出现磕磕碰碰的现象。在这种情况下，学会大度和宽容，就会使你赢得一个绿色的人际环境。要知道，“人非圣贤，孰能无过”。因此，不要对别人的过错耿耿于怀、念念不忘。生活的路，因为有了大度和宽容，才会越走越宽，而如果思想狭隘，则会把自己逼进死胡同。

（8）诚恳道歉　有时候，一不小心，可能会碰碎别人心爱的花瓶；自己欠考虑，可能会误解别人的好意；自己一句无意的话，可能会伤害别人……如果无意伤害了别人，就应真诚地道歉，这样不仅可以弥补过失、化解矛盾，而且还能促进双方心理上的沟通，缓解彼此的关系。切不可把道歉当成耻辱，那样将有可能失去一位朋友。

2. 沟通的原则

(1) 平等原则　在职场沟通中，人们需要彼此尊重。在比自己强的人面前，不要畏缩；在比自己弱的人面前，不要骄纵。学问有深浅，地位有高低，但是所有人的人格都是平等的。对于领导者来说，要“礼贤下士”“将心比心”；对于一般职员来说，要充满自信，不要有“恐高症”。

(2) 尊重原则　在相互尊重的氛围下，沟通才能顺利进行，相互尊重是交往中的一种润滑剂，对于创造一个融洽的沟通气氛，具有非常重要的作用，并能使沟通最终达到双赢的结果。

(3) 规范性原则　任何沟通都必须遵循规范性的原则，有的规范是成文的，如办公纪律，有的是不成文的，如道德规范和行为准则。尤其是对不同文化背景的人来说，了解不同民族不同地区的基本交往规范，显得越来越重要。

(4) 双向沟通原则　双向沟通是指在交往中，交往双方应积极地进行沟通，分别对对方有一定的和必要的了解。应该以相互理解作为交往双方交往的前提，离开了相互理解，交往将困难重重。

(5) 适度性原则　适度性原则主要指根据不同对象把握言谈的深浅度，根据不同场合把握言谈的得体度，根据自己的身份把握言谈的分寸度，包括体态语言等都要恰到好处。说在该说时，止在该止处。

相关资讯

受众类型分析和沟通策略选择

成功的沟通首先要分析沟通环境、沟通目标以及沟通双方的关系，在此基础上，进一步分析沟通对象，从而选择相应的策略。沟通对象由于心理需求、性格、气质、沟通风格等的不同，可分为不同的类型，根据不同的类型和风格，选择相应的沟通策略，见表0-1～表0-3。

表0-1　心理需求类型分析和沟通策略

心理需求类型	特　征	沟通策略
成就需要型	有自己的目标和工作标准，追求卓越	充分认同这类人对工作的责任感，沟通时应给予他们大量的反馈信息，并对他们表示肯定
交往需要型	看重友情和真诚工作关系。令他们愉快的是能有一种和谐的、轻松的工作氛围	以交朋友的姿态和语气与他们交流，设法与他们建立良好的人际关系，始终坚持平等相待的原则
权力需要型	对工作负责，有强的权力欲。行事果断，能影响他人，渴望权威	采用咨询和建议的方式，尽量不要以命令和指导的方式。要认同他们在工作中的职责，对他们的职责给予肯定

表0-2　信息处理风格分析和沟通策略

信息处理风格	特　征	沟通策略
思考型	思路清晰，富有条理，善于分析和把握事物的本质，也善于运用事实和数据进行系统的分析和研究	以虚心、谦逊的态度，以需要在理论和逻辑思维上寻求帮助的态度与他们沟通，给予他们充分的信息，使之通过逻辑推理得出结论

（续）

信息处理风格	特　征	沟通策略
感觉型	基于个人的价值观和判断能力来对待事物，善于处理公共关系，商谈事情，做出决策	明确表达价值观念，在沟通信息的组织上，要突出对他们的支持
直觉型	具有丰富的想象力，并且能够提供具有创造性的想法。凭直觉、预感和可能性做事	充分利用和发挥他们的想象力，不要轻易给他们问题的答案，不要轻易否定或批驳他们的观点
知觉型	精力充沛，善于行动而不善于言辞。处理问题当机立断，善于发起一个活动，签订协议，调解纠纷，将理想转化为行动	不要对事物添加太多的细节和幻想的结论。清晰地交流，抓住要点，在实践中获得结果

表 0-3　气质类型分析和沟通策略

气质类型	特　征	沟通策略
分析型	对待事物严肃认真，不断战胜自我，擅长推理，善于逻辑思维，独自工作时效果更佳	给他们机会展开计划，给予他们评价的标准，而不要提供太多的细节、常规行为和实际事物对其发生干扰
规则型	守信用、认真、忠诚、负责任，稳重、谨慎、实际，给人以安全感。善于做具体工作，不善变化，在有计划和有组织的条件下工作效果最好	要为他们提供完成任务的详细资料，对于他们的贡献和努力要予以充分肯定。对待他们要守信，不要怀疑。事情发生变化时要耐心、详细地向他们解释，以免他们抵制变化
实干型	善于做技术性、循序渐进的工作。有实践精神，适应性强，善于调解纷争。具有一种自发的推动力和活力，并爱好刺激	给予他们循序渐进的训练，帮助他们自我调解，并加强时间管理。给予他们大量的自由和多样化工作，帮助他们从机械的工作中走出来
同情型	善于帮助、支持和鼓励他人。性情温和，有灵性，善于交流。最善于创造和谐的工作环境	给予指导和鼓励，赞赏他们的贡献，使他们认识到自身的重要性。需要给予他们否定的反馈时，言谈要谨慎，不要使他们感觉是个人攻击

实践演练

（一）有效地介绍自己

设计自我介绍的内容和方式。面对新认识的朋友、同学、同事或客户，在短时间以简洁、形象的语言介绍自己，给对方留下深刻印象。注意理顺内容，简洁明了，讲究态度，展示特点，避免雷同。

牢记自己设计好的不同场合的自我介绍，试着运用于实践，并根据效果进行修正。

（二）案例分析

开放式和封闭式提问的交替运用

在某个真实的培训中，上海竞存灯饰店的胡敏霞抽到的题目是：顾客想给儿子买一台护眼灯，要求健康保护眼睛，并且价格便宜。当然，胡敏霞自己并不知道顾客想买的是什么，有什么样的购买要求。

以下就是两人的精彩演练过程：

胡敏霞：你好，欢迎光临××专卖店，请问您想选一款什么样的灯？

顾客：我想买一款护眼灯。

胡敏霞：是您自己用还是给小孩用？

顾客：给小孩用。

胡敏霞：好的，您看我们这款魔鬼鱼护眼灯怎么样？

顾客：哇，你们这款魔鬼鱼价格也太贵了吧！

胡敏霞：我们的产品价格是比较实惠的，再说，买护眼灯也不能光看价格，最重要的是要看质量，是不是真的对眼睛有保护作用。您说对吗？

顾客：那倒是，可是你推荐的这款我不喜欢。

胡敏霞：是不喜欢它的造型还是不喜欢颜色？

顾客：我不喜欢这个颜色。

胡敏霞：那您看看这款蓝色的怎么样，蓝色的不论男孩女孩都比较合适。

顾客：我还是觉得价格有点贵。

胡敏霞：如果您对其他方面都满意的话，我们可以谈一下价格的问题。

最后，顾客接受了胡敏霞的报价，购买了这款魔鬼鱼护眼灯。

思考讨论

开放式提问和封闭式提问各有什么作用？胡敏霞是如何巧妙运用的？

（三）模拟案例训练

训练一：案例模拟

1. 案例资料

日前，杭州市民阮女士家的一台彩色电视机突然自燃并爆炸。尽管消防队迅速赶到现场扑救，但她家仍被烧得面目全非，整台电视机只剩下一堆碎片。阮女士称，这台电视仅买了六七年。购买了该品牌电视机的市民纷纷到商场要求退货。该事件引起了媒体的极大关注。

2. 训练要求

假设你们是该彩电厂家驻杭州办事处的工作人员，以小组为单位讨论以下问题：

1）你们将面临几类沟通对象？这些沟通对象对这一事件的兴趣点是什么？

2）对沟通对象进行分析，并完成表0-4。

表0-4 对沟通对象分析

沟通对象	沟通对象是谁？	沟通对象有哪些特点？	沟通对象感觉如何？
最初对象			
信息传递者			
主要受众			
次要受众			
意见领袖			
关键决策者			

3. 训练分享

1）小组成员通过什么方法确定沟通对象？如何了解沟通对象的需求及感受？

____

____

2）假设角色对换，你们是媒体记者，你们的沟通对象又是谁？如何利用读者心理来做好报道？如何最大限度地吸引读者的眼球？

____

____

训练二：搭纸牌

1. 训练要求

1）时间控制：30 分钟左右。

2）场地：室内。

3）所需道具：纸牌 4—5 副。

2. 训练过程

1）训练者分成若干组，每组 5—6 人。

2）各小组有 15 分钟的准备时间。

3）小组成员可用纸牌的边将纸牌搭起来。

4）纸牌搭得最高的小组胜出。

3. 训练分享

1）在完成活动的过程中，各小组的沟通目标是什么？

____

____

2）各小组成员在沟通中最终达成了什么协议？

____

____

训练三：驿站传书

1. 训练要求

1）时间控制：30 分钟左右。

2）场地：室内。

3）所需道具：随意的三组数据。

2. 训练过程

1）训练者分成若干组，每组 10 人，排成纵行坐下。

2）各小组用 15 分钟时间进行准备。

3）指导者把数据告诉每组的最后一名成员，这组数据由最后一名成员正确地传输到最前面的一名成员。

4）所有成员整个训练过程不能离开自己的位置、不允许说话、不允许回头、不允许传递任何物品、不允许发手机短信。

5）传递结束以后，请最前面的成员将信息写在指定的位置上。

6）共完成三次，数据传递正确的小组胜出。

3. 训练分享

1）对照沟通模型，谈谈你是如何理解信息编码—传递—解码这个过程的？

____

____

2）在环境和条件受到限制的时候，各小组是如何对信息进行编码、传递及解码的？你觉得还有什么更好的方法？

____

____

二、学习沟通的方式

情境导入

小王是企业管理专业的学生，他个性热情、直率、坦诚。在学校里，与老师和同学相处得都非常好。今年暑假，小王决定找一份暑期兼职工作锻炼自己的能力，最终他选定了一家销售卫生洁具的公司。这家公司是一个典型的小家族企业，正处于高速发展期，占据了本市高端洁具市场一半以上的销售份额。公司中的关键职位都由老板的亲属担任，公司内部充斥了各种裙带关系。经过一段时间的观察，小王觉得公司的管理水平非常滞后，不足以支撑公司的发展，这正好给了自己施展才能的机会，因此在到公司的第 10 天，小王决定去和经理谈一谈。

“经理，我到公司已经一个多星期了，我有一些想法想和您谈谈，您有时间吗？”小王走到经理办公桌前。

“好啊，我本来早就应该和你谈谈了，只是最近一直忙，就把这事忘了。”

……

“这些还只是我的一点想法而已，但是如果得到了您的支持，我想方案只是时间问题。”

“那你先回去工作吧，改天我们好好聊聊。”话毕，王经理的注意力又回到了销售报告上。

小王此时真切地感受到了不被认可的挫败感，他陷入困惑之中，不知道自己是应该继续和上级沟通还是干脆放弃这份工作，另找一个学习、发展的空间。

思考讨论

1. 你觉得小王和经理的沟通为什么会失败？如果你是小王，接下来你会如何处理？

2. 讨论上述事件中各方的处理方式，并提出较佳方案。

任务描述

沟通无处不在。要实现有效沟通，好的沟通技巧固然重要，而沟通方式的恰当运用更是举足轻重。良好的沟通方式能达到事半功倍的效果，而拙劣的沟通方式不仅无助于事情的发展，甚至可能适得其反。“情境导入”中的小王就遇到了与老板的沟通问题。请大家为小王出谋划策，他应该选择什么样的场合，采取哪种方式与老板继续沟通下去，最终说服老板接

受他的建议？

案例导引

案例1 小王应聘

小王刚进大学不久，外联部招干事，报名的人很多，小王和同宿舍的小李也去了。结果小王和其他同学经过面试后都被淘汰了，而小李却被留了下来。小王很不服气，觉得自己的能力比小李强，长得也比他帅，为什么反而没被录用呢？事后，小王找到了主考老师，想问明原因，以便吸取教训。老师解释道：小李的举止体态就已经交了一份很好的答卷。他进门后沉着地举手向大家打招呼，说明他很有修养；选择了最前排的中间位置就座，表明他希望别人注意自己，善于自我推销，充满自信；并且他就座的地方人多，说明他合群，善于交际；就座后，坐姿极佳，坦然地坐在椅子上，且双眼注视着我们，不左顾右盼，表明他稳重、冷静、大度，办事认真。像这样的同学非常适合这个工作。小王听后，若有所思……

思考讨论

小王通过这件事，得到了怎样的启示？

案例2 张经理的沟通经验

公司张经理在实践中深深体会到，只有运用各种现代科学的管理手段，充分与员工沟通，才能调动员工的积极性，才能使企业充满活力、在竞争中立于不败之地。

首先，张经理直接与员工沟通，避免了中间环节。他告诉员工自己的电子信箱，要求员工尤其是外地员工大胆反映实际问题，积极参与企业管理，多提建议和意见。经理本人则每天上班时先认真阅读来信，并进行处理。

其次，为了建立与员工的沟通机制，公司又建立了经理公开见面会制度。见面会定期召开，也可因重大事情临时召开。参加会议的有员工代表、特邀代表和自愿参加的员工代表。每次会议前，员工代表都广泛征求群众意见，请经理在见面会上解答。如调资晋级工作刚开始时，员工中议论较多，公司及时召开了会议，张经理就调资的原则、方法和步骤等做了解答，使部分员工的疑虑得以澄清和消除，保证了工作的顺利进行。

思考讨论

分析张经理与员工沟通时在沟通方式上所做的选择，这些方式有何特点？

知识平台

（一）语言沟通方式

语言沟通是指借助语言（文字）符号进行的人际沟通，这是最常用的沟通方式。由于

语言是人类共同运用的思维工具，因此语言沟通也是最准确、最有效、运用最广的沟通方式。它可以超越时空的限制，使要表述的信息、思想情感世代传递下去，为众多的人分享、接受和理解。语言沟通主要包括口头沟通和书面沟通。

1. 口头沟通

所谓口头沟通是指借助于口头语言实现的信息交流，它是日常生活中最常用的沟通形式，主要包括口头汇报、交谈、讨论、会议、演讲以及电话联系等。

口头沟通的优点是：有亲切感，可以用表情、语调等增加沟通的效果；可以马上获得对方的反应，并有机会补充阐述及举例说明；具有双向沟通的好处，且富有弹性，可以随机应变。

但是，口头沟通也有缺陷。

1）信息在传送的过程中，存在着严重失真的可能性。每个人都以自己的喜好增删信息，以自己的方式诠释信息，因此信息到达最终的目的地时，其内容往往与最初的含义存在偏差。

2）如果传达者口齿不清或不能掌握要点做简洁的表达，则无法使接收者了解其真意。

3）它是即时性的，不易保留。沟通时如果接收者不专心、不注意或心里有困扰，则信息转瞬即逝，无法回头再追认。

4）它带有随机性，沟通内容如果发生变化，没有仔细斟酌的工夫，因而容易失误。另外，这种沟通方式比较啰唆，效率较低。

鉴于以上不足，我们在进行口头沟通时，必须遵循以下几个原则。

（1）要有一个良好的开端　简明扼要的开头尤为重要。首先，要了解听者，“知己知彼，百战不殆”。其次，要直接、诚恳、明确地说明你的动机和需求，消除对方心头的疑虑。最后，要迅速切入主题，以免对方产生厌烦心理。

（2）要有诚恳的态度　诚恳的态度是取得对方信任的关键。如果你是发自内心、真诚地进行沟通，对方就会比较容易听进你的话。

首先，要真诚。真诚的态度才能取得听话者的好感，消除隔膜，缩短距离。当然，也不可以百无禁忌，应该尽量避免提及别人不愿谈及的事。

其次，要尊重。尊重方能启发对方的自尊自爱，缩短彼此间的心理距离。

最后，要同情和理解。强烈的同情心及满怀深情的言语，可以打开处于矛盾或困难之中人的心扉，可以激起心灵的火花，产生信任和动力。

（3）要用简明扼要的语言　话不在于多而在于精，简洁精练的言语最能吸引听话者的注意力。

首先，要抓住重点，理清思路。平时与人寒暄或作简短的交谈，可以随便或不顾及条理清晰。但在正式场合，比如报告会、讲座、演讲中，则要求说话者对所说的内容应有深刻的理解，并对整个说话过程做出周密的安排。

其次，要言不烦，短小精悍。言简意赅，以少胜多，听话者感兴趣，也便于理解，容易记住。那种与主题无关的废话，言之无物的空话，装腔作势的假话，听者往往极为厌烦。

（4）要美化自己的声音　一般来说，得体的声音能够显示你的沉着和冷静，并吸引他人的注意力；可以让过于激动或正在生气的听者冷静下来；也能诱导他人支持你的观点，从而更有力地说服对方。

2. 书面沟通

书面沟通是以文字为媒体的信息传递，主要包括文件、信函、书面合同、广告和传真，还有现在用得很多的手机短信、微信、电子邮件等。它是一种比较经济的沟通方式，沟通的时间一般不长，沟通成本也比较低。这种沟通方式一般不受场地限制，因此被人们广泛采用。这种方式一般在解决较简单的问题或发布信息时采用。在计算机信息系统普及应用的今天，人们已经很少采用纸质的方式进行沟通了。

书面沟通本质上讲是间接的沟通，这使它具有许多优点。

1）书面沟通具有有形展示、长期保存、受法律保护等优点。一般情况下，信息的发送者和接收者都有沟通记录，沟通的信息可以长期保存下去，便于事后查询。

2）由于有一定的时间准备，可以使写作者从容地表达自己的意思，因此传达信息的准确性高。

3）书面文本可以通过复制，同时发送给许多人，传播面广。

4）它比口头表达更详细，可以供接收者慢慢阅读、细细领会。

但是，间接性也给书面沟通造成了一些特殊障碍。

首先，与口头沟通相比，书面沟通的效率低，耗费时间长。

其次，由于缺乏内在的反馈机制，发文者的语气、强调重点、表达特色，以及发文的目的经常被忽略而使理解有误。

最后，对文字能力要求较高。

书面沟通能力实际上就是写作能力。在进行书面沟通时，应遵循以下几个原则。

（1）了解读者，有的放矢　与口语沟通一样，书面沟通也需要对读者的情况，如知识水平、理解能力、个人喜好以及对现有问题所持的观点等有所了解。对读者了解得越多，就越能有的放矢，沟通成功的可能性就越大。

（2）简明扼要，通俗易懂　写作者常常觉得要把思想诉诸纸上，必须在语言表达上多下工夫，于是就出现了生僻的词语、复杂的句子、晦涩的专业术语等。殊不知这不仅有损信息本身，还会阻碍读者流利地阅读。所以在进行书面沟通时，文字的简练和通俗是至关重要的。具体的做法是减少复杂的句型，把长句改成短句，要点清晰，便于读者把握；删除不必要的词语，减少重复，提高阅读的效率：少用生僻的词语，扫清文字障碍，便于读者理解。

（3）条理清晰，重点突出　根据沟通的目的，有效地组织信息和思想，然后按照人的认知规律，有序地把它们排列出来。例如，可以按照时间、空间、逻辑顺序等进行排列。选择哪一种方法，应综合考虑信息的内容、沟通的对象等因素，以突出重要的信息，实现有效的沟通。

（4）格式规范，眉目清楚　内容固然是书面沟通的重点，但格式的规范和美观与否也会影响读者的阅读情绪。事实证明，规范的文字格式，会让读者有一种赏心悦目的感觉，提高阅读的兴趣。反之，读者会有一种抵触情绪，使沟通形成障碍。同时，合理的排版，也能起到强调、激发兴趣和刺激的作用，如选择大小标题、不同的字体等，这些手法都可作为“路标”使读者更易于寻找。

（二）非语言沟通方式

1. 体态语在沟通中的重要性

在现实生活中，人们所得到的信息并非都是通过语言来传递的，很多都是通过非语言的

方式得来的。后者主要包括眼神、手势、面部表情、身姿、服饰、人际空间位置等，即人们常说的体态语或身体语言。美国学者米迪皮尔认为，即使按最保守的估计，在某一交往过程中，35%的社会信息是通过语言传递的，其余65%的信息是由非语言手段传递的。精神分析大师弗洛伊德也表达了同样的意思：要了解说话人的深层心理，即无意识领域，单凭语言是不可靠的，因为语言传达的意思大多属于理性层面，经理性加工后表达出来的语言往往不能率直地表露一个人的真正意思，甚至会出现“口是心非”的现象。人的动作比理性更能表现人的“情感和欲望”。因而我们可以断言，与有声语言相比，身体语言的真实性和可靠性要强得多。比如，当某个人说他毫不畏惧的时候，他的手却在发抖，那么我们更相信他是在害怕。特别是在情感的表达、态度的显示、气质的表现等方面，身体语言更能显示出它所特有的作用。

2. 体态语的功能

（1）辅助语言　人们运用语言来沟通思想、表达情感时，往往有词不达意或词难尽意的感觉。因此需要同时使用体态语来进行帮助，或弥补言语的局限，或对言辞的内容加以强调，使自己的意图得到更充分、更完整的表达。例如，当别人在街上向正在行走的你问路时，你会一边告诉他怎么走，一边用手指点方向。甚至在打电话的时候，说话人也总是不停地打着手势，以帮助自己更好地和对方通话。

（2）替代语言　体态语作为一种特定的形象语言，可以产生有声语言不能达到的实际效果。在日常生活中，我们也都在自觉或不自觉地使用各种身体语言来代替有声语言。例如，父母摸摸孩子的脑袋表示爱抚，夫妻、恋人、朋友间的拥抱表示相互的爱恋和亲密。

“眉来眼去传真意，举手投足皆语言”。在沟通与交流过程中，适当地使用体态语，确实能够达到“无声胜有声”的效果。

（3）了解对象　经验告诉我们，对于一个人的认识在很大程度上来自对其体态语的观察。有人说，只要和一个新认识的朋友打三分钟（高尔夫）球，就能够对他的情况了如指掌，包括他从成功或失败中吸取经验教训的能力、他的慷慨程度、他对别人的关注、他的感恩本性、他的幽默感、他的积极或消极程度、他的精力旺盛程度、他的专注程度以及他的诚实度等。所以，如果我们想给别人留个好印象，就要注意自己的体态语。

（4）调节交流　当人们在日常生活中不便用语言表达时，可以用体态语达到维持和调节沟通的目的。如点头表示对对方的肯定；抬眉则表示有疑问；当眼神不注视对方时，意味着谈话该结束了；在会上发言，如果看到人们听得津津有味，便可以即兴发挥，多说几句，倘若看到人们交头接耳或频频看表，则应缩短发言内容，提前结束。

（5）缓解情绪　在一些特殊的场合，人们为了缓解紧张不安的心情，适应周围环境，常挠头或摆弄手中的东西，这能起到缓和情绪的作用。《牛虻》一书描述主人公亚瑟每逢情绪激动时就会把手旁的东西撕碎，以此缓解心绪的起伏。

3. 体态语的妙用

（1）目光语　眼睛是心灵的窗户，目光是最富于表现力的体态语。人们的喜、怒、哀、乐，七情六欲等都能从眼睛这个神秘的器官显现出来。据研究，在人的视觉、听觉、味觉、嗅觉和触觉感受中，唯独视觉感受最为敏感，人们通过视觉接收的信息占总信息的83%。

1）目光语的功能

①爱憎功能。目光“会说话”，能传达细微、复杂、强烈的思想感情。亲昵的视线沟通

可以打破僵局，使谈话的气氛比较融洽；深切地注视，是崇敬的表示；眉来眼去、暗送秋波，是情人沟通感情的形式；横眉冷对，是仇人相见时的一种较量。

②威吓功能。用视线长时间盯视对方还有一种威吓功能。警察对罪犯、父母对违反规矩的孩子，常常怒目而视，形成无声的压力。

③补偿功能。两个人面对面交谈，一般情况是说者看着对方的次数要少于听者，这样便于说者将更多的注意力集中到要表达的思想内容上。一段时间后，如果听者的视线转向对方，就是暗示对方要讲话了。

④显示地位功能。如果地位高的人与地位低的人谈话，那么，地位高的人投于对方的视线，往往多于对方投来的视线。

2）如何使用目光语

①目光专注。目光专注表现出对对方的尊重，对所说内容的重视。反之，在说话时随便东瞧西看，做小动作，是心不在焉、敷衍搪塞的表示；总是望着天花板或者看着地面，表明对谈话没有兴趣；不断看表，表示对谈话不耐烦，希望对方赶快住口。一般而言，与人交谈时，视线接触对方脸部的时间应占全部谈话时间的30%～60%。超过此平均值，可认为对谈话者本人比谈话内容更感兴趣；低于此平均值，则表示对内容和人都不怎么感兴趣，或对自己缺少自信。

在许多文化背景下，长时间的凝视、直视、上下打量，都是失礼行为，被认为是“对私人空间”的侵犯，会造成对方心理上不舒服，从而影响交际效果。

②部位合适。适当地对视会更让人觉得你在用心听，并且能够让说话的人了解你的想法，调整自己的话题。同样，自己也能够通过对方的眼神，判断自己的话题效果如何。但不要总是盯着人家的两眼看，这会让对方紧张，感到不自然。连续注视对方的时间最好在7秒钟以内。眼睛可以在对方脸上打转，但最好停留在眼睛和嘴中间的部位。如果你不得不和某个人谈话（譬如面试、和老板开会），可是又非常不自在的时候，建议你注视那个人的前额，这样，既能让对方觉得与你保持着良好的目光交流，又不会使自己产生太大的压迫感。

③虚实结合。和较多的人谈话，我们的目光要虚实结合，即采用虚视、环视和点视相结合的方法。虚视法是似看非看的方法，说话时，眼睛好像盯在某处，实际上视而不见。说话者面对听众，却“目中无人”，映入眼帘的仅是听众的模糊轮廓，这样能了解其大致动态，又有助于缓解说话者的紧张心理，便于集中精力思考说话内容。环视法是周期性地用视线前后左右地扫视，目的是为了与听众有广泛的心灵沟通，有助于控制会场情绪，还有助于说话者及时得到反馈信息，检验说话效果，做出相应的调整。点视法是用目光专注于某一点的方法。其作用是便于与个别人交流感情，沟通信息，有利于强调重点。由于形成目光的交流，所以容易引起部分听众的共鸣。这种方法同样适用于个别交谈的时候，但要注意点视的部位和时间。

④自觉调控。要使目光的变化有一定的目的，表现一定的内容。如：热情诚恳的目光，亲切；平静坦诚的目光，稳重；闪烁俏皮的目光，幽默；冷淡虚伪的目光，不悦；咄咄逼人的目光，不寒而栗。

3）几点注意事项

①对方尴尬时。当别人说了错话或做了不自然的动作时，他一定会感到很尴尬，生怕人们嘲笑、蔑视他。这时请务必马上转移你的视线，否则，他会认为你在用目光讽刺或嘲笑

他。

②双方缄默无语时。当双方都保持沉默的时候，不要老是看着对方的脸，以免加剧因无话题本来就显得冷漠、不安的尴尬局面。

③目送客人时。送客人时，要等客人转过身并走出一段路后，且不再回头张望时，才能转移目送客人的视线，以示尊重。

④赏识陌生人时。如果在公共场合某一陌生人很吸引你的眼球，请你从侧面或后面欣赏，不要在人家的对面看，因为这样做是很不礼貌的。当你发觉对方目光将要与你的目光相遇时，你应主动避开。

（2）表情语　罗曼·罗兰曾经说过：“面部表情是多少世纪培养成的语言，是比嘴里讲的复杂到千百倍的语言。”通常面部表情最能反映出一个人的性格和心理状态。

沟通的面部表情应该是诚恳坦率、轻松友好的，而不应该摆出一副盛气凌人的嘴脸，也不应显出自负自矜的面孔，那样就会从心理上把听话人拒于千里之外。同时表情还应该是落落大方、自然得体、由衷而发的，而不应该是矫揉造作、生硬僵滞的。

笑容历来被人们称为“人际交往的润滑剂”，其中微笑最具有感染力，它永远是最受欢迎的。最动人的微笑，是发自内心的愉悦的表露。

人在微笑时会流露出热情、自信、快乐、积极的态度。更为重要的是，对别人开放和欢迎的态度，会给人一种容易接近和交流的印象。研究表明，经常微笑的人和别人沟通时比较占优势，因为别人会认为你很友善、很开放，对你说的话接受的程度也比较高。同时微笑能使沟通在一种轻松的氛围中展开，可以消除由于陌生、紧张带来的障碍。

（3）手势语　手是人的第二张脸，手势是人们交往时不可缺少的动作，是最有表现力的体态语。它可以传达多种信息。如：站在路边一举手就表示要叫出租车，拍桌捶腿表示高兴，频频捶胸以示悲痛，不停地搓手是为难的表现，拍拍脑门为悔恨的意思。

手势语在交际中的使用频率很高，范围也比较广泛。它可以增强表情达意的情感色彩，使语言更富有感染力。

1）手势语的分类

①情意手势。主要用于带有强烈感情色彩的内容，其表现方式极为丰富，感染力极强。如：鼓掌。

②象征手势。表示某种抽象的信念，且他人容易理解。如：宣誓。

③形象手势。其主要作用是模拟事物的形状，以引起对方的联想，给人一种具体明确的印象。如：说到高山，手向上伸；讲到大海，手平伸外展。

③指示手势。指示具体的某项行为和事情的手势，其特点是动作简单、表达专一，一般不带感情色彩。如：当讲到自己时，用手指向自己；谈到对方时，用手指向对方。再如：请看黑板。

2）如何正确使用手势语

①要明确各种手势语的含义。由于各地区、各民族风俗习惯的差异，有时相同的手势所表达的意思是不同的，甚至大相径庭。如在我国跷起大拇指，是称赞对方；在英国、澳大利亚等国，这种手势表示想要搭车；而在希腊，急速地跷起大拇指，则是要对方快快“滚开”的侮辱语。因此，运用手势语时，必须明确各区域各民族的各种手势所表示的意思，如果运用不当，会造成误解、笑话和不必要的麻烦。

②要得体、协调。手势语毕竟是辅助语言、伴随语言，它不能喧宾夺主，代替有声语言。因此，手势语并非多多益善，而要适量，并与思想感情的表达相吻合。过多、过杂而不注意姿势的手势动作，则易给人以张牙舞爪、装腔作势和缺乏修养之感。

③要纠正不良的习惯性动作。有些人在日常生活和工作中不自觉地形成了一些不良的动作，在交际过程中有时会无意识地表现出来，如抚手背、敲桌子、抓耳朵等。这些无意识的动作，既不雅观，又很失礼，甚至会造成误解，既有碍交流，又有损自己的形象。因此要时时提醒自己，避免不良习惯动作的出现。

(4) 姿态语　姿态是说话者文化素养和情趣的侧面体现，会用微妙的作用和效果完成有声语言难以完成的任务。如果恰当地运用姿态语，可以使人更加端庄大方，增加交际的个人魅力。

1) 站姿

①站姿的基本要求。目光平视，微收下颚，头部尽量向上顶；脊背挺直，收腹、挺胸，将呼吸控制在胸膈以上；尽量将臀部收紧，微微向后翘；膝关节伸直，小腿尽量向后靠；身体重心要在脚的中点稍向后的位置，如果穿靴子，可将重心稍向前移。

②正式场合的站姿

ⅰ肃立：身体直立，双手置于身体两侧，双腿自然并拢，脚跟靠紧，脚掌分开成V字形。

ⅱ直立：身体直立，双臂下垂置于腹部。女性将右手搭握在左手四指，四指前后不要露出，两脚可呈V字形或丁字形；男性左手握住右手腕，置于小腹前，或两手搭握置于背后，或双臂自然垂直置于身体两侧，两脚平行站立，与肩同宽或略窄于肩宽。

直立的站法比肃立显得亲切随和些，适用于社交场合。

③站姿忌讳。最忌讳斜靠在门框或墙壁等物体上，因为这样显得懒散、疲惫。不要歪脖、斜肩、弓背、挺腹、撅臀；不要两腿弯曲、叉开很大；不要双手叉腰、双臂抱在胸前、两手插在口袋里等。

2) 坐姿

①坐姿的基本要求。入座时，应以轻盈和缓的步履，从容自如地走到座位前，然后转身轻而稳地落座，最深坐椅子的三分之二；坐定后，身体重心垂直向下，腰部挺起，上体保持正直，头部保持平稳，两眼平视，下颌微收，双掌自然地放在膝盖或椅子的扶手上，双脚并排自然摆放。

②女子坐姿

ⅰ正坐式：双腿并拢，上身挺直，两脚尖并拢略向前伸，两手叠放在双腿上，略靠近大腿根部。入座时，若是着裙装，应用手将裙摆稍稍拢一下，然后坐下。

ⅱ曲直式：上身挺直，左腿前伸，右小腿屈回，用脚掌着地，大腿靠紧，两脚前后在一条线上。

ⅲ正身重叠式：上身挺直，坐正，腿向前方，左小腿垂直于地面，全脚支撑，右腿重叠于左腿上，小腿向里收，脚尖向下。双臂交叉支撑左右腿上。特别要注意将上面的小腿回收，脚尖向下。

③男子坐姿

ⅰ正坐式：上身挺直，坐正，双腿自然弯曲，小腿垂直于地面并略分开，双手分放在两

膝上或椅子的扶手上。

ⅱ重叠式：右小腿垂直于地面，左腿在上重叠，左小腿向里收，脚尖向下，双手放在扶手上或放在腿上。

④坐姿忌讳。不要半躺在沙发座椅上，这样显得懒散没精神；不要跷起二郎腿，或不断地摇抖自己的双腿；不要把头仰靠在沙发背上，仰着脸同别人交谈；双腿不要张开，摆成八字形或向前直伸；不要把脚搁在椅子上。

3）行姿

①行姿的基本要求。行走时上身挺直，双肩平稳，目光平视，下颌微收，面带微笑；手臂伸直放松，手指自然弯曲，摆动时，以肩关节为轴，上臂带动前臂，向前、后自然摆动，以前摆35°、后摆30°为宜，肘关节略弯曲，前臂不要向上甩动；上体稍向前倾，提髋屈大腿带动小腿向前迈；正常的行走，脚印应是正对前方，保持膝关节和脚尖正对前进的方向；然后脚尖略抬，脚跟先接触地面，依靠后腿将身体重心推送到前脚脚掌，使身体前移；行走线迹要成为“一条线”或“两条平行线”，步幅一般是前脚的脚跟与后脚尖相距为一个脚长，但因性别不同和身高不同会有一定的差异；步高，行走时脚抬得不宜过高，也不宜过低而使鞋底与地面相摩擦；行走速度，一般男士每分钟110步左右，女士每分钟120步左右。

要特别注意发言、演讲时上台、下台的动作。上台时要精神饱满，步履稳健，面带微笑。下台时要自信从容，神态自然，切不可失态，慌张跑下，也不可漫不经心，三步两晃地下去。

②不同场合的行姿：

参加喜庆活动，步态应轻盈、欢快、有跳跃感，以表达喜悦的心情。

参加吊丧活动，步态要缓慢、沉重、有忧伤感，以反映悲哀的情绪。

参观展览、探望病人，环境安谧，不宜出声响，脚步应轻柔。

进入办公场所、登门拜访，脚步应轻而稳。

走入会场、走向话筒、迎向宾客，步伐要稳健、大方、充满热情。

举行婚礼、迎接外宾等重大正式场合，脚步要稳健，节奏稍缓。

办事联络，往来于各部门之间，步伐要快捷又稳重，以体现办事者的效率、干练。

陪同来宾参观，要照顾来宾行走速度，并善于引路。

③行姿忌讳。行走时不要走成内八字或外八字；双手不要插在裤兜，倒背着手，或叉腰行走。与人同行时，不要相互之间勾肩搭背，或高视阔步、目中无人。也不可脚蹭地面，弓背驼腰、左右摇晃，或扭腰摆臀、大摇大摆、左顾右盼；步子不要太大或太小，双腿不要过于弯曲或走曲线。

4）蹲姿

①蹲姿的基本要求。蹲姿不像站姿、坐姿、行姿那样使用频繁，但同样能反映出一个人的素养。下蹲时，上体正直、单腿下蹲，两腿合力支撑身体，避免滑倒或摔倒。使头、胸、膝关节不在一个角度，从而使蹲姿显得优美。

②常见的蹲姿

ⅰ交叉式蹲姿。下蹲时，右（左）脚在前，左（右）脚在后，右（左）小腿垂直于地面，全脚着地，左（右）腿在后与右（左）腿交叉重叠，左（右）膝由后面伸向右（左）侧，左（右）脚跟抬起，脚掌着地，两腿前后靠紧，合力支撑身体。臀部向下，上身稍前

倾。

ⅱ高低式蹲姿。下蹲时左（右）脚在前，右（左）脚稍后（不重叠），两腿靠紧向下蹲。左（右）脚全脚着地，小腿基本垂直于地面，右（左）脚脚跟提起，脚掌着地。右（左）膝低于左（右）膝，右（左）膝内侧靠于左（右）小腿内侧，形成左（右）膝高右（左）膝低的姿态，臀部向下。

ⅲ蹲姿忌讳。下蹲的速度不能过快，否则给人以突兀、粗鲁的印象；不能弯腰撅臀，这对后面的人来说是一种不雅和不敬的行为；不能平行下蹲，尤其是穿裙装的女士，容易走光。

（5）空间界域　空间界域也是体态语的一种特殊形式。人与人之间的空间界域是非常微妙的。虽然它不像表情语那样反映出喜怒哀乐，也不像姿态语那样有明显的趋向性，但它却能真实表达出人与人之间的亲密程度。一般而言，空间距离越近，双方的关系就越亲密。因此，在交际时要注重远近适当，太远了使人感到傲慢，架子大；太近了，又显得不够重视。

美国人类学家和心理学家霍尔将人与人之间的空间界域划分为四类，即亲密距离、个人距离、社交距离和公共距离。

1）亲密距离（0~45 厘米）。这个距离使沟通者能够进行身体上的接触，一般只限于情感联系十分密切的人之间使用，如夫妻或恋人之间、父母与子女之间、密友之间等。由于文化与风俗习惯的不同，对亲密距离的把握东西方略有差异。例如，东方女子对男子无礼地侵入其亲密距离的反应要比西方女子强烈得多。而在一些公共场所，如火车、公共汽车上，素不相识的人挤在一起，人们被迫进入或处于亲密距离时，东方人完全能够容忍这种“亲密”的拥挤，而西方人则认为不可忍受。

2）个人距离（45~120 厘米）。这是稍有分寸感的距离，较少有直接的身体接触，但能亲切握手，适合于简要会晤、促膝谈心。任何朋友、熟人都可自由进入这一区间。

3）社交距离（120~360 厘米）。这个距离已超出了亲友和熟人的范畴，是一种形式化的社交关系距离。人们彼此之间仅仅认识而已，并不熟悉，更没有感情上的联系，一般适用于比较正式、庄重、严肃的社交活动，如谈判、会见客人等。

4）公共距离（360 厘米以上）。这是人们在较大的公共场所保持的距离，如参加重大庆典、迎接重要人物或发表演说时，通常用这样的距离。

由于空间界域体现着一种人际关系，传达着一种社交信息，所以恰当使用界域语，讲究界域礼貌、尊重他人领域权，既能体现个人修养，又能展示自己的社交能力。

（6）服饰语　俗话说：佛要金装，人要衣装。整洁美观的服饰是人们用以改变自己或烘托自己最好的、使用最频繁的“武器”。它是一种无声的语言，向人们昭示着自己的经济地位、社会地位、审美品位、生活情趣、受教育程度等。因此，要学会运用服饰这一武器来“武装”自己，以助自己获得成功。

1）着装的 TPO 原则。TPO 是英文 Time、Place、Occasion 的缩写字头，意思是时间、地点、场合。服饰的 TPO 原则，是指人们选配和穿着服装时必须考虑时间、地点、场合这三个基本因素。

着装的时间原则包含三个含义，一是指每天的早、中、晚三段时间着装的变化，二是指每年应随四季的不同而选择不同的着装，三是指着装应考虑时代的差异。

着装的地点原则又称为环境原则。不同的环境需要穿与之相协调的服饰，最好的办法是“入乡随俗”。

着装的场合原则是指服饰要与场合的气氛相和谐，根据具体内容、具体环境选择服饰。如：喜庆场合要穿得鲜艳华丽，悲伤场合要穿得素雅端庄，公务交际要穿得庄重大方，日常生活要穿得休闲舒适。

2）穿着要得体。和谐选择服装时要考虑到配色、形体、脸形、肤色、年龄等因素。

①着装与配色。色彩对人的感官刺激最快速、最强烈、最深刻，所以被称为“服装之第一可视物”，而且在很大程度上也是穿着成败的关键所在。一般来讲，冷色、深色属收缩色，暖色、浅色则为扩张色。运用到服装上，前者使人苗条，适合胖人穿；后者使人丰满，适合瘦人穿。二者皆可使人在形体方面扬长避短，但运用不当则会在形体上出丑露怯。颜色搭配总的原则是：不在多，和谐则美。如：白色和黑色能跟任何一种颜色搭配；米色配棕色，给人一种优雅的感觉；蓝色配灰色，会透出妩媚的气息……如能恰当运用，可以增加人的魅力。

②着装与形体。在现实生活中，并非每个人的体形都十分理想，若能根据自己的体形挑选合适的服装，扬长避短，则能实现服装美和人体美的和谐统一。

一般来说，身材较高的人，上衣应适当加长，配以低圆领或宽松的袖子，宽大的裙子、衬衣，这样能给人以“矮”的感觉。身材较矮的人，不宜穿大花图案或宽格条纹的服装；上衣应稍短一些，使腿比上身突出；服装款式以简单直线为宜；上下颜色应保持一致。体形较胖的人应选择小花纹、直条纹的衣料；款式力求简洁。体形较瘦的人应选择色彩鲜明、大花图案以及方格、横格的衣料，给人以宽阔、健壮的视觉效果；在款式上，应当选择尺寸宽大、较复杂的、质地不太软的衣服，切忌穿紧身衣裤，也不要穿深色的衣服。颈长的人适合穿高领的服装，颈短的人可以选择无领或低领的服装。

③着装与脸形。圆脸形的人适宜选择“V”字领、宽“U”字领、尖领的衣服，不宜穿小圆领的衣服；长脸形的人应选择圆领的衣服，不宜使用“V”字领；尖脸形的人配上大领的衣服效果较好；方脸形的人配以小圆角式或双翻领，可弥补脸部的缺陷。

④着装与肤色。肤色较白的人，对服装的颜色没有特别的要求，但最好是选择暗色系的服装，避免肌肤显得过白；肤色黑的人，不适宜暗色系的服装，避免整体感觉较沉闷；肤色较灰暗的人适合配鲜亮、橙色的服装。

⑤着装与年龄。不同年龄的人有不同的穿着要求。青年人应穿着鲜艳、活泼、随意一些，这样可以充分体现出青年人的朝气和蓬勃向上的青春之美。而中老年人的着装则要注意庄重、雅致、整洁，体现出成熟和稳重。但是，无论是青年、中年还是老年，只要穿着与个人特点相协调，那么都会使个人显出独特的美来。

3）穿着西装的礼仪

①男士西装的穿着。西装是男士最常见的办公服装，也是现代交际中男子最得体的着装。为了塑造良好的个人形象，男士必须学会穿西装。

首先，要选择合适的款式。尽管西装在款式上可分为英国、美国、欧洲三大流派，但是各流派之间差异并不是很大，只是在后开衩的部位、扣是单排还是双排、领子的宽窄等方面有所不同而已。不过，在胸围、腰围的胖瘦，肩的宽窄上还是有所变化的。因此，我们在选择西装时，要充分考虑到自己的身高、体形。如身材较胖的人最好不要选择瘦型短西装；身

材较矮者也最好不要穿上衣较长、肩较宽的双排扣西装。

其次，要选择合适的面料、颜色和图案。西装的面料要挺括一些。做正式礼服用的西装可采用深色如黑色、深蓝、深灰的全毛面料制作。日常穿的西装颜色可以有所变化，面料也可以不必讲究，但必须熨烫挺括。穿着皱巴巴的西装，会损坏自己的交际形象。至于图案的选择，无图案最佳，“格子呢”难登大雅之堂。

再次，要选择合适的衬衣。穿着西装时一定要穿带领的衬衣，但领子不要翻在西装外；以无图案为最佳（较细竖条在一般场合可穿，但绝不能同时穿竖条纹的西装）；花衬衣配单色的西装效果比较好，单色的衬衣配条纹或带格西装比较合适；方格衬衣不应配条纹西装，条纹衬衣也不要配方格西装。领头一定要硬扎、挺括，外露的部分一定要平整干净。袖口以露出西服 1 厘米为宜，下摆要均匀放进裤腰之内。

最后，要选择合适的领带。在交际场合穿西装必须打领带。领带的颜色、花纹和款式要与所穿的西装相协调。领带的面料以真丝为最优。领带颜色应少于 3 种，且注意配色：杂色西装应配单色领带，而单色西装则应配花纹领带；驼色西装应配金茶色领带，褐色西装则需配黑色领带等。图案可根据自己的爱好，条纹、圆点、方格等规则几何形状均可。领带的形状：下端是箭头的比较传统、正规；下端是平头的，时髦、随意；“一拉得”领带不宜在正式场合用。领带的长度以下端的大箭头正好抵达皮带扣的上端为宜。如果穿毛衣或毛背心，应将领带下部放在毛衣领口内。系领带时，衬衣的第一个纽扣要扣好。如果佩带领带夹，一般应在衬衣的第四、第五个纽扣之间。如果穿西服套装，必须打领带，而穿单件西服，则打不打均可。

此外，男士在西装的穿着过程中，还应该注意以下几个方面。

第一，要注意内衣不可过多。穿西装切忌穿过多内衣。衬衣内除了背心之外，最好不要再穿其他内衣，如果确实需要穿内衣的话，内衣的领圈和袖口也一定不要露出来。如果天气较冷，衬衣外面还可以穿上一件鸡心领毛衣或毛背心，但毛衣一定要紧身，不要过于宽松，以免显得过于臃肿，影响穿西装的效果。

第二，要遵循“三一律”原则。即皮鞋、皮带、皮包颜色要保持一致，一般为黑色。皮鞋的款式应简洁大方，不能穿布鞋或旅游鞋。袜子的颜色以深色、单色为宜，最好是服装与鞋的过渡色。不能穿白袜子，否则会破坏整体的稳重感，把人的视线吸引到了脚上，从而破坏了精心设计的整体美。

第三，要扣好扣子。西装上衣可以敞开穿，但双排扣西装上衣一般不要敞开穿。在扣西装扣子时，如果穿的是两个扣子的西装，不要把两个扣子都扣上，一般只扣一个。如果是三个扣子，只扣中间一个。

第四，要拆除衣袖上的商标，衣袖不卷不挽，裤兜内不宜放沉东西，钢笔也一定不要插在西装上衣的口袋里，因为西装上衣的口袋只是起装饰作用。

②女士西装的穿着。女士穿西服套装给人以精明干练、富有权威的感觉，显得比较严肃。西装是社交中女士普遍适用的服装，更适合成熟的女士或职位较高的女领导工作时穿用。

女士西装式样较多，领型有西装“V”字领、青果领、披肩领等；款式有单排扣、双排扣；衣长也有变化，或短至齐腰处，或长至大腿；造型上有宽松的、束腰的，还有各种图案的镶拼组合。女士西装有衣裤相配的套装，也有衣裙相配的套裙。无论西服套装或西服套裙

款式都宜简洁大方，避免过分花哨和夸张。

女士套裙的面料应首选比较高档的面料，如夏季用丝绸，华贵柔美；春秋用各类毛料，考究挺括；冬季用羊绒或毛呢织物，高贵典雅。色彩应呈中性，也可偏暗，一色的比较多见，各种条子、格子、点子面料也常用，但不宜穿抢眼的颜色。西服套裙上下一色显得端庄，有成熟感；色彩上浅下深或上深下浅，式样上简下繁或上繁下简，花色或上轻下杂或上杂下轻，可以搭配出动感和活力，适合女士在不同的场合穿出不同的风貌。裙子不宜太长，否则显得不利落。

另外，女士在西装的穿着过程中，还应该注意以下几个方面。

第一，一定要穿袜子，以透明或近似肤色的颜色为最好，袜口不可暴露于外。要随时检查是否有脱线和破损的情况。最好带一双备用的。

第二，穿式样简单、没有过多装饰的皮鞋。皮鞋的后跟不宜太高，颜色和套装的颜色应一致。如果不知道如何配色，最简单的办法就是穿黑色的皮鞋。凉鞋在正规的场合不宜穿着。

第三，如果习惯随身携带包，那么包不要太大，款式可以多样，颜色要和服装的颜色相搭配。如不能确定搭配什么颜色，则可保守一些，选择黑色或棕色。

第四，佩戴饰物以少为宜，不超过三件，并注意和服装整体的搭配，以简单朴素为佳。

第五，上衣衣扣一一系好，不许部分或全部解开；衬衫最上面一粒扣可以不系。

相关资讯

曾仕强深入浅出谈沟通的艺术

人际沟通注重和每一个人进行良性的互动。既不能够偏重某些人，使其他人受到冷落；也不应该只顾自己，想说什么就说什么，爱说什么便说什么。否则你只是在发表意见，根本不是在进行沟通。善于沟通的人，必须随时顾及别人的感受，以免无意中破坏了自己的人际关系。

在我们日常生活当中，人际沟通是不可或缺的活动，必须养成小心应对、用心体会、虚心检讨的良好习惯。一方面使自己的沟通能力不断提高，另一方面促使自己的人际关系获得改善。在愉快中把正当的事情办理妥当，则是我们共同努力的目标。

先说先死

先说为什么会先死呢？先说的人说出一番道理来，后说的人很容易站在相反的立场，说出另一番道理。虽然双方都说得头头是道，毕竟后说的人可以针对先说的人，做一番整理和修补，甚至大挖其漏洞，弄得先说的人好像相当没有学问似的。

先说的人站在亮处，人家把他的底细摸得很清楚。后说的人若是存心挑毛病，专门挑他的缺失，肯定会把他整得体无完肤。先说的人，说来说去顶多能说出道理的一部分或者大部分，总有一部分被遗漏掉；后说的人，就可以针对这些缺失来大做文章，表现得很内行的样子。

有时候，人的身份地位不同，先说先死的情形也不同。比如，下属先说，说错了就会受到上司的批评，从下属的角度说，上司批评下属很正常。但是万一上司先说说错了，下属指

出其毛病，那上司就会很尴尬：发火的话，就显得自己没度量；如果不发火，面子实在不好看。

有一次，化工厂厂长带领一群客人参观工厂，经过仪表控制室，忽然看见仪表板上有若干颜色不同的指示灯，有亮着的，也有不亮的。有一个指示灯，则是一闪一闪的。

有人问："这个指示灯为什么会闪?"

厂长回答："因为液体快到临界点了，如果到达临界点，它就不闪了。"听起来也蛮有道理。

想不到厂长刚刚说完，仪表工程师说："不是的，那个灯坏了。"

结果厂长表情极为尴尬。

明白此道理的人，与别人一见面从不说正经话，专说一些没有用的闲话。中国人不是不喜欢说话，而是中国话多半不容易表达得很清楚，话本身已经相当暧昧，听的人又相当敏感，于是"言者无心，听者有意"，往往好话变坏话，无意成恶意，招来洗不清、挥不掉的烦恼，何苦来哉？所以中国人对闲聊很有兴趣，见面不谈正经话，专说一些没有用的，就怕先开口，露出自己的心意，让对方有机可乘，徒然增加自己的苦恼。这样做表面看起来是在浪费时间，其实，其目的是让对方先开口，使自己获得有利的形势。更何况，言多必失，废话说多了，难免会说漏嘴，透露一些有用信息，这样就可以明白对方到底是怎样想的，然后采取相应的应付手段。

中国人擅长明哲保身，就是因"先说先死"的痛苦经历造成的。中国人说话一向含含糊糊，让对方不明白其真实意思，就算随便一句打招呼："要到哪里去?"得到的多半是"随便走走"之类的回答。只有碰到熟悉的朋友，才会说"我要去……"。

中国人十分习惯于"不明言"，即"不说得清楚明白"，却喜欢"点到为止"，以免伤感情。不明言的态度，比较不容易先说先死。因为一部分是我们说的，一部分是别人自己猜的，大家都有面子。同时也不容易被别人抓住把柄。"有话直说"，往往弄得自己灰头土脸，却不知道毛病出在哪里。

很多人"有意见也不一定说"，往往鼓励别人先说，然后见机行事。他若不同意，就大肆抨击；若同意，也可能把别人的话改头换面，当作自己的真知灼见。这种让别人站在明亮处，自己躲在黑暗处的作风，使得别人不敢开口讲话，造成很多沟通的障碍。

不说也死

"不说也死"是说给懂得"先说先死"的人听的。

小丽是老板的秘书，一向勤勤恳恳、规规矩矩，从不出大错。星期四她得到通知，说星期五公司有个舞会，小丽很想参加。虽然按照公司的规定，星期五可以不穿正装，但是身为老板的秘书，小丽每天都要穿职业套装，她不敢穿得太随便。可是既然有舞会，总不能穿正装参加吧？因此，小丽破例换上连衣裙，把自己打扮得漂漂亮亮的。她在老板办公室进进出出，老板看着很不舒服，但没说什么。下午，老板通知她："3点钟有个紧急会议，你准备一下，负责会议记录。唉，你怎么穿成这个样子，赶快换掉。"小丽这才说："公司有舞会，何况今天是星期五，公司规定……"老板火了："到底是舞会重要还是工作重要?"

小丽认为自己并没有违反公司的规定，回答得理直气壮。殊不知小丽如果回答得没有道理，老板还可以批评她。她回答得有道理，老板更是下不了台，于是恼羞成怒，逼迫小丽换

掉连衣裙，否则“炒鱿鱼”。结果小丽强忍泪水，赶快打车回家，换衣服。

如果小丽一开始就向老板暗示今天是星期五，可以穿便装，也许老板就会不以为意了。

不要以为多说多错，不说不错。有话不说往往会使你陷入被动的局面。如果你的上司交给你一项很复杂的任务，你完成不了，又一直不敢开口，最后任务完不成，那所有的过错都是你的。如果你早说了，你的上司就会想其他的办法解决。而你明明完不成任务，还一声不响、硬着头皮继续做，往往贻误了时机。

还有，如果你很少说话，别人就很难了解你，不知你整天想什么，所以有晋升的机会也轮不到你。孔子欣赏木讷的人，却也主张言词必须通达。

如果你本来是个有说有笑的人，结果哪天突然变得沉默寡言，别人会觉得有些蹊跷。这种比较明显的变化，多半被认为是心理不平衡的反应。

如果你和老板一起去拜访客户，老板不小心说错了话，你却不提醒，老板很可能把过错都推到你的身上，指责你隔岸观火，居心不良。其实老板选你一起去拜访客户，必然是经过考虑的，认为你会对他有帮助。

凡事在说与不说之间，看情势、论关系、套交情，衡量此时、此地、此事对此人应该说到什么地步，才算合理。大家都不说，根本无法沟通。不能沟通，当然无法协调。

说到不死

突破的方式是最好能够做到“说到不死”，需要在合适的时候、合适的地点，对合适的人，以合适的方式说出合适的话。如何判断合不合适，就要看你的功夫了。

我们说“事无不可对人言”，又说“逢人只说三分话”，就是因为说话的对象不同。对知心朋友，当然“事无不可对人言”；而对一般人，则“逢人只说三分话”。比如一般人问你：“听说你要买辆跑车？”你的反应可能是：“没这么回事，我哪有那么多钱啊？”而熟悉的朋友若问你相同的话，你再否认的话，你的朋友就会认为你信不过他，所以你可能说：“我最近炒股票赚了点钱，是打算换辆车，但还没选好，你帮我参谋参谋。”衡量轻重，对一般人选择保密到家的策略，以免“先说先死”，而对朋友则采取私下透露，以“不说也死”的方式，以求“说到不死”。

在工作年会上，总经理正在讲话，大家都在聚精会神地听，行政主管发现总经理遗漏了一项重要的行政决定，他不慌不忙地在便条纸上写下“关于……的决定”等，然后偷偷地递给总经理，希望提醒他，把此决定在会上公布一下。行政主管的做法就很明智，如果等总经理讲完话，行政主管急忙站起来，补充说明一番，相信总经理必定很生气，不但不感激他的补充，而且事后必定气冲冲地责备行政主管：“你以为我把那项决定忘在脑后了？我记得比谁都清楚，只不过我认为暂时不宜在会上宣布，没想到你自作聪明，招呼都不打一声，就宣布了。”而行政主管必定会因“先说”而“先死”。

如果总经理真的忘了，而行政主管不说，那行政主管就会落到“不说也死”的境地：总经理会认为他根本心不在焉，这么重要的事都不提醒一下，以后根本不能信任他。

在说与不说之间，行政主管选择了一种合适的方式，即不明言，该提醒的也提醒了，至于总经理说不说出来，由总经理决定。无论以后有什么结果，总经理都不会怪到他的头上。

业务经理陪老板到客户那里谈判，客户提出让利3%，业务经理当场拿出计算器，熟练地计算一番，然后把结果显示给老板看，嘴上说：“不行，这样我们就无利可图了！”老板

看看结果，心里明白，接着说："虽然如此，但是看在老客户的分上，再想想办法吧。"

明明可以接受，业务经理嘴上却说不行，实则将决定权交给老板。老板若同意，等于给对方一个人情；老板若不同意，则有充分的理由拒绝。所以，业务经理真正做到了"说了不死"。如果他计算完，不和老板商量一下，马上说"接受"或"不接受"，等于没把老板放在眼里，势必"先说先死"；如果他计算完，一句也不说，就等着老板做决定，老板就比较为难，因为他的做法摆明了告诉对方可以接受，老板再拒绝，岂不是让对方嘲笑？

"说到不死"其实就是说到合理的意思。只要合理，大家都能够接受，当然可以不死。

沟通的艺术

要想"说到不死"，就要掌握沟通的艺术。

首先要使对方听得进去。对方如果听不进去，就算你有千言万语，他全当耳旁风。所以开口之前必须谨慎，以免徒劳无功。当对方听不进去的时候，我们宁可暂时不说，也不要逼死自己。

中国人往往情绪反应激烈，一语不合，就可能翻脸。在沟通的时候，我们不能确保每一句话都说得很妥当，但至少从第一句话开始就特别小心，以诚恳的语气来使对方放心，使对方了解我们不会采取敌对或者让对方没有面子的方式来进行沟通。这样，对方才会逐渐放松。

第一句话就引起对方的戒心，使他觉得自己可能会吃亏，或者可能会没有面子，他就会采取躲避的策略；躲不开的时候，也会且战且走。一旦对方想"溜"想"躲"，就不可能获得圆满的结果。

中国人说话很少开门见山，而是先寒暄一番，看看对方的反应如何。如果对方心情不错，才可以进一步沟通。如果没说两句话，对方就很不耐烦，甚至要端茶送客，那你就算有再重要的事也要忍一忍，因为此时多说无益，"话不投机半句多"便是此理。

有人可能认为中国人的寒暄是在浪费时间，有正事不说，非得在无关紧要的事上大费唇舌，是不分轻重的表现。其实，他们根本不懂寒暄的妙处。东拉西扯，说一些没有用的寒暄话，目的在于了解对方的情绪状态，并且产生稳定对方情绪的作用。不急着讲，先摸清楚情况再说，乃是上策。

为了让对方听得进去，我们很容易采取讨好的方式，尽量说一些好听的话，让对方听起来很高兴而易于接受。其实，想讨好中国人，并不简单。既不能单纯地讨好对方，又要让对方听得进去，单纯强调话说得对并没有用，有时候，你说得越对，对方会觉得越没面子，以致恼羞成怒。

说得对，还不如说得妥当来得有效。但每一句话都要说得很妥当，实在不容易。任何话一出口，对方大多不会"就听到的话来判断"，反而多半"在听到的话之外去猜测用意"。弦外之音，往往比说出来的话更重要。

另一方面，在沟通时我们也要用心听取对方所说的道理，不要过于在意对方怎么说。任何一句话，认真去听，都可能听出某些道理，不可能毫无价值。但是，我们常常不在乎这些道理，却斤斤计较于对方表达时的态度和语气。换句话说，我们不认真听对方在讲什么，却十分介意对方是怎么讲的。事实上，越有道理，越容易引起听者的反感，所谓忠言逆耳。

但中国人很奇怪，心中有话不一定说出来，而要等着对方来猜；就算我们勉强说出来，也必定说得含含糊糊；而当我们说得很肯定的时候，对方就更小心了，因为说得斩钉截铁的

未必是真话。中国人这样做不是没有道理，只是不了解的人，很难明白我们的真实意图，造成沟通障碍。既听他的话，又看他说话的样子，综合判断，才可以决定信或不信。

这时就需要我们发挥察言观色的本领，关注对方说话时脸部的表情。表情比言语本身更能表达内心的动态。人类五官之中，眼睛是最敏锐也最诚实的，观察人的邪正，没有比观察他的眼睛更准确的了。眼睛不能遮掩人的恶念。心正，眼睛就明亮，心不正，眼睛就昏昧。

在沟通方面，中国人最重视圆满，也就是设法站在每个人的立场上，让大家都有面子。如果是很多人在一起的时候，不能只照顾几个人而冷落其他人。被冷落的人觉得很没面子，就会引起情绪上的反弹，不但增加沟通的困难，还会产生难以预料的不良后果。《红楼梦》中的王熙凤在初见林黛玉时，说她“况且这通身的气派，竟不像老祖宗的外孙女儿，竟是个嫡亲的孙女”，林黛玉远来是客，夸奖她是应该的，但是当时迎春姐妹都在场，如果只夸奖黛玉的话，恐怕她们会觉得不快，所以王熙凤一句“竟是个嫡亲的孙女”，在夸奖黛玉的同时，又肯定了迎春姐妹，使大家都很有面子。

当然，在人数众多的情况下，让每个人都有面子，确实很难。但在沟通的过程中，尽量站在对方的立场上，则有助于沟通的顺利进行。

实践演练

1. 微笑训练：嘴角两端往上翘，双颊肌肉向上抬，口里可念“一”（同桌间相互评议，帮助纠正）。

2. 目光训练：用以下两种方法坚持天天训练，可使目光明亮有神。

1）点上一支蜡烛，视点集中在蜡烛火苗上，并随其摆动，坚持训练可达到目光集中、有神，眼球转动灵活的效果。

2）用视线追逐鸽子飞翔可使目光有神。

3. 上台演示：请同学上台演示四种不同的姿态，要求规范到位。

4. 分析案例，回答问题。

郭先生是外贸公司的一位业务经理。有一次，郭先生因为工作上的需要，在国内设宴招待一位来自英国的生意伙伴。有意思的是，那一顿饭吃下来，令对方最为欣赏的倒不是郭先生专门为其所准备的丰盛菜肴，而是郭先生在陪同对方用餐时的一处细小的举止。用那位英国客人的原话是：“郭先生，你在用餐时一点儿响声都没有。”英国客人为什么欣赏郭先生的举止表现？它说明了什么问题？

5. 解读体态语游戏。

1）事先准备 20 个能用体态语表达的词条。

2）每组推荐两名同学参与，游戏时必须面对面远距离站着。

教师为每组中的一名同学展示词条内容，然后让他（她）用体态语表达出来，让另一名同学猜，时间是 10 分钟。猜出词条最多的为优胜小组。

三、沟通的基本技能训练

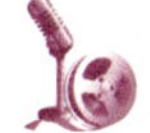

情境导入

乔是世界上最伟大的推销员，他所保持的世界汽车销售纪录——连续 12 年平均每天销

售6辆车，至今无人能破。他入职初始，曾经有过这样一次经历：

乔花了近一个小时才让他的顾客下定决心买车，当他们走向办公室准备签销售合同时，那位顾客开始向乔提起了他的儿子。顾客十分自豪地说：“我儿子考进了普林斯顿大学，我儿子要当医生了。”

“那真是太棒了。”乔回答，眼睛却看着其他顾客。

“乔，我的孩子很聪明吧，当他还是婴儿的时候，我就发现他非常聪明了。”

“那他高中毕业后打算做什么呢？”乔心不在焉。

“乔，我刚才告诉过你的呀，他要到大学去学医，将来做一名医生。”

“噢，那太好了。”乔说。

那位顾客看了看乔，说了一句“我该走了”，便走出了车行。

次日上午，乔一到办公室，就给昨天那位顾客打了一个电话，诚恳地询问道：“我是乔，我希望您能来一趟。”

顾客说：“我从那个欣赏我的推销员那里买到车了。当我提到我儿子的时候，他是多么认真地听。”顾客沉默了一会儿，接着说，“你知道吗？你并没有听我说话，对你来说我儿子当不当得成医生并不重要。你真是个笨蛋！当他人跟你讲他的喜恶时，你应该听着，而且必须聚精会神地听。”

乔的推销为什么会失败？他在与顾客的沟通中犯了什么错误？在沟通中，应该掌握哪些基本技能？

任务描述

沟通的前提是会倾听，要学会怎么更好地沟通，先要学会倾听的技巧。

案例导引

案 例 1

在公共汽车上，你无意中听到两位妇女聊天。

“听说你家晶晶今天就要去祥源公司了，那公司不错啊！”

“唉！别提了。她们三个女同学一块儿去面试的，竟一个也没被录用。昨天我托熟人去问，原来财务部经理说她不愿老是当‘妇联主任’……”

1. 请逐一列举你从这段对话中听出的信息。
2. 假设你是会计专业的男性毕业生，尚未找到工作，接下来你会怎么做？

案 例 2

周文是一家公司的销售经理，短短半年，为公司创造了数百万元的利润，他把自己的业绩归结为四个字——有效倾听。在与客户沟通谈判的时候，他很注重倾听顾客的需求和意见，记录下一些关键点，并逐一复述，与顾客核实：顾客的需求是什么？对价格是否敏感？他们需要什么样的附加服务？顾客为什么拒绝？等等。在倾听过程中遇到不清楚的地方，他也会及时地与顾客沟通、核实。他的这种工作方式赢得很多顾客的欣赏，有的顾客说：“我们都厌倦了那种滔滔不绝的硬性推销，那样我们会有一种被强迫的感觉，很有压力，但和周

经理沟通就没有那种感觉。和他沟通很轻松、很和谐，所以我们也爱和他做生意。”周文也坦言：“做一个耐心的倾听者有时候很辛苦，难免花费很多时间，但有效果，所以值得去做。”

知识平台

（一）倾听是沟通的保证

什么是倾听？国际倾听协会对倾听的定义是：倾听是接受口头和肢体语言信息、确定其含义和对此做出反应的过程。

说、听、问是口语交际中最基本的三种语言形态。其中，倾听作为常用的沟通方式，使用的频率很高，如听课、听报告、参加会议、观赏影视艺术、与人聊天、营销、新闻采访等。研究表明，人们在沟通中，40% 的时间用于听，16% 的时间用于写，35% 的时间用于说，9% 的时间用于读。可见，人们用于倾听的时间比其他任何一种沟通方式所用的时间都要多。但正是这在沟通中用时最多的“听”的技巧，我们在学校时却少有训练。就算有，也大多为了学习和考试，以至于我们的倾听能力是听、说、读、写能力中最弱的一项。例如听课，一节课下来，有的同学什么都没听着；有的觉得自己听到并记住了很多东西，和别人一对照，却发现有很大的误差。听而不闻、听不清楚、记不住、理解错误……凡此种种，都说明有相当一部分人不会倾听或者说是被动的、无效的倾听。当我们进入社会，在职业生涯中，倾听的感悟能力，即通过倾听对交谈者所阐述内容进行解读的能力，将直接影响我们的职业与人生的发展。因此，要做一个好的交谈者，首先必须做一个好的倾听者。

上天为何赐予我们两只耳朵、一张嘴巴？就是要我们少说多听。

小贴士

“钢盔”的诞生

第一次世界大战中，一位叫亚德里安的将军，利用战斗的间隙到战地医院探望伤员。走进病房，他静静地坐在床边，耐心地听每一位伤员叙述战斗过程和死里逃生的经历。其中一位炊事兵绘声绘色地说，炮弹呼啸而来，正当弹片横飞之际，他急忙把铁锅扣在自己的头上才幸免一死。听到这里，亚德里安将军略有所悟地点点头，脸上露出赞赏的微笑。后来，他发布了一道命令：让每个战士都戴上一个“铁锅”。于是，在人类战争史上，“钢盔”这个重要发明，就因为一位将军有耐心、有雅量听一个炊事兵“唠叨”而诞生了。

1. 主动倾听

口语交际是一种双向交流的过程，这就要求双方既要说更要注意听。听是说的前提，说是听的目的。只有努力了解对方讲话的内容，专心记住交谈的关键信息，并做出正确的判断和反应，口语交际活动才能进行下去。因此，在口语交际活动中，我们要学会主动倾听和有效倾听。

当我们不仅仅是把注意力集中在他人所说的内容，还把重要的观点在头脑中进行勾画，并考虑提出问题或对问题提出的观点进行质疑时，我们就成了一个主动倾听者。

2. 主动倾听的四种方式

（1）获取信息式倾听　其构成要素包括：①清楚对方所讲的中心思想；②明白支持性

主要观点；③预言接下来说的内容；④所讲的观点联系自我的经验。

（2）批判式倾听　批判式倾听需要获取信息式倾听所有的构成要素。一般来说，所有沟通中的倾听都应当是批判式的。

（3）情感移入式倾听　倾听者放弃自己的情感，投入到对方的情感中去，按照他人的观点来理解其感受。

（4）享乐式倾听　为了乐趣而倾听，如听音乐、听戏曲、听相声等，称为享乐式倾听。

3. 主动倾听的五种方法

1）对内容的复述，用自己的话来反馈对方的意思。

2）模仿对方的情绪，确定你感受到的对方情绪是否准确。

3）说出自己的感受，这种方法在生气时尤为有效。

4）询问信息或进一步明确对方的意思。

5）表明愿意解决问题的态度。

主动倾听需要时间和精力，主动倾听只有在真正接受对方的观点和情感时才是最有效的。

（二）有效倾听

1. 倾听的五个层次

有效的倾听方法是可以通过学习获取的。分析并认清自己的倾听技巧所处的层次，将有助于你成为一名高效率的倾听者。按照影响倾听效率的行为特征，可以把倾听分为五个层次。

（1）第一层次——心不在焉地听　倾听者心不在焉，看似正在听，实际上心里考虑着其他与谈话内容毫无关联的事情，几乎没有注意对方所说的话。这种倾听者感兴趣的不是听，而是说，有可能正迫不及待地想要说话。这种层次上的倾听，往往不会取得很好的沟通效果，甚至导致人际关系的破裂，是一种极其危险的倾听方式。

（2）第二层次——被动消极地听　倾听者竖起了耳朵，却没有敞开心扉，只是被动消极地听。有的倾听者经常通过点头来表示正在倾听，而讲话者却以为所说的话对方完全听懂了，实际上，倾听者看似在听，但听到多少、理解多少常常是个未知数。这种层次上的倾听，常常导致一定的误解，失去真正交流的机会。

（3）第三层次——有选择性地听　对于自己感兴趣的话，倾听者会仔细认真地听，而把不合口味的东西统统地屏蔽掉，越是层次高的人，倾听的水平越容易局限于此。他们有先入为主的观念，和他们一致的意见他们会很感兴趣地听，相左的意见就会直接过滤掉。这样的倾听很容易导致偏听偏信的后果，危害很大。

（4）第四层次——认真专注地听　倾听者认真专注地听对方说话，专心致志地注意对方，聆听对方的话语内容，这是倾听的第四个层次。倾听者虽然自始至终保持认真主动的态度，能够接收对方的绝大部分信息，但是能否解读话语背后的含义，明白说话者的本意、真意，却很难说。

（5）第五层次——设身处地地听　这是一个优秀倾听者的典型特征。倾听的最高层次就是设身处地地听。它要求倾听者带着理解和尊重积极主动地与对方交流。倾听时不仅专注地看着对方的眼睛，而且能够深入对方的心中，站在对方的角度，替对方考虑。这种倾听要求调动身上所有的神经去观察、去感受，让自己感同身受地看待事物，做到和对方心心相

印。这种倾听方式在形成良好人际关系方面起着极其重要的作用。

现实生活中，大约25%的人只能做到第一层次的倾听，40%的人能够做到第二层次的倾听，25%的人能够做到第三层次的倾听，达到第四层次、第五层次水平上的倾听者最多只有10%。可见，完全做到有效倾听的人是极少数，倾听作为有效的沟通方法，并没有引起我们足够的重视。

2. 有效倾听的十种方法

我们每个人都应该重视倾听，提高自身的倾听技巧，做一个优秀的倾听者。通过有效的倾听方法可以表示出对他人所说内容的兴趣，还可以表示对他人的看重和尊重，从而享受一种积极、双赢的沟通过程。

（1）专注地看着对方　人们判断对方是否在聆听和接收自己的说话内容，往往是根据对方是否看着自己来做出结论的。没有比真心对对方感兴趣更使他们受宠若惊的了。有的人听的时候心不在焉，一边听一边看手机或者忙其他事情，别人本来有很多的建议或想法与他沟通交流，看到这种情况，感觉受到冷落，便闭口不谈了。所以，沟通时一定要专注地看着对方。

（2）不要中途随意打断他人的话　随意打断别人讲话，不仅是缺乏教养、没有礼貌的行为，而且还会让你错过许多重要信息，甚至产生误解和偏见。

小贴士

飞机快没油了，怎么办？

主持人问："小朋友，你长大了做什么？"

小朋友答："飞机驾驶员。"

主持人问："如果飞机快没有油了，飞机上有很多旅客，但只有一个降落伞，你怎么办？"

小朋友答："旅客系好安全带，我背着降落伞跳下去。"

观众大笑。小朋友伤心地哭了。

他难过地说："我本来是想先跳下去，去取油，再来救大家，可你们没有听我说完。"

（3）沟通的时候要点头微笑　回应沟通的时候要不断地回应对方，他看到你不断地点头、微笑，就会有表达的欲望，继续讲下去。如果他讲了半天，你没有丝毫反应，也没有任何表情，那么他的积极性就会受到重大打击，不知道你想不想听，听懂了没有。

（4）适当地提问并复述对方的意思　倾听的时候，你要适当地提问，并复述对方的意思，特别是一些重要信息或不懂的地方要跟对方确认一下。这样他会觉得你在认真听，也就更愿意表达了。

（5）说话之前先暂停3～5秒钟　这样做有几层含义：一是确定对方确实已经讲完，二是表示你对他的话经过了认真思考，三是引起对方的注意，同时这也是对对方的一种尊重。

（6）不理解可以马上提出来　如果你没有听清楚，没有理解，或是想得到更多的信息，应当在适当的情况下告知对方。这样做，一方面会使对方感到你的确在听他讲话，另一方面也有利于你继续有效地进行倾听。

（7）不仅倾听内容，更要倾听感觉　中国人说话讲究委婉含蓄，所以有的时候对方所说的话与其内心需求并不完全一致，甚至相反。这时候，你既要倾听他表面的话语意思，更要洞悉他内心的真实意思。比如，家里来了一位客人，问他是否喝茶，他一般会说不喝。而如果你把茶端到他面前，他一般会喝的。你问他是否吃个苹果，他也会说不吃，你真把削好的苹果放在他手里，他会吃得津津有味。所以，倾听时需要我们用心观察对方的表情，揣摩他的感觉，读懂他的真实意思，进而更好地与他沟通。

（8）听到不同意见时不要屏蔽信息，不要妄下结论　很多人经常犯这样一个错误，听到不同意见时，或者把信息屏蔽掉，或者轻易下结论。当你心中已经对某事做了判断时，就不会再倾听他人的意见，沟通也就被迫终止了。所以，我们要尽量保留对他人的判断，直到事情清楚、证据确凿为止。

（9）抑制争论的念头　沟通的目的是交流信息，而不是辩论，争论对沟通没有任何好处，只会引起不必要的冲突。所以，倾听的时候要学会控制自己，抑制与对方争论的冲动，放松心情，找到解决分歧的方法。

（10）听懂对方话语中的关键词　所谓关键词，指的是描绘具体事实的字眼，这些字眼透露出某些关键信息，同时也显示出对方的兴趣和情绪所在。透过关键词，可以看出对方喜欢的话题，以及对人的信任度，同时也可以帮助我们决定如何响应对方的说法，更好地回应和反馈。

相关资讯

（一）当一位好的倾听者

1. 了解倾听的方式与要求

不管在何种言语交际情况下，听人说话，都应该听清楚、听明白，这是最起码的要求。言语交际总是受着交际者彼此之间的身份地位的影响，受着交际目的的制约，因此而形成三种最常见的听话状态，即只听不说、多听少说、边听边说。不管在哪种状态，都必须听，虽然听话的方式与要求不尽相同。

2. 在交流沟通中学会主动倾听和有效倾听

学会听、听得懂、记得住，是倾听的三重境界。亨利塔是纽约市中心人事局的工作介绍顾问。初到人事局的头几个月，亨利塔在同事当中一个朋友都没有，为什么呢？因为她每天都使劲吹嘘她在工作介绍方面的成绩、她新开的存款户头以及她所做的每一件事情。她说这些，是想让同事们分享她的快乐，进而喜欢自己，但是事与愿违。在听了卡耐基的交际培训课后，亨利塔意识到自己以前的做法不妥。于是，在以后的工作中，她一改自己不停说话的习惯，有意识地仔细听同事们的谈话。“现在，当我们有时间在一起闲聊的时候，我就请他们把自己的快乐告诉我，好让我分享。而只在他们问我的时候，我才简略地说一下自己的成就。”现在，亨利塔成了单位里人缘最好的人。

3. 有意识地训练自己的倾听能力和倾听技巧

做一个好的倾听者，对于提高自身的领悟力、提高沟通效果尤为重要。因此，要重视倾听，并通过倾听的自我训练，提高自己对语言和体态语言的正确理解和反应能力，能很好地理解说话者的真正含义，并与自己的经验联系起来，形成自己的知识系统。

（二）倾听能力的养成

要在人际交往中做一名好的倾听者，达到倾听的三重境界，倾听能力的养成必不可少。倾听能力是由多方面能力构成的，其中最基本的能力有三种。

1. 注意力

这是指在倾听过程中所表现出来的情感、情绪、思维指向程度。指向程度越高，注意力越集中，听话的效果就越好，听得清、听得懂，而且记得住。指向程度低，注意力不集中，听话效果就差，既不入耳，更不入心，即便听了一部分，也是不准确、不连贯的。譬如，同处在一个教室，同听一个老师讲课，有的同学就能心领神会，举一反三；而有的同学却丢三落四，茫然不知所措。究其原因，很大的程度就取决于其听课的注意力集中与否。前者聚精会神，专心致志；后者心猿意马，心不在焉。

注意力为什么会不集中呢？这是因为在实际的倾听过程中，有很多因素会分散我们的注意力。这些因素包括：

1）认知失调。在两种或更多相互对立的态度面前感到矛盾，无所适从。

2）焦虑。焦虑是倾听中的干扰因素，一个人处于极度焦虑的状况中，就不能很好地去倾听。

3）被动倾听。对一些无意义或自己不感兴趣的东西，人们往往表现为被动倾听。

2. 记忆力

听人说话，要记得住、记得牢。倾听中的记忆与阅读中的记忆有所不同。前者是瞬间记忆、一次性记忆；后者可长时记忆、反复记忆。要在别人说话的当时就能把话语记住，大体有如下几种方法：一是择要记忆。只记观点、要点、结论、数据，其他的能记住多少算多少。二是逻辑记忆。说话总有一定的逻辑思路，或者是由事而理的归纳，或者是层层推导的演绎，或者是同类、正反的比较。按照一定的逻辑思路倾听，自然就记住了。三是瞬间强记。不仅一字一句听清楚，听明白，还不妨默默背诵几遍，最好将说话者当时的声音、神态、动作都一块记住。这种记忆很可能就成了终身记忆。

要培养倾听中良好的记忆能力，关键是要用心，专心专意地倾听；其次是要理解，记忆有两种，一种是机械记忆，一种是理解记忆。前者死记硬背，记忆不会长久；后者是用心体会、领悟、理解，只有理解了的话语才会记得住，记得长久。最后，还要养成良好的记忆习惯，听话必记，并且力争记全、记准，长此以往，便能养成很强的记忆能力。

3. 听辨能力

听辨能力是人们在言语交际中形成的一种特有的智力。这种能力主要表现在语音的辨析、语意的理解和话语的品评几个方面。

（1）语音辨析　倾听是通过语音辨析来理解语音符号含义的。语音，在表达话语意义的同时，还传导说话者的情感、情绪、态度。因此，倾听者既要从语音中听出语音符号本身的含义，还要从语音的高低、轻重、缓急以及语气中，体味到说话者的情感、心态、意图。除此之外，对于那些一词多义、一词双关、同音异义的语词、语句，还要特别注意加以辨析。

（2）语意理解　倾听的关键在于对语意的理解。首先是对语词、语句、语段乃至整篇做出正确的理解。其次是理解观点，理解意图。再次，对那些善用比喻、象征、反语、委婉、幽默、模糊、诡辩等修辞手法的语句或语段，还要做出特别的理解与领悟，以便从中悟

出“言外之意”。

（3）话语评析　倾听不只是接收与理解，还应该在听话的同时，及时做出分析评价。这些评析主要包括：对话语内容的评析，评析其是否正确，是否合理，是否得当，是否得体，有何特别之处。还有一种要指出，即口语表达常常因为省略、节缩、松散等原因，导致说出的话语不很严密，不很规范，甚至还会出现病句。对于这种现象，倾听者不仅要辨析出来，还要善于及时加以补正或还原。

实践演练

（一）演练科目

演练一

1. 演练目标

训练倾听注意力的抗干扰性，提高听觉的敏锐性。

2. 演练名称

鹦鹉学舌。

3. 演练设计

（1）播放一段相声或球赛录音，播放过程中教师同时慢读近期的数条新闻，学生速记。

（2）每组派一名代表就录音内容做简要复述，同时评选出最佳小组。

4. 演练提示

（1）播放录音的声音不宜过大，以训练倾听注意力的专注性；录音材料的内容不宜过短，以训练倾听注意力的持久性；内容不宜过于简单，以训练倾听注意力的稳定性。但应遵循循序渐进的原则，逐步增加训练的难度。播放前教师可就训练要求做一些提示，如倾听时要耐心、沉住气，防止烦躁情绪，听后要做复述练习，可做记录，等等。

（2）听辨的内容要完整连贯。

（3）评选最佳小组前，教师要将录音材料的内容要点和评分标准告知学生。

演练二

1. 演练目标

训练规定时间的强记能力，培养快速记忆的能力。

2. 演练名称

快速传话。

3. 演练设计

（1）以小组为单位，按纵式队列站好。

（2）每组站在最后一位的学生到讲台领取教师事先准备好的纸条，并用30秒的时间记住纸条上所写的内容。

回到原位，用耳语告诉前一位同学纸条上的内容，然后一个接一个地用耳语传下去，最后一人宣布所听到的内容，并将纸条上的内容念一遍，让大家知道内容的真相。

整个活动计时5分钟。时间一到即停止传话，未完成的组淘汰出局。

4. 演练提示

（1）第一，不能用笔做记录。第二，只能一个接一个地顺接，不能越过一些人直接对

前面的人说；声音保持耳语音量，不能让第三人听见。违反规定的组将被淘汰出局。

（2）每张纸条上的内容难度尽量均衡，都应当由文字和数字组成，字数在 50 ~ 60 字为宜。

（二）训练科目

训练一：旁听者

1. 训练要求

（1）时间控制：30 ~ 45 分钟。

（2）场地：室内。

2. 训练过程

（1）训练者分 A、B 两组面对面坐或站立。

（2）指导者把要讨论的题目告诉 A 组成员，A 组成员就问题表达自己的想法或观点，但不能直接说出讨论的题目，B 组成员旁听；3 分钟后，B 组成员就听到的内容进行陈述。

（3）5 分钟后，角色转换，指导者把另一个讨论的题目告诉 B 组成员进行讨论，A 组成员旁听，流程同上。

（4）在训练最后一个阶段，所有训练者围坐成一个大圈，并就刚才讨论的内容发表各自的意见与所有人分享。

3. 训练分享

（1）旁听的训练者陈述的内容是你们讨论的题目及你们的观点吗？

（2）作为旁听者，你们在倾听的过程中是如何确定对方讨论的问题及他们的观点的？

（3）作为旁听者，如果你们听到的内容与他们实际讨论的题目不一致，你们觉得主要原因是什么？

训练二：讨论电影计划

1. 训练要求

（1）时间控制：5 分钟。

（2）场地：室内。

（3）所需道具：印有《任务表》的纸张，每小组一张。

附件：任务表

姓　　名		A	B
任务 1	最终达成的结果是什么？		
任务 2	最终达成的结果是什么？		
	与任务 1 的结果有何不同？		
	如果本次交流确有进展，为什么？		

2. 训练过程

（1）训练者分成 2 人一组，其中一人角色为 A，另一人为 B，允许训练者自由组合。每组有 1 分钟时间一起安排下周末去看电影的计划。

（2）完成任务 1：（时间为 5 分钟）

1）A 提出一个建议，例如，我们一起去看电影吗？

2）B 采用“好的，但是……”这样的句式来回答。例如，好的，但是我想去游乐场更

好玩儿。

3）A 也用“好的，但是……”这样的句式来表达自己的意愿。

4）AB 均采用这样的句式进行交流，直至时间结束为止。

（3）完成任务 2：（时间为 5 分钟）

1）A 用同样的建议开始这次对话。

2）本次交流均采用“好的，而且……”这样的句式对对方的建议做出反应。例如，好吧，而且我们看完电影以后可以一起去吃饭。

3）5 分钟后结束本次交流。

（4）小组成员完成任务表。

3. 训练分享

（1）现实生活中你遇到过类似的情况吗？你经常采用哪种方式来回应对方？你认为哪种交流方式更有利于有效的沟通？

（2）总结一些常用的肯定性词语和常用的否定性词语。

（3）当你不同意他人观点时，怎样用肯定性词语来回应对方？

（三）案例分析

某公司总裁交代他的秘书说：“你帮我查查我们华东分公司目前有多少人，下周一我向董事局汇报工作时要用到。”于是，这位秘书打电话给华东分公司的秘书说：“公司总裁需要一份你们公司所有工作人员的详细名单和档案。你准备一下，两天内交给我。”于是，分公司秘书就告诉其经理说：“总部需要一份我们公司全体工作人员的名单、档案和其他相关材料，需要尽快送到。”结果第二天上午，两大箱的航空邮件出现在该公司的总部大楼里。

思考讨论

1. 从交流沟通中倾听的角度分析导致这种结果的原因。

2. 分小组角色扮演展示处理任务情境的过程和结果，然后交流、讨论沟通过程中应掌握倾听的哪些能力和技巧。

（四）阅读并思考

小杨这样辞职对吗？

小杨是某大学广告专业学生，下学期即将毕业，目前正在一家大型公司的销售部做兼职。小杨工作十分出色，销售部冯经理对她的工作非常认可，向高层汇报小杨工作时全是赞美之词，并承诺待小杨毕业后立刻雇用她，让她领导公司里新成立的媒体研究部。

小杨对此受宠若惊，但她对这个新职位并不感兴趣，因为她对目前正在做的工作并不满意，然而她从来没有告诉冯经理她对当前工作以及将来工作的想法。因为冯经理培养了小杨，并且对每个人都夸赞她，小杨对冯经理十分忠诚并心怀感激。因此小杨觉得如果拒绝这项工作就等于背叛了冯经理。几个星期后，小杨还是决定辞职，但她不知道如何面对冯经理，觉得有点难以启齿，便一直拖到她要辞职的那天。

那天冯经理准备出差，小杨走进经理办公室，当时还有其他人在里面讨论项目。冯经理

问小杨什么事情，小杨回答说："我要辞职。"

冯经理大吃一惊，问小杨为什么要辞职，心里还想着该怎样处理小杨正在负责的项目。小杨为未能早些通知他道歉，并解释说从明天开始就要在其他地方做兼职。冯经理对这位下属非常失望，说："如果你早点告诉我，我还能慢慢将项目交给其他人，现在可怎么办？"

思考讨论

1. 小杨应该怎样处理辞职一事？

2. 你认为小杨应该在何时、何地、以何种方式提出辞职？如果换一个环境，冯经理会理解她吗？

3. 冯经理哪些做法使得小杨不愿沟通？

学习情境一　求职面试

任务1　撰写求职信

情境导入

迎接大一新生的工作已经结束了，校团委开始招募新人。很多大一的学生都踊跃报名，李磊也想好好锻炼自己，于是他仔细研究了校团委的招聘启事，觉得自己完全可以去试一试。他准备了求职信和个人简介，在规定时间内交给了校团委。

思考讨论

1. 在求职前，我们应准备哪些求职材料？
2. 如何撰写求职信？

任务描述

通过教师讲解，使学生了解在求职前应做哪些准备；明确求职信的重要性；重点掌握求职信的写作格式及写作技巧；组织学生分组讨论："如何通过求职信，展现自己的亮点？"；通过多媒体，展示求职信范文，鼓励学生举手发言，评价例文。最后，练习撰写求职信。

案例导引

注重求职细节

2015 年 7 月，大学毕业生王一宁来到哈尔滨，开始了自己的求职之路。这一天，他起得很早，买了份当天的《哈尔滨日报》，仔细阅读上面的"招聘启事"。经过认真分析，他选中了一家房地产销售公司，作为"出师"的第一站。

当王一宁按照报纸上的地址找到房地产公司时，一位 50 多岁的张先生热情地接待了他。张先生问他为什么来哈尔滨找工作，对企业管理有何认识和经验等问题，他都一一作答。张先生边听边微微点头，接下来便问他要求月薪是多少。他回答："2700 元。"张先生一听，马上问他什么时候能够上班，王一宁告诉他现在就可以。形势发展到这地步，王一宁猜想，大功应该已经告成。

谁知道，此时张先生又重新翻看了王一宁求职材料中的求职信，突然他问王一宁："有个问题我不明白，你在求职信中表明你的求职岗位是行政助理，但是为什么现在来我公司应聘销售呢？"王一宁解释说，这份求职信是毕业前做的，当时对于求职意向没有考虑清楚。很显然，对方对他的解释并不满意，只见张先生立起身做出一副送客的姿态，"那好吧，请你先回，如果录用，我们将有书面通知。"王一宁知道，眼看到手的工作落空了。

知识平台

一、求职信的概念

求职信，又称自荐信，是指在求职过程中，求职者将自己的具体情况和求职愿望通过信函的方式展示给用人单位的一种书面材料。作为一种普遍的公关行为，求职活动越来越倾向于采取网络招聘或间接招聘的方式。一般来说，单位在进行招聘职员的过程中，不会采取直接见面的面试形式。因此，在招聘活动中，求职人员需要利用求职信进行自我推销，借助求职信这一载体展示自身优势或特长，达到与用人单位进行有效沟通的目的。所以，求职信的质量在一定程度上决定着求职人员能否顺利获得职位。也就是说，求职信是求职成功的基础。

二、求职信的写作要求

求职信大体分为两种：一种是面向社会的一般性求职信，另一种是针对具体单位的求职信。一般来说，应届毕业生的求职信大多是面向社会的一般求职信，这便意味着其求职信的针对性较差，导致大学毕业生的求职成功率不尽人意。所以在求职过程中，大学毕业生应该采用针对具体单位的求职信。撰写求职信的具体要求如下。

1. 标题

标题一般为"求职信"或者"自荐信"。

2. 称呼

求职信开头部分应注意收信人称谓的选择和使用。一般来说，可以直接书写用人单位负责人的名字，比如"敬爱的××先生"；或者采用"××公司人事部负责人""××公司负责人"等称呼。称呼的第一行需要顶格写，在称谓之后应该使用冒号，然后加上"您好"一类的问候语。

3. 正文

求职信的正文由开头、主体、结尾三个部分组成。

（1）开头部分　撰写求职信时要先向对方致以友好的问候，然后做一简单的自我介绍，并对自己的应聘缘由进行简单说明。

（2）主体部分　作为求职信的主要部分，是正文的核心，在这一部分中主要包括两方面的内容：

1）个人的具体情况，其中包括求职者的姓名、性别、出生日期、民族、身体状况、政治面貌、毕业学校、工作经验、主要技能以及获得成果等。

2）重点突出自己的专业、特殊优势、个人爱好等，对自身现有专业能力和工作价值做出正确的评价，表明自己对于应聘职位的兴趣和态度，展示与之相应的自身优势。最重要的是应有的放矢地介绍自己的能力，有针对性地介绍自己。与此同时，可以根据自身情况提出

合理的待遇要求。

这两部分的内容可以分开写，也可以进行同时叙述。在撰写过程中，可以采用夹叙夹议的方式，对自身展开综合分析，突出自身特点和优势，增加说服力。在求职信书写内容上，应根据自身实际情况进行恰当选择。求职信应切合实际，符合毕业生实际特点，首先应将自身优势放在最容易引起用人单位关注的地方；其次应对自身展开全方位的剖析，尤其是与求职相应的工作技能。

（3）结尾部分　可以再次表明自己获得应聘职位的强烈愿望，并对自己能够带来的工作效益进行适当承诺；也可以对对方查阅并考虑你的应聘请求进行书面感谢；还可以提示收信人期盼得到其回复或表明期望进行双方面谈的愿望。在这方面上，可以写“希望得到您的回复”“盼复”等类似礼貌用语。在求职信结束语之后，应表示对用人单位的感谢和祝福，写上“此致敬礼”“祝您工作顺利”等感谢语句。

4. 落款

落款由署名和日期两部分组成。应在求职信结尾祝词下一行的右后方的地方进行署名，要求字迹清楚。而在署名的下方则应该填写正确的日期。

5. 附件

根据用人单位的具体要求和实际情况，附加上身份证、毕业证、学位证、获奖证书等复印件及照片。与此同时，求职信的左下角应注明相应的附件信息。比如，“附 1：个人简历；附 2：学历证明”等。

三、求职信的写作技巧

1. 简洁明了，真实可信

在撰写求职信时，求职人员应明确其应聘职位及应聘目的，并将自身实际情况及工作优势表述清楚。在此同时，应时刻秉持实事求是的原则展开求职信写作，对自身优势或特点展开切合实际的总结，切忌刻意隐瞒自身缺点或不足。具体情况既要写得翔实、清晰，又要避免出现重复问题。

2. 重点突出，有的放矢

全面分析和了解一种职业，对于用人单位和求职者来说都至关重要。在这个过程中，应根据专业优势、兴趣爱好、能力水平、性格特点等方面，结合职业的客观要求，最终确定岗位的最佳人力资源组合。所以，自荐信的写作过程，也是一种自我剖析过程。在这个过程中，求职者需要对自己进行全面的、有针对性的分析与总结。这意味着，求职者不仅是在对自己的优势进行正确的定位和把握，更是在为理想寻觅最佳的实现环境。需要注意的是，应对求职信和个人简历进行区分，求职信中并不需要展示全部的个人特长。相对于具有针对性的求职信来说，一般求职信的说服力较低，其求职成功率也相应较低。

3. 形式规范，格式标准

作为一种流传较广的交际方式，书信已确立独具特色的格式规范。因此，求职信应符合书信书写的基本格式标准。如果想要达到亲切真诚的效果，在书法上有优势的求职者可以采用手写求职信的方式。反之，如果求职信是打印件，则不需要进行太多修饰，但务必保证求职信的语法规范、语义正确、语句通顺，避免出现错别字这种低级错误。

四、写求职信存在的误区

1. 自信过满

不少毕业生的求职信中自吹自擂，字里行间都是高人一等、非我莫属的“傲气”，以为凭借优异的学习成绩、名牌大学的出身，便所向无敌。这种错误呼应了用人单位“看看档案，人才难得；聘来用用，哭笑不得”那句顺口溜。自信没有错，适度自信可以让招聘者看到求职者的朝气和活力，但过犹不及，自信过满则会让招聘者认为求职者不知人外有人、天外有天，适得其反。因此“我的能力远远超出你的意料之外”“我如被录用定能为公司做出卓越成绩”或“录用我你会发现你找到了难得的人才”等言过其实的话不应在求职信中出现。

2. 谦虚过度

“谦虚使人进步。”谦虚是中华民族的优良传统，但在求职信中过度谦虚则是一大忌讳。一两句自谦之词可以体现你的优雅和风度，然而如果不能实事求是、准确客观地评估自己的能力，则会与当今社会的大趋势相背离，甚至给人一种虚伪的感觉。求职者应该在求职信中扬长避短，尽量突出自己的优点，对于不得不说的缺点，可以采取委婉幽默的方式来表达。客观实在地把自己的优点和才能写出来，这样才能找到适合自己的职位。

3. 称颂失当

恰如其分地称颂可以为求职者加分，然而称颂失当则会引起招聘者的反感。有些求职者在求职信中常常称颂失当：“我特别欣赏贵单位的广告轰炸策略”“若贵单位能录用，本人定当赴汤蹈火，誓与单位共荣辱同进退”“这个职位对我具有无法抗拒的诱惑力”或“如您能给我一个面试良机，本人将终身感激”。求职者必须契合招聘者的心理，每一句话必须有实质内容，忌写假大空的话，过分奉承，以免让人产生反感。

4. 滥用简称

大多数求职者在平时聊天中习惯简称自己的学校和专业，然而在求职信中必须尽力避免。如“人大”“北师”“中大”“华工”等简称在不同的地方未必都能为人熟知。你如果给广州市民说“中大”和“华工”，他们大都知道是指中山大学和华南理工大学，然而在广东之外的地方，很多人就未必明白它的意思。外资企业的人事主管听到“华工”二字甚至会不知所谓，在他们看来当年的华人劳工就简称“华工”。某些简称只适用于特定的地区和范围，离开这些范围就可能会让人感到莫名其妙，甚至误解。

5. 过分突出主观

许多求职者往往通过反复强调自己的学业成绩和保证自己将努力工作来取悦招聘人员；有的求职者则一再重复自己对所求职位的浓厚兴趣，在求职信中频繁使用“我觉得”“我看”“我想”等强调观点和“我非常希望”“我真的喜欢”等强调语气的话。这些求职者误认为热情高，求职的成功率就高。实际上，这种做法犯了推断上的错误。求职信过分强调个人主观愿望会令自己处于被动，事实上，待人处事比较实在、比较客观的求职者更能赢得用人单位喜欢。

6. 设定答复时间

设定答复时间的求职信注定会失败。比如有些求职者在简历中写上“本人近段时间有事将外出，故请贵公司从速答复”或者“因有多家公司与本人联络，敬请贵单位务必于×月×日前给予答复”等字样，以为这样会引起用人单位的重视，事实上，这样只会起到相反的作用。不管你多有能力，如果给招聘单位设定答复时间都会让人反感。前面那句的

"从速答复"貌似给招聘人员下达命令，让听者不舒服。后一句"有多家公司与本人联络"则像向对方"耀武扬威"，意思好像告诉对方"这么多公司青睐我，你们不聘用我是你们的损失。"这样用别的莫须有的单位去给对方施压，不仅不会让对方看重你，相反可能会令对方反感，最终失去本该属于自己的就业机会。求职者与用人单位原本就不在对等的地位上，任何有损招聘方权威的言语只会让求职者丧失原本可能拥有的就职机会。

7. 以上压下

有些求职者以为"上面有人好说话"，在求职信中喜欢以上压人、狐假虎威，这样的求职信只能让自己的求职之路更加曲折，注定失败。比如有些自以为聪明的求职者在求职信中写"贵公司的××董事长鼓励我向您推荐自己"或者"贵公司××部主任一直非常关心我的工作问题，请多多关照"，这会让招聘人员特别反感。也许你真的非常有能力，也许那些领导真的很关心你的工作，但是你这样的口气，会让他们觉得自己被"架空"了，自己的招聘工作是一项命令。既然你来头那么大，为何还要经过他，多此一举。相反，如果你真的有能力，又有熟人在那公司，只要客观实在地将自己的简历写出来，定能得到招聘人员的重视。或者你也可以换种表达方式，如你可以说"我从××董事长处得知贵公司要招聘技术人员"或"贵公司××部主任说贵单位要招聘文案"，这样不但可以说明信息渠道，而且不会令人反感，一举两得。

五、求职信例文

【瑕疵例文】

例文	评析
尊敬的领导： 您好！	
我是一名即将于××年毕业的××大学××专业学生。	1. 开头没有说明姓名以及应聘岗位
在校期间，本人严格遵守学校规章制度，尊敬师长、团结同学，有很强的集体荣誉感。大学四年来，在老师的严格教育和个人努力下，我目标明确，态度端正，注重培养专业技能，成绩优秀，具备了扎实的基础知识。除了认真学习专业知识外，我还广泛涉猎其他领域的知识，积极参与文体活动和社会实践，取得了良好的成绩。	2. 面面俱到反而失去重点，滥用套话令人厌烦，空洞的表述使人过目即忘
"走自己的路"是我的座右铭；"勤奋求实"是我的工作态度；"真诚、自信"是我的最大特点。相信我是您的最佳选择。	3. 个性展示部分内容空泛，缺乏细节，招聘单位无法从中判断应聘者的真实情况
您给我一次机会，我必将还您以惊喜。我渴望在更广阔的天地里实现自己的价值，我希望能加入你们的单位。	4. 应聘理由空泛，不足以展现诚意打动对方
感谢您耐心地阅读了我的求职信，如需要详细资料，请与我联系。	5. 要求对方自行索取材料，不够礼貌和主动
静候佳音！	
自荐人：×× ××××年××月××日	6. 缺少具体联系方式

【优秀例文】

尊敬的领导：

您好！我叫××，是一名刚刚从××大学毕业的学生，我的专业是计算机科学与技术。我写这封信的目的是应聘贵公司的市场部推销员。

1. 开头自我介绍并说明目的，简练清晰

首先，我想说明的是我为什么想要加入贵公司。前一段时间，我参加了贵公司的校园招聘推介会，正像贵公司宣讲人员所说的一样，当我们选择自己的职业和应聘公司时，首先要考虑的是这个企业的价值观是否与自身相吻合。我很尊重并赞同贵公司的企业文化，我认为善良、真诚、诚信是一个人最应该珍重的品质，也是一个企业所应尊重的道德底线。我有志加入其中并为这样的企业的发展努力贡献自己的力量。

2. 根据对公司招聘信息的了解，强调自己的价值观和公司合拍的地方，应聘动机符合对方要求

其次，我想说明为什么我是加入贵公司的合适人选。我想申请贵公司的市场部，虽然我的专业与所应聘的职位不对口，但是我认为我的学习能力很强，只要给我一个机会，我会利用这个机会迅速成长、成熟起来。

3. 从看似对自己不利的条件入手，打消对方疑虑，化弱势为优势

大学期间，我曾做过多份兼职工作，如电话卡推销员、洗衣机推销员、笔译人员、英语培训班的助教等。无论是哪一份工作，我都很认真地投入进去并且取得了不错的工作成果。这些工作本身的意义并不是很大，但是通过这些工作，我认识到了自己的长处和不足：我有很好的口才和感染力，这是作为市场部人员所应具备的最基本的素质；我有激情，做事积极主动，这是我能够做出业绩最重要的保证；我不怕吃苦，肯脚踏实地工作，这是我对企业和个人负责的表现；同时，我能很快地融入工作中，利用尽可能短的时间熟悉、了解工作内容并迅速展开工作，这是我能够为企业创造价值的关键。

4. 根据应聘职位的需求，组织阐述自己的相关经历及从中获得的经验，针对性极强

当然我也有弱点，比如我比较容易多愁善感，但是这一点的另一个好处就是让我有了较强的同理心；我做事可能有时候会冲动一些，但在工作中我会尽量克制。

5. 坦诚提及自己的缺点，表现出对自己客观、理性的认识。

作为一名刚踏入社会的大学生，我多多少少地也会感觉到迷茫，但是我觉得选择贵公司会让我的潜力得到最好的发挥。我是一个自信、积极而且有同理心、有勇气的女孩儿，我有团队合作的意识，并且会努力认真地工作。所以我希望您能够给我一个机会把这些证明给您看，我一定不会让您失望的。

6. 总结全文，再次提出自己的请求

期盼您的答复！随函奉上成绩单以及个人简历表，敬请收阅。

此致

敬礼

自荐人：××

××年×月×日

相关资讯

求职信的使用

1. 求职信的投递

求职信写完后，对于自己心仪的工作职位，要敢于和善于投递求职信。首先别让用人单位在招聘广告中列出的“资格”给吓着了。许多公司会列出一大堆资格限制，最大的用意不过是想限制应聘的人数，以减少筛选占用的时间。如果列出的条件是“有经验者优先”或“至少一年以上经验”，而你刚从高校毕业不久，虽然实干经验有限，你还是应该试试。同样，招聘广告中列出的待遇比你的最低要求还低，而你又觉得这个职位不错，那也可以一试，写求职信只是给分管部门，待竞聘成功，工作以后再争取所要求的待遇。求职信只是敲门砖，到底工作适不适合你，面试之后才能决定。

用人单位在收到大批大同小异的求职信以后，他们会尽可能地按照广告中的条件决定取舍。不过，通常情况下并不容易做到这一点。所以，当你的求职信能抓住重点，并且与所要求的条件比较接近时，一般都能得到面试的机会。

2. 求职信投递后的信息沟通

毕业生的求职信投递后，会遇到两种情况：一种是当使用报纸等信息渠道当面向用人单位递交时，一般直接进入面试过程，当场决定求职的成败；另一种是参加人才市场招聘会或利用网上求职等渠道时，会有一个等待期，才能得到参加面试的通知。在等待期内，毕业生不能毫不作为地坐等结果，应采取主动的方式联系用人单位，以加深用人单位对自己的印象。在某种意义上，联系过程的效果会有起死回生的功能。

如何与用人单位联系？虽然上门拜访是展示自己的最佳途径，但一般难以得到用人单位的同意。因此，电话联系是最好的信息传递和情感沟通方式。求职者在使用电话联系时，应注意以下问题：

1）选择恰当的通话时间。如果是给单位打电话，应当尽量避免在刚上班或快下班这两个时间。这个时间打电话，不仅因为时间仓促而无法认真地表达，而且很可能会因为对方即将开始工作和结束工作，而给对方造成心理上的不良印象。

2）如果是给个人打电话，则应当根据受话人的工作时间、生活习惯选好打电话的时间，当然最好是在约定的时间里和对方联系。如果没有事前的约定，不要在受话人的休息时间打电话。

3）提前准备通话要点。在电话中应该说些什么，除非你是一个头脑特别清晰的人，否则千万不要打“无准备之战”，而且在一般情况下，打“腹稿”也是远远不够的，最好还是在事前拟出谈话的要点，理清说话的层次，并准备好与通话内容相关的材料。否则，出现词不达意或无话可说的冷场局面，是令人尴尬的。

4）讲究通话的方式。现在，大多数的人都有这样一个好的习惯，就是在电话拨通后，先向对方问一声“您好”，这是很值得肯定的，礼貌在哪儿都不会有错误。在谈话的过程中，不仅要高频率地使用“您好”“请”“谢谢”等礼貌用语，而且还要控制语气语调，不要使这些用语显得生硬。电话是绝不仅仅是你声音的传递工具，而且还是你的另外一个形象展示。

5）注意倾听的方式。打电话时不仅要认真倾听对方讲话，还要礼貌地回应对方。适度

的附和与重复对方谈话中的要点，或者将这些要点用另一种简捷的方式表达出来，这不仅使对方感到你在认真听他讲话，而且也比只是简单地说“是”或“好”要让人愉快得多。

切记，千万不要轻易打断对方的谈话，通话完毕应当“谢谢”对方给予自己的帮助，要礼貌地说“再见”，最好对方挂断后再放下电话，而不可以很突然地挂断电话。

6）注意你的通话时间。每次通话时间可以根据对方的情况来决定，最好事先征得对方的同意。但是不管怎样，打电话的时间还是宜短不宜长。如果意识到对方的不愉快时，应当主动提出自己是否打扰了对方，并尽快结束谈话。

实践演练

1. 根据下面的资料，撰写一份求职信

张磊同学是××大学商务文秘专业的应届毕业生。在校期间，她学习了秘书学、办公自动化、公关礼仪、秘书写作等课程，学习成绩优秀。英语已过 A 级，口语能力较强，曾在哈尔滨市大学生英语演讲比赛中获一等奖。张磊同学性格开朗，办事认真负责，待人热忱，曾在好人家销售集团实习期间受到领导和员工的一致好评。她准备毕业后去上海大众汽车有限公司应聘。

上海大众汽车有限公司招聘启事：

招聘岗位：总裁办公室文秘 1 名。

学历要求：大专以上学历。

主要职责：

1）审核个部门提交的各类文书及总裁办对各部门、各事业部所发的各类文件。

2）负责公司外联事务及来宾接待工作。

3）负责安排及组织公司的重大会议，制定会议议程，整理会议决议。

4）根据总裁办的要求及相关会议纪要，对各部门的工作进行协调及督办，确保总裁办各项工作的有效落实。

5）全面负责总裁办公室的日常管理，贯彻落实岗位责任制和工作标准。

任职要求：

1）熟悉现代化企业的系统化运作和管理，熟悉企业行政管理知识，具有较强的亲和力，优秀的人际沟通、协调、组织、管理能力。

2）稳重、踏实、勤勉、敬业，具有优秀的分析问题、解决问题的能力，以及良好的外联、公关能力。

3）有政府、企业、各类协会来宾接待经验者优先考虑。

结合以上材料，收集相关企业信息，研究其企业文化，分析该企业对应聘职位的要求，有的放矢，撰写求职信。

2. 阅读下面两份求职信

【例文 1】

求　职　信

尊敬的上海大众汽车公司总经理先生：

首先，为我的冒昧打扰向您表示真诚的歉意。在即将毕业之际，我怀着对贵公司的无比

信任与仰慕，斗胆投石问路，希望能成为贵公司的一员，为贵公司服务。

我是哈尔滨职业技术学院计算机软件专业12级学生，将于今年7月毕业。在大学学习期间，我努力学习各门基础课及专业课，并取得了良好的成绩（见附表），英语已通过六级考试（见附表）。本人不仅能熟练掌握学校所教课程的有关知识（VB程序设计、AUTOCAD R14、FrontPage98、FOXPRO2.5、C语言等），而且还自学了PHOTOSHOP5.0、DMAX2.5、VISUAL FOXPRO等，专业能力强，曾获学校计算机软件设计比赛一等奖。

作为新世纪的大学生，我非常注意各方面能力的培养，积极参加社会实践，曾在人寿保险做过业务员，在麦当劳做过星级训练员，还在新华信息有限公司做过网络技师，爱好广泛，有责任感，能吃苦难劳。

本人期盼能成为贵公司的一员,从事计算机服务等工作。诚然,我尚缺乏丰富的工作经验,如果贵公司能给我机会,我会用我的热情、勤奋来弥补,用我的知识、能力来回报贵公司的赏识。

盼望您能给我一次面试的机会。随信附上简历、英语等级证书、获奖证书等。

此致

敬礼

王磊

2015年5月4日

【评析】

导言部分语气谦虚恭敬，说明写这封求职信的原因。全文一共分为三部分：首先，介绍了自己在学校期间的情况，主要介绍了取得的学习成绩和学习能力；然后，说明了自己的实践经历，具体在哪家公司做了哪些工作，并且自评了自己的喜好、责任感和吃苦耐劳精神；最后，表达了自己的求职意愿和就职决心。全文简明扼要，谦恭得体，值得借鉴。

【例文2】

求 职 信

尊敬的哈尔滨松雷商城人事部负责人：

您好，我从《哈尔滨日报》上看到了贵商场招聘员工的启事。我有意应聘其中的财务会计一职。

我叫韩梅梅，女，今年22岁，本市人，于2015年毕业于××学院财务电算化专业。在校学习时各科成绩优良。毕业后在红星家具城厂做销售员，由于专业不对口，所学特长无法发挥，很苦闷，很羡慕那些专业对口具有用武之地的人士。知悉贵商场需要财务会计专业人员一事，令我非常高兴，觉得终于盼来了施展自己特长的好机会。

希望贵商场能给我一次面试的机会。经考核，如蒙录用，我将会竭尽全力搞好本职工作，做一个合格的松雷商场的“理财人”。

附件：1. ××学院毕业证

2. 会计人员上岗证

此致

敬礼

求职者：韩梅梅

2015年7月6日

【评析】

第一段引用在报纸上看到的招聘启事，作为求职信的开头，然后说明自己的求职意愿——财务会计；第二段介绍了自己的基本情况，包括实习经历、应聘理由等；第三段表达希望被录用的强烈心愿，以及若能被录用一定会好好工作的决心。全文紧紧围绕招聘公司提出的应聘条件和要求，理由充分，态度诚恳，语言得体。提供的附件利于证明自己的应聘条件。

任务2　完成工作简历

情境导入

丁一准备了一份简历，外壳是透明塑料夹板，封面印着学校大门的彩照。翻开之后，上面点缀闪闪发光的金点。衬纸后面，是一张“美女照”，几乎占了满页，下面是一行楷体字“春天，是最美丽的季节，我将收获希望……”之后，是整整两页的自我介绍，从小学时的生活感触说起，文字之间，不时点缀几个可爱的卡通形象。自我介绍之后，是平时考试的成绩单，各种证书和奖状的复印件。简历纸张非常好，印刷精美。丁一做这份简历费了很多心思，也花了不少钱。

思考讨论

你认为丁一的简历存在哪些不妥？

任务描述

通过教师讲解个人简历的重要性，使学生提高对个人简历的重视，能够更加关注个人简历的具体制作方法；组织学生讨论个人简历的内容，最后教师明确个人简历在内容上的侧重点；边讲边练，要求学生规范完成工作简历，开展学生之间互相点评。

案例导引

通用电气公司需要的简历

一天的工作结束之后，世界500强企业通用电气公司的招聘经理还在认真地读着手上的80份简历，她想为销售经理的职位找一个最佳人选。这个时候她的眼睛已经开始慢慢变得模糊不清，这是太过劳累的缘故。就在她决定要回家的时候，办公桌上的某份简历吸引了她的眼球，她马上拿起简历快速浏览，一分钟之后，她确信自己已经找到了合适的人选。

被选出的这份简历的主人叫约翰逊，他应聘的职位是通用电气公司的销售经理。为什么通用电气公司的招聘经理会选中约翰逊呢？她给出了这样的答案：

“我们所需要的简历应该是简洁的、充满亮点的，我们并不需要一个大学教授，并不需要你提供厚厚的履历表，我们只需要应聘者在应聘销售经理的时候提供一页纸的简历，我们

并不想造成太多的浪费。其实简历的设计也是非常重要的，送到手上的这80封简历都是经过公司的人事专员精挑细选过的，能过他们这一关已经很不容易，但是这些简历仍有一个让人无法忍受的通病，那就是千篇一律的格式。可是约翰逊的简历显得与众不同，单单是格式就已经迅速地抓住了我的眼球。应聘销售经理这个职位的关键要素是：具体的求职目标、先前服务过的公司、具体的销售业绩、掌握的技能，这些东西能够一字排开，让我一目了然。约翰逊的简历确实做到了这些，他还用图表清楚地表述了他的销售业绩，这一点我非常欣赏。

“简历的布局也是非常重要的一点，约翰逊的简历在内容的布局上非常合理，让人看起来很舒服，他还把自己的资历概述摆在了工作经历的前面，格式让人耳目一新。虽然他短短五年的工作经历对于应聘我们公司销售经理这个职位显得有些不够资格，但是在我看完这一部分的时候已经决定给这个聪明人一个面试的机会了。因为从简历中我知道他是一个目标明确、销售业绩良好，还有着与之适应的资历的人，我真的很想见见他。”

知识平台

一、个人简历的基本内容

1. 个人基本信息要完整准确

个人的姓名、性别、出生年月日、具体的联系地址、联系方式等基本情况必须在求职信中准确清楚地写出来，忌用错别字，忌太过口语化，需使用正式的书面语。如“出生日期1988年6月8日”不要写成“1988年6月8号”。

2. 求职目标或求职意向要明确

简历中必须要写明求职目标或求职意向，这样才能为你找到适合的工作提供可能性。每天收到几千封简历对于很多大企业来说是家常便饭，没有标明求职意向的简历很可能就会被放在一边，不被理会，因此在简历中显眼的位置标明个人的求职意向至关重要，可以节省招聘者的时间，也能为求职者争取机会。比如：策划部文案。

3. 简明扼要的教育程度和培训经历（教育经历）

写清楚教育经历对于刚刚走出校门的毕业生非常重要，应该排在第一位。事实上很多用人单位非常在意求职者的毕业院校及专业，所以在简历中这些内容要特别交代清楚。在校期间的学习成绩如果不是特别优秀，在简历中就不必写出来。相反，如果在校期间参加过与自己求职方向有关的培训，应该着重写出来。比如说个人求职意向为文案，在校期间接受过一个月的文案写作培训，那么一定要在简历中写出来。

4. 在校期间与职位相关的工作经历

应届毕业生普遍存在工作经验不足的问题，简历中这一项可以交代自己在校期间参加过的实践活动和在一些单位的实习这两个方面的经历，重点展现自己的工作能力和个人特长魅力。

（1）学校的实践经历　有些学生在学校的学生会、团委任过职，这对一个应届毕业生来说是一种难得的优势，在简历中应写清楚；有些学生可能参与过一些社团、协会等，这些也可以在简历中当作工作经历写清。但是要注意两个方面：

1）自己担任过的具体职位要交代清楚。

2）工作中自己做什么事、自己在这件事上扮演什么样的角色以及最后的结果如何要交代清楚。比如可以写自己曾经组织了校篮球赛，有多少人参加，与以往的篮球赛相比有什么改进等。

（2）公司实习经历　假如在单位实习过，就应该将实习经历进行比较具体的描述，实习单位情况、做负责的工作内容都要进行详细描述。不过要注意选择与求职意向相关的内容进行重点描述，而与所求职工作无关的内容要简化。具体参考以下原则进行实习经历的描述：

1）对于实习工作中涉及的工作指标应尽量具体化，以数值形式呈现为好，避免模糊的无法判断其程度的描述，如“工作基本完成”之类。

2）根据求职单位的性质与用工需要设置关键词，经历不必完全按照时间顺序描述，重点写能突出自身能力的相关事件。

3）对于实习过的单位，要具体描述工作所在的部门与所负责的工作内容，如××公司质量检验员。

4）假如在实习单位实习时间太短，对该单位缺乏基本的了解，就不要写入简历，以免面试时目标单位负责人员问到该单位情况时无法进行准确、专业化的描述。

5）避免在简历中用“主管、管理”等职位形容自己真正负责的实习工作职位，这样使得用人单位觉得简历不够真实。应尽量以专业化的名称描述自己负责的职位和工作内容，以取得用人单位的信任。

5. 个人能力与特长

1）英语能力。优先对自己获得的教育界广泛认可的英语资质进行描述，如托福、雅思、GRE 英语水平，如果同时还获得过英语比赛方面的荣誉、英语奖项等也可以进行描述，如“学校英语比赛一等奖”，如果没有获得任何专业资质，则不要对奖项进行描述。

2）计算机水平。优先对自己获得的计算机方面的专业等级证书进行描述，另外要针对计算机领域的不同类别特别说明自己的特长在于哪些方面，自己善于使用的软件与计算机、网络方面的相关程序、应用平台等。

3）其他能力。将自己所获得的相关证书，如驾驶证、会计师资格证、报关员资格证等进行描述，也可以将自己具备的对用人单位而言可能有用的技能与特长进行描述，但要避免对于求职工作无关的技能与特长的描述。

4）性格爱好。对自己的性格进行客观性描述，避免美化与夸张表达，只写对求职可能有帮助的爱好，无关的不要写入简历。

6. 个人评价

个人评价对于用人单位而言主要观察一个人对自身的认知能力，因此一定要客观低调地评价自身，避免美化自己与夸大自身的能力，但也不要对自己的缺点进行过多描述，主要应从能力倾向于个性特征上进行概括性表达，要让自我评价显得客观真实。

二、个人简历的写作技巧

1）在简历写作过程中，要通过细节表现出自己的专业化水平，注意多使用术语与行业内的技术性称谓来表现自己对所属行业的熟悉程度。

2）简历中的表达要追求真实性效果，但细节要对求职有利，真实而对求职不利的细节

不要写进简历中去，语言要突出重点，将自己的能力与特长用最简洁有概括性的语言表达出来，要避免模棱两可的描述与夸张表达。

3）可以附上一些必要的证明文件与学校或者实习单位的推荐信。证明文件可以是自己获得过的奖状与资质证书等，也可以为自己在本专业的作品或研究成就、论文等。

4）简历的版面要尽量与用人单位的办公格式吻合，不要用美化修饰的信纸或者信封，Email界面等，应尽量使自己的简历显得严肃、专业，字号不宜过大或者过小，以一张A4纸能写下为好。

5）注意内容里面不要有文法错误、错别字、病句与污迹。

6）如果需要进行邮寄，最好用优质纸张打印简历，使用EMS或价格贵但服务有保障的快递公司，确保用人单位可以安全及时地收到简历。如果用人单位同时有电子邮箱，简历在实物信函寄送的同时邮箱也要发一份，而且两份简历内容一定要一致。

7）薪资要求。先对用人单位进行了解，根据对方单位普遍薪资水平减量报出自己的薪资要求；如果无法了解到，则参考同行业薪资水平减量报出薪资要求。

三、写作个人简历的误区

1. 注重文采忽略实用性的简历

简历应以实用性为主，避免不必要地修饰，即使自己有一定的文采也不要用散文的写法去写简历，尽量少用形容词而是用专业性较强的数据来说明事实。

2. 包装精美、内容粗陋的简历

简历的内容是用人单位最关心的，而包装只要适用即可，要避免在包装上下功夫而简历内容粗陋。如果用人单位负责人员打开包装精美的简历而阅读的感受却不佳，更会造成求职的反效果。

3. 对学校与专业介绍过度，而自身情况介绍不足

名校虽然在求职时为用人单位带来一定的好印象，但简历中对学校实力进行描写并不可取，用人单位只需要学校的名字就完全可以了解这一信息，和学校相比，求职者自己的情况才是用人单位关心的问题。

4. 内容空泛、数据与事实描述不足

简历中要表明自己的能力与优点应尽量使用数据与事实，而避免形容性描写与主观性描写，由于简历是自己对自己的评价，因此要让对方用人单位相信简历的内容没有夸大，就应该使用客观性的数据与事实来证明，而主观性与形容性描写在用人单位看来是不可信的。就毕业生来说，应列举自己在学校担任的职务、获得的荣誉，实习负责过的工作，工作成绩等，而要避免强调自己吃苦耐劳、富于奉献精神等主观性描述。

5. 避免大众化，无切实针对性的简历

简历如果过于大众化，不能有效针对所应聘单位的用人要求，或者说个人能力与用人要求完全不符，这将大大降低简历投递的回复率。诚然，机会是留给有准备的人，在投递简历之前，了解所应聘企业的企业文化、历史沿革和用人要求等基本情况，基于此对简历进行必要的修改与调整，至少符合应聘企业的基础用人要求。

四、个人简历例文

【瑕疵例文】

个 人 简 历

<table>
<tr><td>姓　　名</td><td>×××</td><td>性　　别</td><td>女</td><td rowspan="5">（照片）</td></tr>
<tr><td>名　　族</td><td>汉</td><td>政治面貌</td><td>团员</td></tr>
<tr><td>出生年月</td><td>1992.11</td><td>婚姻状况</td><td>未婚</td></tr>
<tr><td>学　　历</td><td>本科</td><td>籍　　贯</td><td>江苏无锡</td></tr>
<tr><td>毕业学校</td><td>南京邮电大学</td><td>专业名称</td><td>人力资源管理</td></tr>
<tr><td colspan="3">在校期间担任的主要职务情况</td><td colspan="2">学习部长</td></tr>
<tr><td>职位类别</td><td colspan="4">办公室文员</td></tr>
<tr><td>期望待遇</td><td colspan="4">1000 元/月</td></tr>
<tr><td>教育背景</td><td colspan="4">2011—2015 年在南京邮电大学学习
主干课程包括：管理学原理、人力资源管理、工作分析、招聘管理、培训管理、绩效管理、薪酬管理、劳动关系等</td></tr>
<tr><td>在校成就</td><td colspan="4">曾获得“南京市栖霞区优秀团员”称号
组织过校园演讲比赛、跳蚤市场等
曾改进过学校早晚自习的制度</td></tr>
<tr><td>工作经历</td><td colspan="4">在南京海底世界负责销售
在齐家团购网的钜豪灯具负责团购促销</td></tr>
<tr><td>个人能力</td><td colspan="4">办公自动化证书、助理人力资源师证书</td></tr>
<tr><td>爱　　好</td><td colspan="4">休闲活动、体育</td></tr>
<tr><td>自我评价</td><td colspan="4">在学习上，我勤奋努力，认真对待学习，掌握扎实的专业技能；在生活上，我乐观上进，乐于助人，沉着稳重；在工作中，我吃苦耐劳，做事细致。我相信，只有通过不断的努力，才能达到人生的高峰</td></tr>
<tr><td>联系电话</td><td colspan="2">187××××××</td><td>QQ</td><td>* * * * * * * * *</td></tr>
</table>

【评析】

（1）杜绝基础性错误。面试者在设计完自己的简历后，检查是必要的，基础性的个人、时间、地点、名称等信息，还有常识性的文字，语句都要保证准确无误，不要出现错别字、明显的病句等错误。比如，在上述这份简历中，面试者将“民族”写成“名族”，这样的基础性错误很可能让你在简历筛选阶段便失去面试机会。

（2）明确个人的价值。面试中常常会遇到“你的理想薪资是多少”这种问题。薪资不仅是求职中非常重要的一项因素，同时还反映了你对自我的认知程度和衡量标准。无限制降低薪资要求并不是求职的优势。比如，在上述这份简历中，面试者将薪资定为“1000 元/月”，这样的薪资不仅不能保障你的基本生活，在面试官眼中也是你对自我的不自信。

（3）面试者在个人简历中的措辞应规范化，保持谦虚的态度。如上一条所说，面试者在不能自我贬低的同时最好也不要自我吹嘘。适当的谦虚是求职者必备的品质。比如，在上述这份简历中，“在校成就”一词显得过于夸大求职者的在校表现，替换成“在校情况”一词会更为贴切。

(4) 面试者在简历的设计过程中，或者说在求职选择中，应当尽量选择所应聘企业的用人要求是与个人情况相符合的，比如自我的教育背景和实习实践情况。在上述这份简历中，面试者求职人事专员、办公室文员等岗位，但自身的实习情况却主要为销售类工作。这类矛盾可能造成面试官的困惑，更甚者可能因此让你失去面试的机会，这与上述的基础性错误一样，值得特别重视。

(5) 简历的整体结构和具体表达值得精心准备。整体结构是面试官的第一印象，具体表达是面试官对你的深入了解。比如，在上述这份简历中，“在校成就”等相关内容结构可以适当调整，并且语言表达应书面化，规范化。

(6) 面试者的自我介绍中的自我描述需要简洁明了，重点突出。面试者注意不要重复简历中的内容，可以结合自身特色，描述你希望面试官重视的部分，或者你经历中的较为优秀的具体案例。

(7) 选择简历中联系方式的适当位置。联系方式是简历的重要信息之一，关系到你与所应聘单位的良好的沟通环境。至于联系方式的前后位置，可以视求职情况而定。

【个人简历模板】

个人简历

<table>
<tr><td colspan="12">基本情况</td></tr>
<tr><td>姓名</td><td></td><td colspan="2">性别</td><td colspan="2"></td><td>出生年月</td><td colspan="3"></td><td colspan="2" rowspan="3">(照片)</td></tr>
<tr><td>民族</td><td></td><td colspan="2">籍贯</td><td colspan="2"></td><td>婚姻状况</td><td colspan="3"></td></tr>
<tr><td>学历</td><td></td><td colspan="2">英语</td><td colspan="2"></td><td>计算机</td><td colspan="3"></td></tr>
<tr><td>手机</td><td></td><td colspan="2">座机</td><td colspan="2"></td><td>邮箱</td><td colspan="5"></td></tr>
<tr><td>地址</td><td colspan="8"></td><td colspan="2">邮编</td><td></td></tr>
<tr><td colspan="12">求职意向</td></tr>
<tr><td>岗位</td><td colspan="8"></td><td colspan="2">薪水</td><td></td></tr>
<tr><td colspan="12">教育背景</td></tr>
<tr><td>入学期间</td><td colspan="2">毕业时间</td><td colspan="2">学校</td><td colspan="3">专业</td><td colspan="4">主修课程</td></tr>
<tr><td></td><td colspan="2"></td><td colspan="2"></td><td colspan="3"></td><td colspan="4"></td></tr>
<tr><td></td><td colspan="2"></td><td colspan="2"></td><td colspan="3"></td><td colspan="4"></td></tr>
<tr><td></td><td colspan="2"></td><td colspan="2"></td><td colspan="3"></td><td colspan="4"></td></tr>
<tr><td colspan="12">工作经历</td></tr>
<tr><td>就职时间</td><td colspan="2">离职时间</td><td colspan="2">单位</td><td colspan="3">职务</td><td colspan="3">工作内容</td><td>离职原因</td></tr>
<tr><td></td><td colspan="2"></td><td colspan="2"></td><td colspan="3"></td><td colspan="3"></td><td></td></tr>
<tr><td></td><td colspan="2"></td><td colspan="2"></td><td colspan="3"></td><td colspan="3"></td><td></td></tr>
<tr><td colspan="12">其他</td></tr>
<tr><td colspan="12">可以根据各自的需要自行设计（略）</td></tr>
</table>

【评析】

这是一份具有一定参考价值的个人简历样式，并不是万能的个人简历模板。在个人简历制作中，求职者应综合考虑自身特点以及应聘单位的特点进行适当的加工和修改。

相关资讯

简历是求职者在求职过程中的常用工具，一份吸引人的简历可以让求职者获得一个宝贵的面试机会，为求职者的成功增加一些砝码。下面就来看看知名企业的人力资源管理人士通常都希望看到什么样的简历。

一封让人眼前一亮的简历最重要的是应该具有针对性，也就是要做到有的放矢。这个针对性主要包含两层含义：一是针对求职意向或是明确的职位；二是针对个人，具体来说，就是要写出求职者在学习和工作中的亮点。如果应聘的是技术型的工作，那么就应该在简历中突出表现个人的专业成绩、实践能力、团队精神、专业知识等相关内容。在表现个人的专业成绩时，一定要写得详细具体，还应该把和应聘岗位有关的项目所取得的具体成绩写出来；如果在某些刊物上发表过专业论文，不妨也写出来，因为这代表求职者有深厚的专业知识。另外，简历中也可以适当加入一些个人参加过的社会活动，表现求职者的团队合作精神。

如果应聘的是销售类的工作，那么就应该在简历中突出个人优秀的沟通能力、人际交往能力和那种永不服输的精神。简历应该重点体现从事社会活动的具体业绩、曾经做过的兼职，以及因为坚持和努力所取得的优异成绩。

简历要突出重点，篇幅以两页 A4 纸为限，字体不能太小，以便于浏览。一般的简历没必要弄很多花样，但应聘某些特殊职位的简历就要多用些心思了，比如公关、策划、设计等岗位。当然，无论是什么样的简历，其中的实际内容都是最重要的，不能舍本逐末，只关心简历的外在包装，反而忽略了其实质内容。

实践演练

阅读文章并思考问题。

小李的困惑：一份简历真的那么重要吗？

作为一个在外企工作和打拼了十年的资深 HR，经历过大大小小数不清的面试和被面试，才最终从被面试者一步步走到面试官的位置。我的经验，真实而不乏高度，理智也颇具实践性，关于制定求职简历，我与学生小李的故事可以和大家分享。

在确定自己的职业发展目标后，学生小李开始准备将自己推荐给企业。作为应聘者与企业联系的必备工具，简历的作用是毋庸置疑的。简历重要，但真的有那么重要吗？一份简历可以定终生？小李开始时产生过这样的困惑。

“简历准备得怎么样？”我问小李。

“哦。”小李从透明的文件夹里面拿出了一叠的资料。“就是这些了。”

“啊？”看到这么厚厚的一叠简历，我大吃一惊。接过来一看，包括中文简历一份两页，英文简历一份两页，学校的成绩单一份两页（有两门红灯），毕业证书和学位证书复印件各一页，英语四、六级证书复印件、计算机中级证书复印件、身份证复印件各一页，还有各类奖学金证书复印件三页，总共加起来十五六页。

“你每次都邮寄或是Email这么多东西出去吗（的确有这样的强人，曾寄了一份打印将近30页的包装精美的简历给我们公司，不过我看了一眼就直接pass了）?”

“是的。”

“为什么要这么多东西呢?”

“很多公司在网站和广告上都打着要学历证明之类的，所以我通通准备了，然后复印、扫描好。”

“扫描的东西加在一起挺大的吧，发过去对方邮箱会不会收不了？很多公司接收外部邮件不能超过5兆。”

“不知道，好像还没有被退回的。”

“是呀，不会退回来，因为信过去了，附件直接被服务器block掉了。”我哑然失笑，我有个老同学，她们公司连从免费邮箱发送的附带的Word附件都会被屏蔽掉。

“此外，还有一点应该注意，在通过智联招聘、中华英才、51job等大型的招聘网站上搜索岗位时，我们都会看到这样一条信息‘请注明个人的姓名+岗位名称+信息来源’，很多人都不会按照这个要求去正确地投递简历，通常发送的邮件没有‘主题’，而HR分简历时通常会按照邮件的主题里面所含的关键字（岗位名称）快速分配简历。那些没有按要求准确投递的简历，即使能够顺利被投递到企业的招聘邮箱里，但经过初步筛选后，很有可能不会被分给负责该岗位的HR，这样即使候选人的条件很突出，也自然会收不到HR的通知了。”

“另外，很多人在投递简历时，一天之内会给同一个岗位投递几十封简历，还有很多企业在同一时间在网上同时发布很多岗位，很多人会将这些岗位全部选中，然后批量发送自己的简历，不知是出于什么想法。但在HR眼中，这样的行为很可能被看成是一种不负责任的态度和不成熟的表现。任何企业都不希望选择那些连自己想做什么工作都不清楚的候选人。这些都是在投递简历时候的一些小细节，千万不要小看了这些细节，往往细节会决定一切。在申请职位的时候，能够顺利地将简历投递给HR才是一个好的开始，万事开头难，有个好的开始才会有一个好的发展。”

“哦，原来是这样的。”

“你这些证书和奖学金证书太多了，这些在简历中都有讲到，何必再多此一举呢？而且这些东西一般在公司录取你之后才有用，办入职用的。所以我建议你以后只要清清爽爽发送简历就好了。”

“真的可以吗，我们同学都这样做的。”

“你不相信可以试一试。”

“再来看看简历的内容吧。”

我拿过简历认真看了一遍，中文简历是用不下5种字体组成的，姓名在简历的首页占了1/5个版面，很醒目也很深刻。内容也没有太多的出彩的地方，按时间顺序记录从中学开始的学习经历、大学的课程、在学校担任的各类职务：×系学生会×部副部长、×班的×干事、×班排球队和篮球队长。你看这孩子编故事编的，好像别人没读过大学似的。

兼职经历共5条，其中一条是××公司（大公司）市场部实习助理，关于工作职责，他居然写协助市场部总监××项目的市场企划和决策。天哪，总共去了1个月，就能担任如此重要的责任？只要有点社会经验的人都会看得出，这份简历夸大的成分太多了。

在简历最后，兴趣爱好、特长、特点和个性还列举了一大堆，起码有1/3页，爱读书，爱足球、排球、篮球、乒乓球、羽毛球，爱音乐，爱旅游，爱交友等。其实列举这么多，在专业的HR看来并不一定就是爱好广泛，没准会被看成事一个游手好闲的纨绔子弟。当然，也不是一定就会被认为是不好，只是我觉得，一个人的性格和特长并不是通过这些词语就能够准确地反映。在简历中，用几个简短的词语清楚地表达出自己的性格特点就可以，多了反而显得累赘。

按照我对小李的了解，在特长一栏，只要是他懂一点的都写成熟悉操作或良好，再懂一点点，就写成擅长和精通了。在写关于特长的时候，比如，英语是擅长，计算机只要是知道点的软件和编程工具他都写擅长。这还不算什么，最搞笑的要数个性特点。他写的是热情，有活力，有爱心，沉稳，风趣，善于沟通，善于思考，吃苦耐劳，任劳任怨，积极主动等，凡是只要想得到的好词好句，他都罗列在上面了，综合起来简直就是个超人。

英文简历更惨不忍睹。唯一能肯定的，上面全是英文单词，但是连在一起，就是让人看不懂是什么意思。只有把一个个单词直接翻成中文，然后连在一起大概才能够猜个八九不离十。这样的简历，在我这里只能用两个字来形容，那就是——失败！居然还有人找他面试，实在是不容易。

“小李呀，我不得不指出，你的简历很有问题。”

“是吗？”小李惊讶地看着我。

“是，问题很大。”我故意加重语气。小李脸上充满失落，看来他还是比较满意自己的简历的。

“花了很多时间吧？”

“是啊，前后修改了十几次，我同学还照我的模板做简历呢。”

“呵呵，问题不在模板上，更重要的在内容上。”小李认真地听着。

“说说样式，简历模板各有特色，我只是觉得你的太花哨了，找工作大家要的是实际，而不是漂亮的格式。还有这么大的名字，尽管这样能够让人记住你的名字，但是或许是帮助人家尽快记住把你扔进垃圾桶。反正我不太喜欢你的样式，尤其是巨大的名字，大而无当，显得特别张扬和压抑。不好。”小李似乎听明白了什么，点了点头。

“还有内容，你的布局安排没有问题，应届毕业生无非最重要的是学历、学业成就，以及实习和社会活动经历，如果还有的话就是技能专长。你的简历上都有了，但是，要写有代表性的，要写对的不写废话。比如中学经历就没必要，学过课程尽量选主要实用的，不要把学过的都写上去。关于担任的职务，不要乱写，否则一看就有问题，比如班排球队队长，这叫什么职务呀？”

“关于实习，也不要太夸张。什么协助市场部总监××项目的市场企划和决策，不要乱写。傻子都知道，你最多是参与过，不会去协助过总监企划，尤其是决策，不然他为什么不把你找去做助手呀！还有，什么兴趣爱好啊，个性特点啊，企业其实并不关注，如果一定要写，就写一两个词概括一下，不要让人一看，这家伙快全才了，懂吗？什么叫简历，就是简要的履历。履历是什么，实际的各种经历。尽量避免过于带有个人色彩的描述，而且尽量简单，但又要充实，这的确是有点难度，但一定要尽量地贴近事实去写简历，否则一看就像是假的，谁也不会招一个简历内容大部分都是假的的员工的。”我喝了口水，发现小李的表情基本上可以归于感觉非常失败和沮丧的一类，可能因为我把他自认为不错的简历批驳得一无

是处。

“其实，整体上来讲你的简历还算过得去，我有见过比你糟糕多得多的简历，你当务之急是需要进行一些细节上的修改。”我为了鼓励他，所以缓和了一下自己阐述问题的语气和方式。

“大概的问题我都已经帮你提出了，你可以自己再组织和整理一下。如果不是很放心，也可以发给我看看。”

“好的。”

“还有一个问题，你是不是投递到所有公司的都是同一份简历？”

“嗯。”

“那难怪了。”我很无奈地笑了笑。小李被我的笑搞得有点懵。

“就拿你说的两个公司来举例，一个是地毯公司销售，一个是保险公司财务，对吧？你想想，同一份简历给两个完全不同行业背景、不同职业背景的用人公司，对方会怎么想、怎么看？当然这两家公司都给了你面试的机会，我不知道是什么原因。从我个人观点来看，你的简历这样投递出去肯定无法满足这两家公司个性化的要求。这肯定不是最好的方案，你觉得呢？”

“应该是吧。”

“我个人一直觉得，为不同公司、不同职务的要求，重新修改简历或者准备简历是十分必要的，而且这样做的好处是，帮助你要应聘的公司快速而准确地找到你。”听到这里，小李的两眼一下子放出了光芒，一脸的期待。

“我刚才说的两家不同行业公司，以及不同职业，对职务的要求一定是有区别的，你想，一个销售职务注重的是什么？”小李可能被我连珠炮似的问话早已轰炸得失去了方向，一脸茫然。

“我猜想哦，他们可能会注重你的专业是否和他们的产品相关，比如地毯公司会不会需要化纤专业背景？当然你学管理的可以算什么都不着边，但又可以算是百搭，你想一下，如果你把自己学习过与销售相关的课程放到前面一点会不会更好一些？”

“我觉得是。”

“好，那么关于你的实习经历是否需要将与销售有关的更加着重一点或者强调一点呢？”

“是的。”

“这两点是比较重要的，你都同意，那么还有就是你写的特长、性格什么的是不是应该也要向销售方面靠一下呢？”

“我想是的。”

“那么，财务职务要求，你大概知道怎么做了吧？”

“是，学习经历里应该着重强调学习过的会计和财务课程，实习经验里着重强调在××公司财务部的实习经历，特点和个性要怎么强调呢？”

“呵呵，财务和销售恰恰相反，销售强调创新、活泼、外向，而财务则要求内向、缜密、沉稳。所以，一个是要动的，一个是相对要静的，比如你简历中提到的读书可能比较符合财务相对沉稳的需求，而足球可能比较符合销售的外向需求，当然不是说你不能在递给招聘财务的公司的简历里同时写上喜爱足球，我的意思是可以调换一下次序，读书在前，足球在后；而销售职务就是足球在前，读书在后；原因是用人单位读简历的时间有限，所以往往

只看重点，看到读书先想到这个人，比较内向，看到足球就想到这个人会比较健康外向。知道吧?”

“知道了。”小李恍然大悟。

思考讨论

通过学习个人简历的制作方法，帮助小李同学重新制作一份个人简历。

任务3　模拟求职面试

情境导入

在规定的时间期限内，校团委收到了不少的应聘材料，并通过应聘材料筛选出了一批面试人选，而接到面试通知的同学也积极准备。最终在完成面试环节后，一部分同学进入团委，小王也如愿担任宣传部秘书一职。

任务描述

在教师的组织下，将学生分成小组，小组成员模拟面试官、求职者等角色，模拟面试全过程；了解什么是印象管理并掌握印象管理策略；熟悉面试过程，明确面试考核维度；掌握面试中做自我介绍的技巧；能够预测面试中的常问问题并掌握回答技巧；注意面试中的细节。

案例引导

执着的求职者

在日本，有这样一位个子矮小的年轻人，由于家境贫困，瘦弱的肩膀不得不挑起养家糊口的重任。

一天，他来到一家电器工厂，找到一位负责人，要求被安排一项工作，哪怕是再低下也行。对方注意到他身材矮小，衣着不整，不想录用，但是又不便直说，于是婉言拒绝道：“先生，我们厂暂不缺人手，您一个月以后再来看一看吧!”

过了一个月，这位青年果真来了。对方又推脱说：“我现在有事，等几天再讲。”

一个星期后，他又进了工厂的大门。如此反复多次，这位负责人再也找不到托词，只好实话实说：“先生，您的衣着太寒酸了，无法进我们厂工作。”

年轻人二话没说，回去向别人借钱，狠心买了一套整齐的服装。他精心打扮，回到厂里。对方在无可奈何之际，只好以他在电器方面的知识懂得太少为理由，拒绝录用。

两个月过去了，年轻人回到厂里，他诚恳地对这位负责人说：“先生，我已经学了不少有关电器方面的知识。您看我哪方面还不够，我会一项一项地去补课。”对方两眼盯着这位

坚持不懈的年轻人，看了老半天，然后十分动情地说："我搞人事主管工作多年，可还是第一次碰上您这样来找工作的，真服您了。"

就这样，这位年轻人以顽强的毅力打动了这位负责人，终于答应他进厂工作。后来，他又以其超人的努力，逐渐发展成为一个非凡的人物。

这位年轻人是谁呢？他就是日后当上了日本松下电器产业公司总裁的著名的松下幸之助。"一个人如果缺乏热情，那是不可能有所建树的。"作家拉尔夫·爱默生说，"热情像糨糊一样，可以让你在艰难困苦的场合里紧紧地粘在那儿，坚持到底。正因为松下幸之助拥有热情的心态，才使得命运瑰丽多彩。"松下幸之助可说是世界上最执着的求职者，正因为他的执着精神，才有了他后面的成功。

知识平台

一、印象管理

1. 印象形成

面试官的第一印象非常重要，这直接影响了他是否有继续了解你的兴趣。那么，面试的时候，考官们究竟是根据什么来判定每位求职者的表现，并为其打分的呢？答案当然有很多，比如，个人能力、形象气质、表达技巧等因素明显都是影响面试官做出判定的标准，当把面试者展现的状态和所有表现综合在一起时，面试官将对其做出最终的判定：面试者是优秀还是一般，或是糟糕？这"出色、一般、糟糕"的形容语即是面试官对面试者的印象。

印象到底是什么？我们可以从心理学角度上来理解。在心理学的定义中，印象是在我们自己头脑中形成的有关被认识对象的形象。同时，某位心理学家曾经这样表述：当我们接触到一个新的社会情境时，总是会不自觉地习惯于按照自己以往生活和学习的经验，去认识和理解情境中的人或事。而一般情况下，在面试过程中，面试者对于面试官而言都是一个陌生全新的个体，面试官也会按照以往的工作经验，基于面试者的表现，对其做出优秀、一般、糟糕的印象判断。所以，面试中的第一印象与面试官本人、面试者本人、面试过程中的表现等一系列因素有关系。那么，在面试者与面试表现恒定的情况下，面试官的不同，面试官自我自身知识结构、价值体系的差异，将会影响面试者留下的印象，进而影响面试者的求职情况。下面这则小故事非常好地证明了这个观点。

有一个年轻人，打扮时尚，身穿花衬衣，格子裤子，戴着很大的蛤蟆镜。在他弯着身子尽力帮助一位男士捡起地上乱飞的文件时，一位女士看到了他，并且直到他直起身子跟那位男士告别的时候，她才真正完全看到他的装扮。第一个女士感觉这个年轻人装扮新潮，具有绅士风度，形象潇洒；在这个年轻人转过一个街角，与第二个女士面对面碰到的时候，第二个女士认为，这个年轻人很奇怪，流里流气，形象让人害怕。

一个年轻人，却留给两个女士完全不同的印象。这种现象的出现就与情境、价值观的差异相关。在这位年轻人与第一位女士相遇时，这位女士看见这个年轻人正在给一位捡拾散落地上的文件的先生帮忙，这与她头脑中关于绅士的行为表现完全相符，因为在她的生活中，她认为绅士就是要非常有礼貌，举止优雅、对人和善，并且具有优秀的道德修养。所以她认为这个年轻人是形象潇洒的绅士；在这位年轻人与第二位女士相遇时，这位女士看到面前这个年轻人身穿花衬衣，格子裤，而且戴着很大的蛤蟆镜，跟在她头脑中对绅士的形象设想完

全不同，反而跟街边的不正经的混混有点一样，因为她的生活经验告诉她绅士的形象是：身穿小西服、手拿文明棍、头戴大礼帽、足登亮皮鞋。所以，在她看来，眼前的年轻人穿着奇装异服，流里流气。通过上面的故事可以看出，两位女士对年轻人的看法具有很强的主观性，这种结果的产生都是由于不同的印象导致的。

那么，形成印象会跟哪些因素有关系呢？下面就是从心理学的方面来剖析与印象形成有关的4个因素。

（1）刻板效应　刻板效应是经常会在日常生活中出现的一种心理学上的原理。之所以会有这种效应的发生，是因为我们在长时期的生活中积累了一定的心理学上的固定的观念，如果在日常生活中我们遇到一个人，我们就会习惯性地根据他们的性别和年龄对他们进行一些先入为主的判断。举例来说，很多人都认为，北方男人粗犷、豪爽，而南方男人细致、拘谨，但真实的情况未必如此。北方的男人可能也有柔情细腻的一面，但是前面的那一种印象却不是短时间之内就可以转变过来的，这就是所谓的刻板的印象，它是很难被改变和磨灭的。

在求职者进行面试的过程中，求职者很容易就会给面试官留下一个比较呆板的印象，这就需要求职者要多加注意面试过程中的一些细节问题，所以我们建议求职者在进行面试的时候，最好是穿上正装，这样的话才能给面试官留下一个职业化的印象，面试官就会多给一些印象分，千万不能学前面故事中的那个例子，穿着随意、嘻哈，这样的话就会给面试官留下一个很坏的印象。如果是男性求职者，在面试的过程中一定要勇敢自信，言谈举止要大方自信；如果是女性求职者，就要显得文雅可亲，这样的话才能满足面试官对于求职者的性别期待。面试官之所以会有这些先入为主的观念，是因为在他们长期的生活工作中积累的经验决定的，所以我们要服从这一规律。

（2）首因效应　首因效应是指在第一次见面时哪一个信息先出现就会给对方留下更深的印象。著名的心理学家Luchins曾经为此专门设计了一个实验：他自己虚构了两个故事，第一个故事中的主角詹姆斯是一个性格比较外向的人，而另一个故事中同名的主角性格却恰恰相反。他把这两个故事进行了不同的组合，第一种组合里面他把外向的性格放在前面，把内向的性格放在后面，而第二种组合则是把第一种组合里面的顺序调转过来。然后他选取一些人来进行测试，让他们进行评价。然后他发现结果是第一种里面测试的人有78%的人觉得故事的主角是一个外向的人，而在第二种组合里面只有大概18%的人觉得詹姆斯是一个外向的人。这个实验就完美地诠释了什么是首因效应。所以我们可以看到首因效应在第一印象里面起到的作用是多么的大。下面这个故事更进一步地阐释了这一点。

一个学习新闻专业的人毕业之后很想找到工作。于是他在一天找到了一家报社，他问那个总编：“你们这里缺不缺编辑？”“对不起这里不缺。”“那有没记者的职位？”“对不起也没有。”“其他的比如文字校对之类的工作呢？”“对不起这里没有任何可以提供给你的工作。”小伙子说道：“那这个你们也许会用得到。”他说完之后从自己的包里面拿出了一个做工很精细的牌子，上面写道：“满员，无工作岗位”。总编看了看这个牌子，态度来了个大转变，对这个求职者说：“也许你可以胜任我们广告部的工作。”从这个故事中我们可以看到，正是这个求职者的灵活和自信帮助他打动了工作的给予者，由此获得了一份不错的工作。

这便是首因效应，求职者在面试的过程中，要始终保持微笑，尽最大努力把自己阳光、

积极、自信的一面展现出来。说话的时候，不能反复地说官方话和客套话等，那样会显得很俗套，会对求职不利。举个例子：在部分求职者一见到考官就会说："各位老师好，我是某某某，毕业于某某院校，很高兴能有这次机会参加面试…"，这么说是不是一点创意都没有，也无法引起面试官的注意，更无法调动他们的积极性。所以，在求职面试中，求职者必须要努力尝试一些新的形式并融入一些新的内涵来激发面试官的兴趣。

(3) 近因效应　它和首因效应很相似，也就是心理学家所说的另一类序列的效应。更具体一点来说就是当我们想起一些人或者是事情的时候，对这些人或事情的中间部分信息所产生的记忆效果没有对其最末尾的部分信息的记忆效果好，也就是说我们会对人或事的末尾部分的信息产生很深的印象。那么说这些是为了给求职者一个什么样的启示呢？如果我们把首因效应当成是求职者在一开始面试的时候给面试官的那个好印象的话，那么近因效应就是在面试要结束时最后给面试官的一个最完美的记忆，这样对求职者来说，一个比较圆满的面试已经完成。

另外，也经常会有很多意外的情况出现在面试的过程中。比如，当主考官通知说面试已经结束了，你可以离开了，但当面试者真的站起来要离开考场时又被主考官给叫住了，并对他问道："虽然在面试过程中，你已经对我们所有的问题做了回答，但我们觉得还不够，不是十分的满意，对这件事情你怎么看？"为什么主考官会这么问呢，原因有两个，第一可能是主考官真的不太满意求职者在刚才面试时的表现，还有一种可能就是主考官为了考查一下求职者的心理素质和应对突发状况的能力。如何回答这个问题对求职者来说至关重要。如果回答得精彩，就会为自己赢得转机从而获得入职的机会；如果没有回答好这个问题，就有可能使前面所做的努力全部作废，前功尽弃。

(4) 投影效应　投影效应是一个心理学概念，在实际生活中也同样会经常用到。那么心理学家是怎么解释投影效应的呢，心理学家把它解释为一种心理特征，是我们把在生活中所发生的如好恶、欲望、个性、观念等心理情绪都反射到别的人那里，并且理所应当地以为别人也都具有这样的特征。

经常会听到面试专家说这样的话：求职者的心里要始终怀着对别人的欣赏，你如何看待别人，看别人的眼光里你就会看到自己。面试官经常在面试的过程中喜欢问求职者诸如"对你最不喜欢的一个人请你做一个简单的评价""对于前一位面试者，你认为他的优缺点都有哪些"等等这样的问题，对此求职者一定要谨慎小心，当需要谈论自己对他人、他事或是他物的看法和观点时，一定要努力地给面试官一个好的积极的评价和看法，不要去苛刻地贬低别人，也不要借别人来抬高自己。著名的法国雕塑家罗丹说过这样一句话："生活中从不缺少美，而是缺少发现美的眼睛。"有什么样的心态，就会有什么样的人生。只有心中充满了阳光的人，才能看见阳光。同样的道理，用积极阳光的心态去评价别人，会让面试官感受到求职者的心里也满是阳光。但现实中，往往有很多求职者却忽略了这点，在面试时对他人的评价或观点都缺少了一双发现美的眼睛，也缺少了能够感受到美的心灵。

2. 印象管理的策略——面试礼仪

(1) 着装礼仪　面试时，符合自身形象的着装会给人以干净利落、有专业精神的印象，参加面试的服饰要求一切为了配合求职者的身份，男生应显得干练大方，女生应显得庄重俏丽。

1）男生面试时的服饰礼仪。

西装。男生应在平时就准备好一至两套得体的西装，不要到面试前才去匆匆购买，那样不容易选购到合身的西装。西装应选择整套的两件式的，颜色应当以主流颜色为主，如灰色或深蓝色，这样在各种场合穿着都不会显得失态。在价钱档次上应符合学生身份，不要盲目攀比，乱花钱买高级名牌西服。因为用人单位看到求职者的衣着太过讲究，不符合学生身份，对求职者的第一印象也会打折扣。

衬衫。以白色或浅色为主，这样较好配领带和西裤。平时也应该注意选购一些较合身的衬衫，面试前应熨平整，不能给人“皱巴巴”的感觉。崭新的衬衣穿上去会显得不自然，太抢眼，以至于削弱了主考人员对求职者其他方面的注意。这里要提醒一点，面试时你所穿的西服、衬衫、裤子、皮鞋、袜子都不宜给人以崭新发亮的感觉，原因是主考人员会认为你的服饰都是匆匆凑齐的，那么你的其他材料是不是也加入了过多人工雕琢的痕迹呢？而且太多从没穿过的东西从头到脚包裹在你的身上，一定有某些东西会让你觉得别扭，从而分散你的精力，影响你的面试表现。

皮鞋。不要以为越贵越好，而要以舒适大方为度。皮鞋以黑色为宜，且面试前一天要擦干净。

领带。男生参加面试一定要在衬衣外打领带，领带以真丝的为好，上面不能有油污，不能发皱，平时应准备好与西服颜色相衬的领带。

袜子。袜子的颜色也有讲究，穿西装革履时的袜子必须是深灰色、蓝色、黑色等深颜色，这样在任何场合都不失礼。

头发。尽量避免在面试前一天理发，以免看上去不够自然，最好在三天前理发。男生女生都应在面试前一天洗干净头发，避免头屑留在头发或衣服上，保持仪容整洁是取得用人单位良好第一印象的前提。

此外，男生要将胡须剃干净，并且在刮的时候不要刮伤皮肤，指甲应在面试前一天剪整齐。

2）女生面试时的服饰礼仪。

套装。每位女生应准备一至两套较正规的套装，以备去不同单位面试之需。女式套装的花样可谓层出不穷，每个人可根据自己的喜好来选择，但原则是必须与准上班族的身份相符。颜色鲜艳的服饰会使人显得活泼、有朝气，素色稳重的套装会使人显得大方干练。记住这个原则，针对不同背景的用人单位选择适合的套装。

衬衣。在挑选衬衣的时候，无论是颜色还是款式也以保守为宜。不要挑选那些透明材质的上衣，也不要蕾丝花边或者雪纺薄纱。

发型。头发在整个仪容中是十分重要的组成部分。保证头发是干净清洁的，仔细梳理。如果是长发，可以选择马尾辫或盘发，或者其他看起来专业舒服的发型，不要让自己看起来好像刚刚起床或者从派对回来。

化妆。参加面试的女生可以适当地化点淡妆，包括口红，但不能浓妆艳抹，过于妖娆，那样不符合大学生的形象与身份。

皮鞋。鞋跟不宜过高、过于前卫。夏日最好不要穿露出脚趾的凉鞋，更不宜将脚趾甲涂抹成红色或其他颜色，丝袜以肉色为雅致。

皮包。女生的皮包要与装面试材料的公文包有所区别，可以只拿公文包而不背皮包，但不能把公文包里的文件全部塞在皮包里而不带公文包。

手表。面试时不宜佩戴过于花哨的手表，因为这会给人过于稚气的感觉。手表在面试前应调准时间，以免迟到或闹笑话。

配饰。选择尽可能简单的饰品。面试属于正式交往场合，一只手只戴一个戒指，且不要戴形状奇特的戒指，不然不方便握手，也会留下不好的印象。不要戴很大很长的耳环，也不要戴太多耳环，简洁的耳钉就可以带来不凡的效果。

（2）表情礼仪　面试成功与否与表情关系很大。求职者在面试过程中，应轻松自然、镇定自若，给人以和悦、清爽的感觉。因此需要注意如下的细节。

1）进门时要表现得自然，不要紧张或慌张。

2）面试过程中，应始终面带笑容，谦恭和气，表现出热情、开朗、大方、乐观的精神状态。

3）不要无缘无故皱眉头或毫无表情；在说话时也切不可面露媚态、低声下气，企图以鄙薄自己来取悦于对方，这样做只能降低自己的人格。只有抱不卑不亢的态度才能获得对方的信任。

4）不要直盯对方，也不要以眼瞟人、漫不经心，眼光宜落在主考人的鼻子上为佳，这样既保持了接触又避免了不礼貌的直盯。

5）对方提问时，不要左顾右盼，否则面试官会误认为你缺乏诚心和兴趣。

6）切忌面带疲倦，哈欠连天，面试前一天一定要保持睡眠充足。

7）不要窥视主考人员的桌子、稿纸和笔记。

8）面试顺利时，不要喜出望外，拍手叫好。

9）作为求职者，不仅要时时注意面试官在说什么，而且也要注意面试官的表情有哪些变化，以便能准确地把握住说话者的思想感情。

10）为了吸引面试官的注意力，增强话语的感染力，在说话中可以适当加进一些手势，但动作不要过大，更不要手舞足蹈。

（3）举止礼仪　举止体现着一个人的修养和风度，粗俗的行为举止会使一个人失去亲和力，而稳重、大方则会受到人们的普遍欢迎。在陌生的面试官面前，坐、立、行等动作姿势正确雅观、成熟庄重，不仅可以反映出青年人特有的气质，而且能给人以有教养、有知识、有礼貌的印象，从而获得别人的喜爱。具体说来，以下几点值得注意。

1）走路姿势。走动时应当身体直立，两眼平视前方，两臂在身体两侧自然摆动，摆动幅度不要过大。脚步声应控制，不要两脚擦地拖行。走路时身体有前俯、后仰或左右摇晃的习惯，或者两个脚尖同时向里侧或外侧呈八字形走步，都是不规范、不雅观的举止。

2）站立姿势。站立时身形应当正直，头、颈、身躯和双腿应与地面垂直，两肩相平，两臂和手在身体两侧自然下垂，两眼平视正前方，嘴自然闭合。双脚对齐，脚尖分开的距离以不超过一脚为宜，如果叉得太开是不雅观的。不应把手插在裤袋里或交叉在胸前。

3）坐姿。坐姿要端正，坐在主考人员指定的座位上，不要挪动已经安排好的椅子的位置。在身后没有任何依靠时上身应正直稍向前倾，这样既可发声响亮、中气足，令人觉得你有朝气，又可表现出你对主考人感兴趣、尊敬，头平正，目光平视。两膝并拢，两臂贴身自然下垂，两手随意放在自己腿上，两脚自然着地。背后有依靠时，也不能随意地把头向后仰靠，显得很懒散的样子。就座以后，不能两边摇晃，或者一条腿放在另一条腿上。双腿要自然并拢，不宜把腿分得很开，女性尤其要注意。

面试时的坐姿，有两种极不可取。一是全身瘫倒在椅背上，二是战战兢兢地只坐椅边。正如花有花语一样，坐也有坐意：仰坐表明轻视、漫不经心；少坐意味着紧张、如坐针毡；端坐，意味着重视、聚精会神。

面试时，轻易不要紧贴着椅背坐，也不要坐满，坐下后身体要略向前倾。一来表明你坐得很稳，自信满满；二来证明你没有过于放松地全身靠到椅背上，没把办公室当成茶楼酒馆。但也不宜坐得太少，只坐椅子的五分之一，意味着你几乎要靠自己的双腿支撑住自己的体重，稍向前倾就失去重心。这是一种极度紧张的表现，也会把面试官的注意力吸引过去。一般以坐满椅子的2/3为宜。既可以让你腾出精力轻松应对考官的提问，也不至让你过于放松而忘了自己的来意。建议你多多接触社会，观察沉稳人士的坐姿，并稍加练习，改善坐姿，别让椅子拖了后腿。

4）手势。“手势宜少不宜多”，多余的手势，会给人留下装腔作势、缺乏涵养的感觉。反复摆弄自己的手指、活动关节，要么捻响、要么攥着拳头，或是手指动来动去，往往会给人一种无聊的感觉，让人难以接受，令人反感，都将严重影响形象。

5）避免一些不必要的小动作。身体各部分的小动作往往令主考人分心，甚至令其反感。下面这些动作都是要不得的：当众搔头皮、掏耳朵、抠鼻子、咬指甲、玩手指头、跷起二郎腿乱抖、用脚敲踏地面、双手托下巴、说话时用手掩着口、摇摆小腿、手指在桌上乱写乱画等。不要玩弄衣带、发辫、打火机、香烟盒、笔、纸片、手帕等物品。

（4）其他礼仪

1）按时到达面试地点。在开始面试之前如果有一段等候的时间，切忌在等待面试时到处走动，更不能擅自到考场外面向里观望。

2）求职者一定要先轻轻敲门，切忌贸然闯入面试室，得到主考官的许可后方可入室。入室时不要先把头探进去张望，而应整个身体一同进去。

3）走进室内之后，背对考官，将房门轻轻关上，然后缓慢转身面对面试官。向面试官微笑致意，并说“您好”“你们好”等的招呼语，在面试官和你之间创造和谐的气氛。若非主考人员先伸手，你切勿伸手向前欲和对方握手；如果主考人主动伸出手来，就报以坚定而温和的握手。

4）在主考人员没有请你坐下时切勿急于坐下。请你坐下时，也切勿噤若寒蝉，诚惶诚恐，而应说声“谢谢”后，大方坐下。

5）面谈时要真诚地注视对方，表示对他的话感兴趣，绝不可东张西望，心不在焉，不要不停地看手表，要注意和考官的目光接触。尽可能记住每位主考者的姓名和称呼，千万不要弄错。

6）回答问题要口齿清晰，声音大小适度，口中不要含东西，更不要吸烟。回答不要太突然，答话要完整，不可犹豫，不可用口头禅。

7）若集体面试，应试者之间的交谈应尽可能地降低音量，避免影响他人应试或思考。

8）说话时目光要与面试官接触。若主考人有几位，要看首席或中间的那一位，同时也要兼顾其他主考人员。

9）注意用敬语，如“您”“请”等，市井街头常用的俗语要尽量避免，以免被认为油腔滑调。

10）不要随便打断面试官说话，或就某一个问题与面试官争辩，除非有极重要的理由。

不要在面试官结束面试前表现浮躁不安，急欲离去的样子。

11）面试官示意面试结束时，微笑、起立、道谢，说声“再见”，无须主动伸出手来握手。如果在你进入面试房间之前，有秘书或接待员接待你，在离去时也应向他或她致谢告辞。

12）出去推门或拉门时，要转身正面面对主考人，说声“谢谢，再见”，然后再出门，并轻轻关上门。

二、自我介绍

自我介绍通常是面试谈话的第一项内容。不少求职者认为，对于“介绍一下自己”这个常规性的问题，象征性地谈几句或者简单复述一下简历上的内容就可以了，更有甚者直接告诉面试官：“这些我的简历中都已经写得很清楚了”。实际上，让应聘者自我介绍是了解应聘者最直接和最简单的方式，通过应聘者的叙述，面试官能大概知道其经历、性格特点、语言表达能力、逻辑思维能力等。对于应聘者而言，这是一个推销和展示自己的大好机会，如果回答得很得体令对方印象深刻，接下来的面试就会在融洽的气氛中进行，甚至顺风顺水，无往不胜。

1. 自我介绍的内容

自我介绍的内容应条理清晰、重点分明，千万不可盲目罗列堆砌，要围绕应聘岗位的要求，重点阐释自己所具备的与之相关的知识、技能、优势等。建议根据以下思路来安排具体的内容。

（1）“你做过哪些工作？” 针对此问题，应将重点放在“在以往的工作中都创造过何种成就”，如发表过哪些文章、获得过什么专利、拓展过哪些销路、创新过什么工作方法等。

（2）“你能胜任哪种岗位？” 针对这个问题，应结合应聘岗位的要求重点阐释自己的优势和长处，使面试官相信自己是最适合该岗位的人选。

（3）“假如被聘用，你对工作有什么计划？” 回答该问题的重点在于提出自己的工作计划，并以提建议的方式表达自己的想法，使面试官感受到你的自信，并相信你的回答是经过深思熟虑的。

2. 自我介绍的策略

既然自我介绍是面试中的重要一环，我们就要想办法让自己的自我介绍更出色。要做到这一点，首先要对自己形成客观、全面的认识，其次要明确个人简历与自我介绍的不同意义，最后还要使用一些必要的策略。本文接下来会从开头、中间与结尾三个角度入手，为广大求职者提供建议。

（1）开头　从现实情况来看，不少应聘者在自我介绍时都会采用以下模板：“各位考官好，很荣幸能参加今天的面试，感谢各位给了我这次难得的机会，同时也非常希望能够获得这个工作机会。首先我简单介绍一下自己，我叫×××，今年××岁，毕业于××大学××专业……”这种开头虽然规范但有失特色，以上这段说完大概需要花费半分钟，但却丝毫没有涉及自己的与众不同之处。因此，自我介绍的开头必须简练干脆，直入主题，要用最短的时间吸引面试考官的注意，使他们产生继续听你说下去的愿望。简单来说，就是要将自己的独特之处首先介绍出来，突出自己与其他应聘者的区别。比如：

各位考官好。我叫×××，虽然我的名字很普通，但是……

各位考官好。我叫×××，我的名字会让大家以为我是一个强壮的男生，但事实上我是一个纯正的女生。

各位考官好。我叫×××，来自全国人数最少的民族××族……

需要强调的是，在介绍完上面的内容后，接下来最重要的是表明你应聘的岗位，如“今天，我要应聘的是贵公司的……”。这一信息十分关键，一定要在开头部分讲出来。

（2）中间　中间部分即自我介绍的正文部分，也是核心所在。之前我们提到，应届毕业生的自我介绍要重点从学习、实践、实习这三个角度出发来组织内容。而有一定工作经验的求职者则应重点介绍自己以往的工作经历与成就。在内容的排列上，一定要主次分明，富有层次感。尤其要摒弃简单罗列的方式。如：

“在四年大学生活中，我的学习成绩一直名列前茅，每年都是校专业奖学金的获得者，其中两次获得一等奖学金、四次获得二等奖学金，还曾先后被评为‘优秀班干部’‘三好学生’‘优秀党员’等。”

这就是典型的简单罗列，这种自我介绍只会让人觉得重复啰唆，杂乱无章。因此，在自我介绍的中间部分，应聘者应结合岗位要求着重对自己具备的知识、技能、经验等做相对详细的介绍，尤其是自己的优势与长处，以便给面试人员留下深刻印象。

（3）结尾　很多求职者会这样处理自我介绍的结尾部分：“最后，再次对各位表示感谢，我本人十分重视这次机会，假如有幸被贵公司录取，我一定不会辜负各位的信任，尽职尽责，努力完成领导交给我的每一项工作，为公司创造更多的效益。”这种处理方法的弊端也是缺乏特色，很难引起面试人员的关注，也就很难获得他们的认可。因此，在自我介绍结尾部分的处理上，求职者切不可草草了事，要多花费些精力进行设计，勇于尝试和创新，争取使该部分起到画龙点睛、锦上添花的作用，更全面地展现自己的学识与修养。

3. 进行自我介绍需要注意的问题

（1）确定讲述有意义的经历　这个问题对刚刚毕业的大学生来说，最重要、最有意义的经历就是学生的学习经历，这一经历主要有：各种奖学金、在学校取得的各种成绩、是否是重要的学校或者班级干部，关于社会实践的经历等。还有非常重要的一点就是，在对自己进行介绍时，要事先考虑自己需要的岗位要求，就自己职位的特征有针对性地介绍自己。举例来说，如果是销售职位，在介绍自己时就要多多重视介绍自己的口语表达能力、自己有关销售的社会实践经历，这样更有利于对方了解你的能力，增加对自己的认可度，从而增加自己的应聘成功率。

（2）对自己介绍得越多越好吗　举例来说，假如应聘者在学校的时候积极参加各种各样的社团活动，有各种各样有意义的经历，在各个方面的知识都有涉及，那么就要注意一点，在进行自我介绍时，一定要挑自己重要的方面来说，突出自己的重要特点，显示出自己与众不同的一面，争取给面试官留下一个深刻的印象，不然的话，会让面试官忽略应聘者的重要特征，反而对应聘者不利。

（3）自我介绍的时间掌握　通常按照3分钟准备，1分钟、2分钟的也常见，要做好灵活应对的准备，同时最好再准备一份5分钟的自我介绍，因为有个别时候，面试官时间充裕，会补充很多问题，那时你可以更全面地介绍自己。

（4）面试行为举止　面试进行自我介绍时，一定要注意自己的行为举止，不要做出不稳重的举动，要专心致志地听面试官提出的问题，不要漫不经心，也不要东瞧西看，否则会

让面试官觉得应聘者不够成熟稳重，给面试官留下不好的印象。当一系列的面试结束时，一定要记得对面试官表示感谢，并且向面试官明确表示自己的介绍已经完成了。

（5）面试时的语言技巧　在自我介绍时要十分注重自己的语言，要注意语言简洁、表达明确。举例来说，有些文科毕业的学生喜欢利用自己的特点，把自己平时写作文的方法运用到自己的介绍里面："我的家乡在大海边，大海的辽阔和浩瀚对我的影响很大……" 这些学生可能以为这样的自我介绍别出心裁，给面试官眼前一亮的感觉，但是实则不然，这样的自我介绍语言不够明确，不符合面试时的要求，面试官会感觉应聘者语言表达不精练，缺乏明确的思维逻辑，也十分不利于面试官了解应聘者。面试的时候，面试官重视的内容其实是应聘者的特点是否适合工作需要，是否有很强的工作能力。因此，应聘者在进行介绍时一定要注意不要语言啰唆，不要使用一些哗众取宠的方法，避免弄巧成拙。

除了以上几点之外，在介绍自己时要注意不要老是"我……""我……"地说个不停，这是缺乏应聘经验的表现，面试官会不喜欢，而且还会让面试官觉得应聘者过于自我，给面试官留下一个自我骄傲的坏印象。

（6）注意情绪　面试时也可能会出现一些情绪方面的问题，这种问题一般就是出现在追问时。对一个成人来说，情绪是十分重要的一种素养，如果在面试的时候情绪起伏很大，如当面试官问到应聘者的长处时就兴高采烈说个不停，当问及缺点时就面无表情，这些表现都会减分。

4. 自我介绍例文

自我介绍

各位面试官，您好。我叫×××，是××学院会计专业的应届生。今天，我应聘的岗位是营运支持岗。我是一个爱思考、爱实践、爱工作的女孩子。

第一，爱思考。大学四年，我学习目标明确，除了认真完成所有的学业、取得银行和会计从业资格等一些基本技能证书外，我还喜欢思考一些和课堂学习有关的问题。比如，营销学课上，我就曾想过，在我们的同学中还有哪些细分市场，如何去挖掘潜在的学生消费群体等。

第二，爱实践。在校期间，我参加了很多有意义的实践活动。比如，就在这学期，我有幸参与了哈尔滨日报社组织的恒大音乐节门票的义卖活动，我只用了不到一周的时间，就把200张门票全部卖光了，是所有营业点卖得最多、最快的。首先，我考虑到80块钱一张的门票一定要卖给正在追女朋友的男同学和已经有男朋友的女同学，因为他们才是最理想的细分市场；其次，我知道当看见有同学在远处观望的时候，一定要主动上去推销，因为他们才是我要找的潜在消费群体。

第三，爱工作。我喜欢银行的工作。大二时，学校会计实习，我们四个同学分组合作，我主要负责完成财务报表。数字很多，非常难算，但我坚持到了最后。大三时，我在哈尔滨农商行实习，一开始，我主要负责帮助客户在网上银行、手机银行上办理一些转账、汇款、理财等业务；后来，我还有幸被选中进入柜台，负责帮助客户办理一些简单的存取款业务，以减轻柜员的负担。此外，我还经常帮爷爷奶奶填写存款单、教爷爷奶奶使用ATM机等。银行的工作虽然琐碎，但我干得很开心。

大学生活很快过去了，我或许还很青涩，还很不成熟，但我如果能有幸成为民生银行的

一员，我一定会根据民生银行的要求，努力学习各种技能，提高自己，也为民生银行做出力所能及的贡献。

以上是我的自我介绍，谢谢。

三、结构化面试

1. 结构化面试的定义

结构化面试，就是根据特定职位的胜任特征要求，遵循固定的程序，采用专门的题库、评价标准和评价方法，通过面试官与求职者面对面的言语交流方式，评价求职者是否符合招聘职位要求的一种人才测评方法。对所有求职者用相同的语气和措辞、按相同的顺序、问相同的若干问题，并按相同的标准评分。

2. 结构化面试中常见问题举例评析

（1）分析问题能力

面试官：在你进行专业论文的写作时，哪些方面是你最不喜欢的？

应聘者：当我深入到某一个论文题目的研究时，很多问题会一起出现，让我感觉到应接不暇。在进行论文写作时，我觉得最困难的就是决定最恰当的信息捕捉时间，这一工作的进行大约需要很大一部分的时间才能完成，因此我都会事先对论文进行分析，使得论文能够更好地进行。

评析：面试官的问题，目的在于考验应聘者是否可以做到快速地发现问题并解决问题。但是，这一应聘者回答的意思是，他（她）能够做到理解论文研究，十分热衷于从事这一方面的学习。面试官可以从应聘者的回答中得出，应聘者具有很强的问题解决能力，可以很好地完成论文研究工作。

（2）解决问题的能力

面试官：你从事的是咨询师，那么遇到过难缠的客户吗？最后是怎么解决的？

应聘者：我在之前的咨询师工作中确实有过比较讲究的客户，他们会提出很多的要求，但是我都是耐心地听他们的要求，积极主动地与他们沟通，最终让客户满意。具体的情况是……

评析：作为一个面试中的经典问题，回答的难度在于真实地描述案例，如果应聘者可以详细地阐述这一段经历，让面试官听得清清楚楚、明明白白，赢得面试官的认可，这就可以很好地为面试加分，大大增加成功概率。

（3）应变能力

面试官：你的简历中并没有很多很优秀的专业成绩，除了学习以外，也没有另外的长处，对此你怎么解释呢？

应聘者：事实上，大学的专业并不是我十分感兴趣的，再加上专业方面的学习内容比较理论化和枯燥，所以我对专业投入的精力并不多。由此多出来的时间我大多数用来参加各种各样的社团活动和社会实践活动，在这些有趣又有用的活动中积极主动地锻炼自己的能力，提高自己的社交能力、组织能力、团队合作能力，这些能力比那些理论化的知识更加有用。

评析：应聘者的回答虽然表面上理由正当，但事实上并不能赢得面试官的赞同。这一回答只是解释了应聘者成绩平平的原因，但是并不能让面试官从中找到应聘者的闪光点，不利于面试工作的进行。比较正确的应答应该是：除了解释成绩不够优秀的原因，还要强调自己

积极主动地参加了其他各种方面的活动，锻炼了自己的很多学习以外的能力，以此为自己的面试加分。

（4）考查工作态度

面试官：什么样的情况下你才会努力工作？

求职者：做好一份工作是我对自己的基本要求。只要工作分配给我我都会努力去完成，尽我最大的能力做好自己应该做的部分。在我看来，努力工作是任何一个人对自己工作的要求，是一种正确对待工作和自己责任的态度，这不需要什么前提条件。

评析：面试官提出此类问题明显是要考察求职者对于工作的态度，求职者如果为努力工作设定很多前提条件，则说明其在具体工作中也会如此，而如果求职者强调责任的重要性，则表明求职者愿意履行责任的意愿与能力，通过积极肯定的回答可以表现出求职者对工作的热情，也更容易让面试官对求职者产生信任。

（5）了解求职者个性

面试官：你身边的人怎样评价你？

求职者：别人认为我开朗，善于沟通，不拘小节，我身边的很多人遇到困难的时候都会找我。我喜欢帮助身边的人，不管这个人和我是不是特别熟悉，我觉得处理好自己和周围人之间的关系对于一个人来说很重要。

评析：面试官问此类问题主要目的在于考察求职者的自我评价是否客观与对人际关系的处理能力，企业不会愿意选择自视过高而缺乏对自身清晰认识的求职者，而一般来说倾向于选择能够客观认识自己而在陌生环境中具有良好人际处理能力的人。求职者的回答可以反映出其心理素质与对人际关系的认识，而表现出积极有利的一面对于招聘能够成功非常重要。

（6）了解工作经历

面试官：在简历您提到曾经在××公司工作过，能谈谈您对这个公司的看法和您在那里工作的经历吗？

求职者：我实习期间在××公司担任了一段时间的××职务，主要负责××工作，这是一次对我而言非常宝贵的工作经历，××公司在××领域具有很突出优势与一整套先进的管理技术，在××公司工作期间让我学到了很多东西。

评析：面试官会突然提出一些简历求职者描写到的情况来进行提问，而此类问题很能考验求职者是否在简历中弄虚作假，夸大事实。因此求职者对于自己的简历的写作必须要十分认真，同时要提前做好准备，对于面试官有可能提到简历中涉及的任何问题都要有立即应对回答的能力。同时就工作经历而言，要懂得用专业化的语言客观描述自己从事过的工作，让面试官相信自己对工作拥有高度的责任心与专业水平。

（7）了解薪酬要求

面试官：您觉得您要求的职位月薪应该是多少？

求职者：就我的了解，从事此类职业月薪一般在××到××之间，不过就我而言薪水的高低是次要的，工作是否适合我更重要。

评析：面试官对于薪资方面的提问是考察求职者是否符合本单位的一般薪资水平，因此求职者应在对用人单位充分了解情况下减量报出薪资要求，而如果无法了解到用人单位的薪资情况，则应根据行业的一般标准减量报薪资要求。对于薪资水平不能表现得过度关心，但

也不能采取毫不在乎的态度。过度关心会显得唯利是图、目光短浅，而表现得毫不在乎则会被认为虚伪。

（8）把弱项转化为优势

面试官：您认为自己最主要的弱点在于哪些方面？

求职者：我觉得自己的缺点在于过于注重原则性而不够灵活，凡是都要放在责任角度上去衡量，灵活变通的能力稍显不足，不过这一点我会努力要求自己在具体的工作中进行调整。

评析：此类问题对于求职者是一个很大的考验。如果真实陈述自己的缺点，可能会对应聘产生负面影响，而掩盖自己的缺点会让面试官认为求职者虚伪不诚实。因此对于此类问题，关键是怎样客观认识自身的优势与劣势，通过对自身某些弱势的表述也可以使其成为对于用人单位而言需要的优点。因此，求职者在此类问题的回答上要提前做好准备，表述自己所具有的能表现出两面性的弱势，而此类弱势在某种工作环境中可以体现为优势。

（9）用比较优势打动用人单位

面试官：您认为你的优点有哪些？

求职者：我的能力倾向与所学的这个专业十分吻合，同时我对这个专业十分感兴趣。我平时就喜欢思考分析问题，这和我所学的这个专业所需要的能力比较对口。而且通过一段时间对实际工作的实践，我觉得自己适应工作环境的能力比较强。

评析：面试官设置此类问题主要是考查求职者的自我评价与判断能力，因此求职者在回答此类问题上要表现出与用工单位工作环境适应的个性倾向，同时要避免自吹自擂而缺乏客观评价自身能力的回答。

3. 结构化面试回答技巧

1）在面试过程中，面试官提出问题后，求职者不应立即回答而应稍作思考再进行回答为好。即使是回答自己完全有把握而且准备充分的问题，如果面试官话音一落就立即答题，会给人感觉态度轻率而不够认真，更会让面试官怀疑求职者事先背好了一些答案来专门应对面试，这会让面试官对求职者的真正能力难以把握。因此，对于所有问题的回答都应表现得进行了一定的思考后再回答，但思考的时间不宜过长。

2）面试过程中，求职者对于面试官提出的问题不要过度表达，要适可而止，抓住重点表述问题的核心，而不要滔滔不绝、内容空泛。要注意面试的时间长短是由面试官把握的，如果一个问题上说了太多不必要的话，就会对后面的问题造成时间上的挤压，而如果表述被面试官打断，则会造成对面试结果的不良影响。因此在能够清晰明确地回答面试官提出的问题基础上尽量要控制语言的适度，不宜过长。

3）对于内容较为丰富的问题要进行概括性表达。面试官提出的一些范围较大的问题，如果全面回答时间是不够的，而此类问题一般面试官也并不要求回答内容细致全面，而主要用来判断求职者的能力，因此应抓住问题的核心进行概括性表达。例如在回答：“您认为做好一个会计师应具备什么能力？”此类问题上，应针对用人单位的特点与工作性质选择其最有可能关心的方向进行概括性表达。

4）随机应变，留出余地。面试官会针对某些问题进行关联性提问，而此类问题中一般含有检验其他问题的“圈套”，如果求职者不能清醒地注意到此类问题而草率回答，就有可能会陷入自相矛盾的境地。

例如面试官问："请您谈一下对实习单位的看法，您的毕业论文中对互联网经济的主要观点是什么"之类的问题时，求职者在回答上要注意和自己所回答的其他问题的关联性，保持对同一问题一致的应答，避免前后矛盾。

如果面试官问道"您刚才说您对某某领域有一定的研究，请谈谈对××问题您的看法"此类设定前提的问题时，求职者在回答上要特别注意。面试官实际上已经把求职者限定在一个特定环境中，如果求职者回答无法表现出"对某某领域有一定的研究"则会推翻自己先前的表述，而要表现得对某领域有深入的了解，则需要在接下来的回答中表现出相应的专业水平，因此对于此类问题，如果没有充分深刻的认识，就不要草率回答，而应该表述为："谈不上很有研究，我只是对此类问题比较感兴趣，对于这个问题我个人的观点主要是……"这样一方面显得谦虚谨慎，另外也为自己留下一定的回旋余地。

5）对于自己不懂或不知道应该怎样回答的问题，要坦率承认，而不能不懂装懂。面试官有时会提出一些高度专业化的问题或者使用专业术语来考验求职者，而这些并不一定都是一般职位所应具有的能力，这时就职者就应该坦率承认自己的水平尚未达到这一程度，而不应勉强回答或者不懂装懂。对于自己不熟悉领域不可能通过假装而表现出专业性，勉强回答只会让面试官发现求职者更多的缺点。

6）恰当处理表述错误。在应聘过程中，求职者如果一时疏忽或者由于紧张等原因，有可能会出现表述错误。对于这种情况要懂得采取良好的方式去应对，以免对接下来的应聘造成不良影响。首先要保持镇静的心态：如果面试官对于求职者的表述错误毫不在意或者没有明确的表示，应聘者也不需要特意去进行解释，继续回答接下来的问题就可以；如果面试官指出了应聘者的错误，首先应坦率承认，并就自己的错误诚恳地表示歉意。但不要过多解释或者文过饰非，这样才能为面试官留下一个从容坦诚的好印象。

7）巧妙化解尴尬局面。如果在面试过程中面试官自身出现错误，有时会让局面陷入尴尬的境地，如面试官称呼错了应聘者的名字，提出的问题前面已经回答过一次等。对于此类情况，应聘者要懂得合理应对。如果面试官的错误不影响接下来的面试，应聘者不要主动去纠正，而应该忽略掉问题错误的细节本身而以正确的答案去应对。即使面试官提问重复，也无须指出其错误而应依照原来的答案复述一次即可。

8）对于以往曾经实习过的单位要尽量正面评价。面试官完全有可能会问应聘者对实习单位的印象，即使实习单位环境不佳或者单位实力较差，也要本着尊重的态度尽量做正面评价，避免对以往工作环境的抱怨和批评，但也不可歪曲事实而进行美化。对于确实较差的单位，应以委婉的方式去表达，而不应刻意掩盖或美化。

9）对于一些判断性提问，如"你是不是……""你能不能……"等问题，应聘者在肯定或否定回答的同时要进行简短的解释，而不能只回答了是或否就结束问题。如果回答过于简短，会让面试官认为求职者不善于沟通，缺乏口头表达能力。

10）对于无法全面阐述的问题不要纠缠太久。如果面试过程中面试官提出一些大而全的问题，要对其进行全面回答是非常困难的，这实际上是考验应聘者的概括能力与随机应变的能力，对此在答案上不应求全，回答不全面也可以，但要控制好回答问题的时间不宜过长，应就其中某些关键性内容进行表述之后适时结束话题。要表现出自己对问题的全局性认识与概括能力，同时要将问题中的主次与重点分清，舍小求大，而不要过分追求全面而滔滔不绝地进行表述，把回答时间拖得太长。

四、无领导小组讨论

1. 无领导小组讨论的定义

无领导小组讨论，是对一组面试者同时进行集体面试的一种情景模拟方法。通俗地讲，无领导小组讨论可以被看作是“群面”，它显著区别于结构化面试这种“逐一面试”的形式。在实际应用过程中，无领导小组讨论一般由5~8位面试者为一组进行，会被要求在限定的时间内（通常在30~60分钟之间），围绕考官给出的一个背景或问题展开讨论。讨论过程中不指定组长或主持人，考官也不出面干预，但考官会从旁细致地观察并记录小组中每一位面试者在讨论过程中的语言和非言语行为，然后参照面试前确定好的评判标准和要点，通过对观察和记录到的小组中每一个面试者行为的定性描述、定量分析以及人际比较，来判断小组中每一位面试者的能力、素质和个性特征等各方面是否达到其应聘职位的相关要求。最终考官会分别给小组中的每一位面试者独立评分，并按照一定的统计规则进行合计，就得到了每一位面试者在无领导小组讨论中的成绩。

2. 无领导小组讨论的特点

（1）求职者的表现更自由　无领导小组讨论在整个讨论过程中没有固定的组长和主持人，能够保证面试讨论的自由性，每一位求职者机会平等，可以充分发挥自主性和积极性。讨论中，既能够提出自己的观点、想法和感受，又能对小组其他成员的观点进行补充和反驳，自由的氛围可以激发求职者的潜能，更容易碰撞出思想的火花，使求职者的思路更新颖，观点更明确。

（2）求职者的表现更真实　在无领导小组讨论中，面试官不做出任何指导和干预，只是作为旁观者来观察每一位求职者的表现，这一特点为求职者在讨论中表现出最真实的自己创造了条件。由于在结构化面试中通常是一名求职者面对多名面试官，面试氛围相对紧张，求职者会表现得很拘谨，而无领导小组讨论中求职者会比较放松，从而表现得更自然，大大减少了求职者在语言和行为上的自我伪装。此外，无领导小组讨论要求面试者在同一时间里展现自己多方面的素质，这也加大了面试者掩饰的难度。

（3）对求职者的评价更全面　无领导小组讨论过程中，讨论氛围自由活跃，小组成员之间互相讨论，频繁互动，这就能使面试官了解许多在纸笔测验乃至结构化面试中都无法考察到的有关求职者的多方面能力和素质。比如有特定环境或情境下的适应能力，应变能力，非语言沟通能力，甚至包括能够观察到的在相对放松状态下，求职者的表情、举止等小动作所表现出的个人修养。

（4）对求职者可以横向比较　在无领导小组讨论中，各小组成员在同一背景和环境下，讨论同一话题，这样就可以对求职者的表现相互参考，横向比较。有的人表现得积极主动，而有的人则消极被动；有的人据理力争，而有的人强词夺理。这种在完全相同的条件下所产生的不同表现，为面试官横向比较提供条件，也克服了考官可能由于记忆力、知感、印象等在时空上的滞后性，以及过往经验带来的评判缺陷，大大提高了无领导小组讨论中评判的信度和效度。

（5）对求职者评价客观　结构化面试是单独面试，程序不断地周而复始，始终重复，很容易造成面试官审美疲劳、精力不济，从而造成效率和效果下降。相比之下，无领导小组讨论是求职者“群面”，在同一时间对多名求职者的同时考查弥补了结构化面试在这方面的

缺陷，大大提高了评价结果的公平性和公正度。

3. 无领导小组讨论的角色职责及技巧

多数情况下，角色包括计时员，指挥者，记录员，总结者等，下面概括一下各种角色的职责及面试技巧。

（1）指挥者　指挥者相当于领导者，他的角色需要主持掌控讨论进程，提醒成员不要离题，注意发言时间等。

指挥者这种角色需要调动所有成员在讨论中的气氛，控制讨论进展方向，并且掌控全局，有领导气质和风度；特别是当很多应聘者没有充分发言的时候，他能调配所有人的积极性，给别人发言的机会。这种角色适合有全局观念、思维敏捷、观点犀利并且能够把控全局，以及平日就比较善于言谈，喜欢与人辩论的应聘者。但是在做这个角色的时候，一定要注意，不要只顾自己表现，还要有合作精神和团队意识。不要一开始就锋芒毕露，不要毫无保留地对每个发言者的言论进行点评。有很多求职者总是十分明显地想当指挥者，以为这样才能最大程度表现出自己的能力和水平。尤其是当小组其他成员所说的内容不够完美时，就不顾一切地帮他进行总结。这样没有必要。实际上，我们可以这样做：在讨论结束之前，将各成员的要点大致点评一下，分析优劣，语调舒缓平和，自然而然地成为小组中的组织者。

（2）协调者　这个角色在小组中起到沟通的作用。这里并不是指对各成员观点进行协调沟通的角色，那就变成指挥者了。这里指的是协调持不同观点的成员之间的关系，保证讨论气氛和谐，出现冷场或气氛突然紧张时，这个角色会突出他的作用。比如他们常会用一些带有幽默成分的表达让大家放轻松下来，或者提出一个新的想法转移大家的注意力，最终达到协调和沟通的作用。

（3）参与者　参与者这个角色不是很有特点，但是也不能缺少，在团队当中也是十分重要的。这一角色的任务是首先阐明自己的想法和观点，并参与和其他成员积极讨论，然后对于不同的意见也会辩驳，确保团队在讨论过程中保持正确的思路。

（4）计时员　这个角色是团队所有成员角色中最容易扮演的，比较适合平时不太善于表达，又不愿与他人争辩的求职者，有大局观念是这个角色的特点。这个角色还需要熟悉整个讨论的流程，每个环节需要多少时间，每个人大约需要发言几分钟等，都是计时员的应完成的任务。

若想扮演这一角色，建议在面试之前就把手表或者手机拿在手里，在面试官说完面试流程与要求后，直接把计时的东西放到桌子上，说上一句："现在是×点×分，我们有×分钟来做……最后留×分钟做总结，也就是到×点×分，那么我们现在就开始做……吧。"一般来说，就不会有人跟你抢了。

（5）记录员　无领导小组讨论中的记录员不是记录讨论程序或描述性的清单，而是要记录每个小组成员的发言要点，并进行简单的加工整理形成阶段性总结，然后讲出来供大家参考的角色。这个角色最大的特点就是关注细节。比如他们会说："我总结一下，A、C、D组员的观点主要集中在……而B、E、F组员的观点是……其他组员的是……我觉得可以重点在这三个观点中讨论一下。"

（6）总结者　把小组讨论的结果向面试官陈述，主要注意的是说话的逻辑性与条理性，最好能够把小组成员思考的过程说明一下。当然，有些陈述的量比较大的话，可以把部分论点让给其他成员来扩展，注意总结完成时不要忘记说："看其他组员还有没有什么需要补充的？"

4. 无领导小组讨论的表达技巧

无领导小组讨论考察的是综合素质，不同公司考察的要点以及标准不会有太大的差异。它与结构化面试的最大不同是无领导小组讨论考查的核心是基于众多应聘者在“交互作用”场合下的综合能力，因而重要的关注点之一是运用一些论辩说服的技巧，从中展示出自己的能力。

（1）表达应言简意赅　语不在多而在于精，表达精炼，观点鲜明，能够说到要点上，立刻吸引面试官的注意力。语言富有辩驳性，对于不同意见能够明确表达反对的理由，但是在讨论中要始终保持和善的态度，不能恶语相加，否则会让小组其他成员产生敌对的心理，可能会产生被孤立的情况，导致成为一个失败的讨论者。

表达中还要注意逻辑性，应先弄清楚各观点的因果关系，最好能够把自己思考的过程做一个简单的梳理。条理性就是要按点来说，要学会使用“第一”“首先”“最后”等过渡词。如果平时有意养成了这个习惯，面试时就会得心应手。还要注意，分点说明前一定要清楚自己要讲多少点，不要只有“首先”，之后就没有“其次”了。

（2）态度应谦恭诚挚　在交谈中始终要保持谦恭的态度。当谈话者超过三人时，应照顾到每个成员的感受，不要冷落了一些不太善于表达的人。不要私下交头接耳，这样会让其他成员误会，造成隔阂感。应该从多个角度考虑问题，理解其他成员的主要观点，并找出彼此的共同点，引导对方接受自己的观点。整个过程中保持真诚，这样更容易让别人接受自己的想法。

（3）发言时间应适度控制　无领导小组讨论中成员较多，时间具有一定的限制性，所以每个人都应该掌握好自己的发言时间。若发言时间太长，或总是重复发言，都是不可取的。如果你选择的话题过于专业，或者别人不感兴趣，或者题外话太多，其他人会失去倾听的耐心。所以，求职者要适度掌控时间，当听者面露厌倦之意的时候，应聘者应当立即止住。否则这类应聘者会在面试官头脑中形成啰唆、无深刻见识的印象。

（4）重视团队意识　如今的竞争日趋激烈，单凭一个人的智慧很难在竞争中取胜，成功需要大家的共同努力，所以每个单位都很重视合作，都不会聘用没有团队意识的人。那些对队友恶语相向、横加指责、对对方观点无端攻击的人往往只会导致自己最早出局。因此在交谈中，谈话者要注意自己的态度和语气。要保持一个良好的团队人际关系。自视清高和妄自尊大都是大忌。说话喋喋不休的人，会因为压制别人而有意无意地伤害到他人。这些人因为不懂得交谈中的基本礼仪，而无法达到彼此交流的目的。

（5）处处具有全局观念　讨论其实是一个求同存异的过程，最后要达到某种共识，出现意见分歧是正常的，可以据理力争，但不要试图压倒其他成员，这样会被认为缺乏团队精神，基本会被淘汰出局。另外，不要过于引导和左右其他应聘者的思想和见解，应顾全大局，与团队里的其他成员一道完成讨论任务。

相关资讯

幸福不能等待

——从《当幸福来敲门》看求职者心态与面试技巧

2006年有一部十分精彩的励志影片——《当幸福来敲门》，每当高校BBS上有人因为

求职不顺而发帖抱怨时，跟帖的人里总会有人提到这部影片，为自己也为同在为找工作而备受折磨的同学鼓劲儿，对彼此说，像电影里的Chris那样，坚持下去，幸福一定就在不远的地方。

威尔·史密斯大概是我唯一可以记得住名字的黑人明星，但是从前印象中都是他或灿烂或狡黠的笑容，从没想过他可以将一个挣扎在生活困苦中的人演绎得如此细腻。不知大家是否注意到影片中的一个细节，威尔·史密斯有很多奔跑的镜头，或者说，主人公Chris总是在奔跑。这让我想起影片刚为国内观众所知时的另一个中文译名——《追击幸福》。的确，幸福往往不是等来的，相反我们总是需要跟在它后面跑，尤其是当你想要一些与众不同的东西时，更要加足马力，努力去追。

梦想是好的，但要适合自己。

失误的梦想，只会导致失败。Chris本来是一个推销员，卖一种很昂贵又不是太实用的医疗仪器，他的生活很失败，家人每天都为房租和各种各样的账单而愁眉不展。其实，Chris的窘境并非别人的错，是他自己当初的梦想失误导致了今天的结果——他并不了解医疗器械，却将自己的全部积蓄拿来做医疗器械的代理销售，不懂行情、不懂需求、不懂地区差异，什么都不懂，结果一切都跟梦想中的幸福背道而驰。

香港生意人有一种通识，即做生不如做熟，对自己不了解的领域，在介入之前一定要三思。当然，作为新人，职场的很大一部分魅力正是源于它的完全陌生，不过我们依然希望找到比较适合自己的位置，只有这样才能更好地“发挥我所长”。

一个偶然的机会，Chris对“证券经理人”的职位产生了兴趣，而且一发不可收，他竟然萌生了这个看上去很疯狂的念头——成为一名证券经理人。说这个念头疯狂，是因为Chris无论学历还是工作经历，都离这个职位所要求的太遥远，而且家里的经济状况已经接近崩溃边缘，他没有余地用半年的无薪实习来冒险，一旦半年后他失败了，就是万劫不复。妻子认为他是痴人说梦，后来干脆选择了离开，没有人支持Chris的选择，残酷的生活本身也不支持他的选择。但是Chris义无反顾，因为在心底里他有种坚强的力量，支撑着自己，这力量源于他的自信，源于他对自己的了解，源于他对那份职业理想的由衷渴望。

也许我们很多人都应该为Chris的这份疯狂而叫好，因为曾几何时，我们已经忘记了梦想的样子，忘记了那种义无反顾、那种热血沸腾。现在很多大学生朋友还没开始求职，就已经对自己没有什么信心，不敢招架“宝洁”或“四大”的三招五式，或者拼命往稳定的事业单位挤，美其名曰“面对现实”，实际上是不敢点燃胸中的那份热情。青春是属于希望和奋斗的，像Chris那样拖家带口还仍然向往着新的生活和理想，刚出校门的我们，还有什么可惧怕的，失败不能从我们这里带走什么，只会送来走向成功的经验。

当然，我从来不认为Chris是真的“痴人说梦”。他的确有特长，而且这些特长恰恰可以帮助他成为一个好的证券经理人。在这里又有一点要提醒大家，想知道什么样的职位需要什么素质，自己是不是符合，就要真正去和做这份工作的人交流。不在其位的人，永远不能切实体验到岗位的实质。

Chris这一点做得很好，他曾在证券所大楼下拦住一个刚从小轿车上下来的人，问他“How did you do it?（你是怎么做的?）”对方回答他说，只要擅长处理数字并且懂得怎样搞好人际关系，就可以做好一个证券经理人。

简单几句话，切中实质，Chris如获至宝，因为他了解了胜任这个职位的核心素质要求

——数学能力、人际关系能力。而这两条他都具备：他从小到大的数学成绩一直很好；至于人际关系能力，他可是一名不错的推销员，的确他的客户最终掏钱的很少，但他们都记得他的名字，对他也总是很友好。

知己、知彼，Chris 在成功求职的路上打下了坚实的基础。而接下来，就是考虑怎么跨出第一步了。活生生的你，胜过天花乱坠的简历。

Chris 追击幸福的日子里，生活的困苦从未离开他左右。证券交易所里的老板们虽然说得上喜欢他，但没人了解、也没人愿意了解他的窘境。让人钦佩的是，Chris 一直都很积极乐观，无论是流落街头或者排队去救济中心时，还是在公司被上司指使做各种杂事时，他都从没有过放弃理想的念头。正是这份积极乐观，支撑着他走到了最后，也笑到了最后。

幸福不会无缘无故来敲你的门，我们要做的，就是像 Chris 一样，点燃理想，鼓足勇气，然后加快脚步，去追逐！

实践演练

1. 阅读下面文章，谈谈如何避免让自我介绍落入俗套？

作为一名资深的人力资源工作者，我参与过很多次公司的人员招聘，很多求职者在自我介绍环节中都表现得毫无新意，千篇一律。那么，如何做自我介绍才能吸引面试官呢？结合例文，谈谈我的感受。

【例文】

自我介绍

尊敬的各位面试官：

大家下午好！我叫×××，来自河北保定，毕业于江南大学，是一名环境工程专业的硕士，很荣幸有机会参加这次面试，向各位介绍努力、细心、负责的我。我在大学期间成绩优秀，曾三次获得校级一、二等奖学金；本科期间，担任过学习部部长，组织了各项活动，由于办事靠谱儿、认真负责，得到了老师、同学的一致好评。在班级投票推送优秀团员时，三次以绝对优势胜出，并获优秀学生会工作者、优秀学生干部标兵等称号。研究生期间，担任过党支部书记，也参与了一些环境工程项目，负责编写工艺方案以及现场调试，锻炼了组织协调能力、沟通能力，也让我认识到了工作中不仅需要宏观把握，并且细节能决定成败。我在工作中能够像个女汉子一样吃苦，在生活中又能很文艺，爱好摄影、旅游、平面设计。我想，这样的我在今后不断的学习过程中，能够很好地适应工作环境，出色地完成任务。希望能够有机会进入××公司工作，为企业创造价值，为社会做出贡献。

【评析】

“尊敬的各位面试官：大家下午好！我叫××，来自河北保定，毕业于江南大学，是一名环境工程专业的硕士，很荣幸有机会参加这次面试，向各位介绍努力、细心、负责的我。”

求职者的这段话表达得中规中矩，但中间还是有不少可圈可点之处。首先，面试者向考官们问好，这一点没有问题，紧接着，面试者就介绍了自己的姓名、籍贯、毕业院校、专业背景等基本信息，这其中就有不少值得进一步推敲的地方。其中，面试者的籍贯信息需要在自我介绍中进行报告吗？我的观点是不一定，需要分情况考虑。例如在这篇自我介绍中，如

果面试者应聘的单位也在河北保定，我觉得在自我介绍中报告自己的籍贯是有必要的，因为可以在一定程度上发挥地缘优势；如果面试者应聘的单位并不在河北保定，比如在广州深圳，那么，面试者依然报告自己的籍贯，就可能会引起考官对其现实性需要的关注（如住房问题、户口问题等），这可能对于面试者来说是个不必要的麻烦。

其二，在面试官报告了自己的姓名、学校、专业等基本信息后，最好能够紧接着报告自己应聘的岗位，如“我今天应聘的岗位是……”，这是个关键信息，可以使考官们在听面试者自我介绍的时候更加有针对性一些。

其三，这位面试者在自我介绍中的这种概括，“向各位介绍努力、细心、负责的我”，我以为是可取的，是值得其他面试者学习和借鉴的。紧接着，顺理成章的一种不错的做法是，面试者在下面的具体介绍中，完全可以以“努力、细心、负责”为关键词，分三个层次，从学习、生活和工作中的一个或多个方面具体介绍（当然最好是工作方面，因为据我所知这位面试者毕竟已经有了一年的工作经验）。如果能这样做，可能就更好了，但是我们关注到这位面试者后面并没有按照我们所设想的思路继续说下去，这或许有些遗憾。我们接着来看一看她是怎么说的：

“我在大学期间成绩优秀，曾三次获得校级一、二等奖学金；本科期间，担任过学习部部长，组织了各项活动，由于办事靠谱儿、认真负责，得到了老师、同学的一致好评。在班级投票推送优秀团员时，三次以绝对优势胜出，并获得优秀学生会工作者、优秀学生干部标兵等称号。研究生期间，担任过党支部书记，也参与了一些环境工程项目，负责编写工艺方案以及现场调试，锻炼了组织协调能力、沟通能力，也让我认识到了工作中不仅需要宏观把握，并且细节能决定成败。我在工作中能够像个女汉子一样吃苦，在生活中又能很文艺，爱好摄影、旅游、平面设计。”

这是求职者这篇自我介绍的主体部分，也是写得最糟糕的地方。首先，这位面试者在这段话中，讲的几乎全部是其在校的情况，主要包含了学习上的一些情况和学生干部工作上的一些情况，而作为一个已经工作了一年的、有一定工作经历和工作经验的面试者，却对其工作方面的情况只字未提，这可以说是这篇自我介绍最大的败笔。其次，就这段自我介绍而言，总体上给考官们最大的感觉就是内容十分混乱，东拉西扯，好像是一个即兴的自我介绍（即便是这样，也做得很不好），考官们大多都不会相信，这是面试者经过精心准备的，这不仅影响面试者在自我介绍这个环节的成绩，而且会给考官们留下非常糟糕的印象。

接下来，我们就一句一句具体进行分析。其一，面试者说自己“在大学期间成绩优秀，曾三次获得校级一、二等奖学金”，我们都知道，大学都是四年、八学期，而你才三次获得奖学金，给考官们的印象，你的成绩并不是最优秀的，倒不妨说“曾多次获得校级一、二等奖学金”；此外这位面试者既然已经工作了，考官们更关注的可能不是面试者当年的学习成绩，而是她如何学以致用的，这一点很重要，但这位面试者并没有在自我介绍中说明。

其二，面试者说自己“本科期间，担任过学习部部长，组织了各项活动，由于办事靠谱儿、认真负责，得到老师、同学的一致好评”，在这句话中“办事靠谱儿”，属于非正式场合的表达，不应该被用在自我介绍这样的正式交流中；此外，面试者“组织了各项活动”，得到了“一致好评”，这里应该把组织了哪些活动概括性地举例一两个，比如学生辩论赛、新老生经验交流会等，应该具体说明，不然会让考官们感觉自我介绍的内容很空洞，

完整地听过之后几乎很少有具体的、实实在在的内容。

其三，面试者接下去说的“在班级投票推送优秀团员时，三次以绝对优势胜出，并获优秀学生会工作者，优秀学生干部标兵等称号”，这句话在“并”的先后，我们会感觉面试者的意思表达的连贯性做得不是很好。

其四，再接下去，面试者介绍到“研究生期间，担任过党支部书记，也参与了一些环境工程项目，负责编写工艺方案以及现场调试，锻炼了组织协调能力、沟通能力，也让我认识到了工作中不仅需要宏观把握，并且细节能决定成败”，给考官的感觉依然是比较混乱，在“担任过党支部书记”和“参与了一些环境工程项目”之间，我们感觉不到联系，面试者把任职和实践混在一起；还有“负责现场调试”可能与“组织协调能力、沟通能力”有关，但是说“编制工艺方案”与“组织协调能力、沟通能力”有关的话，可能就有些牵强了，这会让考官感觉面试者有生搬硬套之嫌。再有，面试者说“认识到了，工作中不仅需要宏观把握，并且细节能决定成败”这一点认识很好，但前面的铺垫仅有单薄的“负责编写工艺方案以及现场调试”这 14 个字，感觉说服力非常不够，完全不足以让考官们信服，反而会让考官们感觉面试者所有的知识、收获都是“无病呻吟”。

其五，面试者在这一部分自我介绍的最后说，“我在工作中能够像个女汉子一样吃苦，在生活中又能很文艺，爱好摄影、旅游、平面设计”，在语言表达上虽显不错，但作为一句承上启下的话，却显失败，放在这里会让人感觉有些唐突，一方面，从面试者前面的介绍中并没有让考官感觉到“女汉子”的吃苦耐劳（甚至丝毫没有），另一方面，从面试者爱好“摄影、旅游、平面设计”也让考官很难把它们与“文艺”联系在一起（通常，文艺视乎和爱好文学、歌剧等更相关一些）。总而言之，通过上述一字一句地细致分析、推敲，可能面试者的这段自我介绍实在是有失一个硕士研究生应有的水准。

最后，我们来看这位面试者自我介绍的结尾部分。

“我想，这样的我在今后不断的学习过程中，能够很好地适应工作环境，出色地完成任务。希望能够有机会进入 × ×公司工作，为企业创造价值，为社会做出贡献。”

首先，有了上面比较糟糕的介绍，现在说“我想，这样的我在今后不断的学习过程中，能够很好地适应工作环境，出色地完成任务”一定很难让考官们放心，而且面试者“很好地”“出色地”等表述也显得不够谦虚，有太过张扬之嫌。其次，在这位面试者自我介绍的最后一句话“希望能够有机会进入 × ×公司工作，为企业创造价值，为社会做出贡献”中，我们也感觉非常的平淡、非常的普通，不够有创意、不够给考官留下深刻的印象，同时“为企业创造价值，为社会做出贡献”的表达也显得不够真诚，会让考官们感觉都是空话、套话，总体的印象不会很好。再次，在面试者自我介绍完以后，如果能够再说一句“以上就是我的自我介绍，谢谢各位考官”可能会更好一些。

通过上述这个完整的例子，我们可以试着做一些总结：自我介绍开头要简洁，力争一开始就能吸引住考官，让考官愿意仔细听你的自我介绍、进一步深入了解你；中间部分要翔实，要有细节，让考官感觉听到了一些具体的内容，并且要注意条件清楚、层次分明，不要让考官们产生过多的疲惫感；最后结尾要说真话，尽可能制造一些亮点，给考官留下一个不错的印象。“风头、猪肚、豹尾”作为总结和概括，不知是否恰当。但愿上述探讨对后来的面试者是有益的。

2. 仔细阅读两篇面试实录，并分小组模拟面试。

宜家——人性化的瑞典企业

★宜家小档案★

全称	宜家家居（IKEA）
成立时间	1943 年
创始人	英格瓦·坎普拉德
总部	瑞典
主管业务	家具用品零售
企业文化	人性化、简单、方便、自给自足

★宜家招聘流程★

(1) 网上申请：登录宜家官方网站的招聘页面填写个人简历。

(2) 笔试：考查面试者的服务意识和各种基本技能。

(3) 小组面试和小组合作：几个人或十几人同时参加面试，考官为人事助理和人事主管，面试后进行组装家居的合作活动。

(4) 单独面试：一般为两轮，分别由部门经理和高层经理进行。

【宜家面试实录】

毕业后能到宜家工作是小葛的心愿，因为她觉得宜家是最人性化的企业，她希望可以在那样的氛围中发展自己的事业。从参加宣讲会到最终拿到通知，小葛的面试过程很顺利。让我们跟随小葛一起看看宜家的面试过程吧。

听说宜家要来我们学校做宣讲会，我赶紧准备了一份简历。以前跟老爸老妈一起逛过几次宜家家居，从卖场的商品就能感觉到浓厚的人性化氛围。比如沙发可以随意试坐，甚至靠垫都已经摆好了；随处都可以找到量尺寸用的纸质量尺和记录中意商品取货位置用的铅笔和纸张；每一个家居系列都用一个人名来命名等。因此，我相信宜家的工作环境肯定也是相当不错的。

宜家的宣讲会跟其他外企的宣讲会差不多，都是介绍企业文化、工作环境、职位并回答同学们提出的问题。宣讲会结束后，很多同学都蜂拥到那几个收简历的桌子前，我也挤了过去排在队中。我排队的那张桌子后面是个漂亮的姐姐，我把简历交给她并问她：听说宜家的面试不需要穿正装，是吗？她笑着说：宜家的工作环境很轻松，即使是上班也不用穿正装的。几天后，我收到了宜家的笔试通知，后来一问才知道，那天投简历的同学多数都被通知去笔试了，看来简历并不是宜家选人的标准，这里也可以看出宜家的人性化。本来也对，只凭几张纸怎么能轻易地决定一个人呢！这使得我对宜家的印象更好了。

笔试的考场都是电脑，原来是上机考试。笔试的题目很宽泛，有很大的一部分是关于性格的测试。还有一些是数学和其他相关能力的测试。认真做完所有的试题，我就回寝室开始了等待。又过了几天，我接到了宜家的电话，通知我去一面。参加一面的同学一下子就少了很多，大概 90% 的人都被筛掉了，想想还真是后怕啊。

面试当天有一辆宜家的大巴到学校接我们，来的工作人员还善意地告诉我们每个人准备

一个英文的自我介绍。因为之前确认了面试不需要穿正装，于是我就像平常一样穿戴，化了一点淡妆，我想这样比较符合宜家的企业文化，可能会拉近与面试考官的距离。结果上车一看，80%的人都穿便装，看来大家都势在必得啊，竞争一定会很激烈。

到了宜家，所有的面试者每个人都得到了一个不同颜色的牌子，然后接待我们的工作人员让拿着相同颜色牌子的人站在一起，就这样很自然地给我们分了组，估计可能跟笔试成绩有关吧。面试是以组为单位进行的，我这组一共是6个人。首先我们被要求做英文的自我介绍，然后还要从前面的小册子里选择两样家居进行英语描述，这部分每个人是五分钟。在描述的过程中，所有的面试考官都细心观察并不时地做笔记。接下来就是比较常规的面试题，比如人事方面的或者对宜家的看法等，是全英文的，因为面试考官有好几个都不是中国人。上午进行的最后一个环节就是写一篇英文文章，内容同样是对宜家的认识和看法。

吃过午饭后，下午还有一个环节是小组讨论，给我们一个问题让大家讨论出一个解决方案来，这也是全英文的，同样有多个考官在旁边观察并记录。小组讨论之后，这天的面试结束了。面试过程中我最大的感受就是面试考官话并不多，甚至似乎只是配角一样，他们会给面试者充分的自我表现空间。

三天之后，我又接到了宜家的电话，要求我去参加二面。二面很特别，在一个大会议室里，二十多个参加面试的人和十几个面试考官坐在一起，这些考官分别是四个不同部门的主管、经理。大家互相提问、聊天，气氛很融洽。在谈话的过程中，我看到每位主管面前都有纸和笔，他们可能会观察每个人的表现并打分。我最感兴趣的是人事部，因为我本来就是学人力资源的。他们对我提出的问题都给了很详细的解释并对我提了一些比较基本的问题。总之，我感觉宜家的面试并不像其他企业那样应试感很强，反而更像是随意的相互了解的过程，真不愧是人性化的瑞典企业！

过了一个月，我如愿地拿到了宜家的录用通知。

点评：宜家的这种随性的面试方式，可以让面试者感觉轻松而易于表现出真实的自己，这不仅对企业来说是很重要的，对面试者来说也是很有意义的。有些人觉得自己一定要进入某某公司才能如意，其实面试本来就是双选过程，不选最好的，只选最适合自己的。因此，参加面试的时候要保持一颗平常心，没有必要强迫自己一定要做得怎么样。

西门子股份公司面试全程实录与解析

（1）西门子股份公司情况简介

西门子股份公司（SIEMENS AG FWB：SIE，NYSE：SI）是世界最大的机电类公司之一，1847年由维尔纳·冯·西门子建立。如今，它的国际总部位于德国慕尼黑。西门子股份公司是在法兰克福证券交易所和纽约证券交易所上市的公司。2005年，西门子股份公司全集团在190个国家和地区雇用员工460 800人，全球收入为754.45亿欧元（2004年为702.37亿欧元），税后利润较2004年的36.6亿欧元降至24.2亿欧元。

（2）西门子股份公司招聘的特点

1）喜欢招聘年轻人。

2）管理者是热门人才。

3）西门子股份公司的招聘人员都是经过专业训练的，包括业务经理，都需要通过面试培训才能参加招聘。比如，如果想了解求职者的学习能力怎么样，他们可能具体会问你是如

何学习的、学过哪些东西、当时具体的情况是怎么样的，这样更能确定求职者简历的真实性。

4）西门子股份公司会对每一个求职者进行几轮的面试，从不同侧面考查求职者。

（3）西门子股份公司招聘的人才标准

1）重视相应的技术知识，这是适应电子、光电技术竞争的基础。其中，包括技术知识、业务流程知识、商务知识和市场知识。同时，还必须了解业务的整个流程，而要赢得全球激烈的市场竞争，还必须具备基本的市场与商务知识。

2）重视求职者的经验，包括专业经验、项目管理经验、领导经验和跨文化的经验。

3）尤为重视能力，包括专注于事情的能力、制造影响的能力和推动事情的能力以及带动下属或团队协调的能力。

（4）西门子股份公司招聘面试流程

1）发布招聘信息。

2）通过 ATS 软件系统的跟踪软件筛选简历，然后将符合要求的求职者的简历发给相关部门。

3）部门经理讨论面试方案。

①根据不同的职位制定不同的招聘方案。例如招聘软件工程师这种专业性比较强的职位时，一般先由业务部门进行面试，因为他们更了解技术要求、业务状况。个别时候会有笔试。如果招聘的是适用面比较广的职位，比如秘书，申请的人会很多，一个职位有成百上千的应聘者，就会先筛选简历，然后进行电话面试。招聘人员会在电话里了解应聘者的英文能力、交流能力等，觉得比较合适的人再请过来面试。

②一个面试最长 2 个小时。要进西门子这样的公司可能需要进行 2 ~ 3 次的面试，根据职位的不同，可能有的人会经过更多的面试考察。人事部重点考察能力部分，业务部门考察经验和知识部分。

③西门子股份公司强调多侧面、多角度地了解应聘者，大家在面试之后会进行交流，谈谈对这个人的感觉，什么地方比较不错、什么地方有待提高。西门子股份公司面试的时候遵循的是"more eyes principle（多眼制）"，更多的人从不同角度去看一个人，大家交换不同的看法，最终形成一个共同的结论。

（5）进入试用期

西门子股份公司一般和员工签订 3 年的合同，根据我国《劳动法》，最长有 6 个月的试用期，在这 6 个月中进一步考核一个人。直到试用期结束，招聘工作才算是完成（解聘或者聘用）。

（6）资深 HR 点评

西门子股份公司中国区人事经理、西门子股份公司上海分公司人事部顾问：

为了招聘到尽可能完美的人才，我们的面试原则采取了独特的"多眼制"。因此，求职者在面试时不仅要通过人事主管、线上经理的考察，同时还将会面对第三个面试官的考核。第三个面试官会是谁呢？他可能是一位有经验的线上经理，也有可能是有经验的人事顾问。因为如果面试官只是一个人的话，可能会受到个人喜好因素的影响，有很大的主观性，所以西门子股份公司采用的是至少"四眼制"。

人事部考核的主要是求职者的竞争力和社交技能；部门主要考核的是求职者相关业务知

识和技能。当招聘重要职位，人事和部门负责人难以达成共识时，就会由第三个、第四个有经验的人从更客观的角度来做出评判。

一般来说，通常的岗位都是采用面试的方式来对求职者进行考核，但对于像综合管理、销售等特定的岗位，可能会通过评估中心进行集体评估，问卷回答、案例操作、情景面试各种方式及综合表现对他的个人能力和素质做出判断。一般来说，只有招聘团队的 leader，或者大客户的经理时才会采用这种比较特殊的评估。

在我们面试的过程中，还会遇到一些求职者，同时应聘我们公司的许多职位，有些求职者甚至都没看清职位的要求就已经投简历了，这些都是很不可取的。我们会认为这些求职者在选择职位时没有针对性，致使整个招聘流程变得比较长，也降低了他求职的成功率。

我们企业很少用到笔试这一个招聘形式，只有一次招一大批人时，可能会有个简单的英文笔试。或者针对具体部门也会考核求职者的计算机能力、英语能力。比如要考核公关人员，会看他这个工作应具备的中英文写作能力、翻译能力，会考查中译英、英译中的水平，甚至写篇简单的报道。

3. 阅读笔试实录二则，讨论并总结笔试技巧。

电子通信类企业笔试实录——三星电子

三星的笔试采用的是三星引以为豪的三星 GSAT 测试方式。GSAT 的全称叫 Global Samsung Attitude Test，直接翻译叫“三星全球态度测试”，中文叫“三星工作能力测试”。GSAT 是三星全球招聘用的测试题，有三星总部的一个研究院专门负责题目的设计与批阅。所有进入三星的员工都必须参加测试，同时将试卷空运回韩国三星总部批阅，结果需要 1 ~ 2 周才能出来。另外，每套 GSAT 题目都是严格保密，不向外透露，也仅供三星招聘之用，而且阅卷标准和要求标准也是保密的，具体需要多少分通过也没有人知道，这个标准由韩国总部制定。

【邱丽的回忆】

全国三星笔试在同一时间进行。进入考场前需要在考场外张贴的考生名单里查询到自己的名字，记住自己的序号，然后到门口进行严格的身份确认，之后按照工作人员安排的顺序坐到自己的位置上。而且考场内有三名带着三星工作牌的监考人员负责考场的事务并负责监考。

时间差不多的时候，工作人员会告诉你关闭手机、收起与考试无关的计算器、资料等，把身份证和学生证放在桌子的左上角并提示你有专门的设备计时。并会向你分发一红一蓝两张答题卡，并引导你填涂答题卡的基本信息。

之后，工作人员向你发放厚达 39 页的封面蓝色印有三星 LOGO 的试题册，并告知你未收到指令不得答题，你只需要在封面写上姓名和身份证号码之后静坐等待指令。

在我一脸茫然等待通知的时候，收音机里突然传来一系列的指令并提醒必须按指令做。事实证明三星公司并不是做做样子的，我所在的考场里确实有人因为不符合规定而被请了出去。

试题册共分三部分，包含数字计算类题和逻辑推理题。其中每一部分各 25 道题，能力测试的第一部分为 25 分钟 25 道题，能力测试的第二部分是 22 分钟 25 道推理题。第三部分的性格测试有 125 道题，共 50 分钟完成。严格遵守时间规定，让你做第一部分你不能做第

二部分的题；同理，做第二部分的时间里你不能做第一部分。

当收音机里那声“开始”的指令发出时，全场的应聘者都开始紧张地翻看试卷并快速答题。所有的题目都是选择题，答题卡都需要填涂。25道题仅25分钟时间，另外题目也不会有太简单的弱智题目。当然也有一定的技巧性，比如部分题目不需要求出真实大小，你只要能估计出大概值就可以了。逻辑推理题25题而且只有22分钟。里面有数字规律题、图形题、数据分析计算题、案例分析题等。做的时候才发现确实是很有挑战性的题目！最后第一部分做了22道题，第二部分才做了十几道，中间由于时间紧迫，着急得还用橡皮擦错了题，也不知道对不对，就瞎涂上了……

我觉得以后谁做三星的笔试题一定要把相对比较简单的题目全做了，绝对不能在一些难题或烦琐题目上纠缠。题目是很难做完的，所以不要想着做完所有题目。但有一点要提醒的是：每一部分的题目都要做一些，因为据说他们要求每一部分的得分有一个最低分。就是说如果你计算题满分，而逻辑题零分是不行的，这也是他们严格控制每一部分答题时间的原因。

银行类企业笔试实录——中国国际金融有限公司

中国国际金融有限公司笔试内容主要考查专业知识和报告写作，试题的专业性非常强，没有常规的能力测试、性格测试、逻辑推理等，而是要直接回答专业问题，例如：财务、金融、投资银行方面的知识。后者要求求职者根据材料写出报告或者是分析文件等。可以说要求具备很高的专业知识，特别重视应聘者的会计和金融方面的专业知识。同时，对英语也有很高的要求，是采取全英文的写作形式。

以下为参加过该公司笔试的应聘者的回忆。

【廖晓辉的回忆】

笔试总共三道大题，是纯粹的英语考试，全都是英文的材料和问题。第一道题是给出一家上市公司的财务报表，让你计算一些财务比率，并与该公司往年的数据以及整个行业的相关比率进行综合比较，然后写出一份财务分析报告，要求用英文书写。第二道题是根据所给的英文材料写一篇不少于800字的英文报告，题目是预测2006年的美国经济走势。第三道题是根据所给的英文材料分析影响联通IPO上市的因素，用英文写，不能少于400字。

我个人觉得时间比较紧张，因为需要阅读的英文材料特别多，大约一半的时间都用在了阅读材料上。都说中金公司非常重视应聘者的会计和金融方面的专业知识，从笔试题目就可以看出来。因为第一道题对于没有学过会计或财务相关知识的人做起来就非常费劲，甚至一点都不会了。

记得当时我一看到题目，马上就傻眼了，全是会计专业的内容，一上来就要你根据资料编3张报表，接下来就是比率计算、财务分析，然后就是编分录题，最后是关于内控的一些知识。我很后悔没有学好专业课，其实考题并不难，主要还是心态的问题，只要调整好心态认真准备就可以了。

【刘明慧的回忆】

考试大概持续了3个小时，这期间做了5个阅读理解、3个完型填空，还有把两篇长文章分成20多个小段打乱顺序，让你重新排序。

阅读题：前两段的篇幅比较长，问题也多，但并不难做；后面的3段材料稍微短些，每

篇材料两个问题。

段落填空题：第 1、3、5、7、9、11、13、15 段给出，其余的 7 段被打乱了顺序后放在后面，另外还多了一段错误的。

后面的一道题是填空题，也是 7 个句子空着，给你 8 句可以选。完形填空题、找错题等都是非常普遍的题型。

综合分析题：最后是一篇 3 页的英文投资报告，要求阅读完之后用中文再简述一遍，然后根据报告回答 4 个英语问答题。

学习情境二　进行调研工作

任务1　进行市场调研

情境导入

我国××市场发展迅速，产品产出持续扩张，国家产业政策鼓励××产业向高技术产品方向发展，国内企业新增投资项目逐渐增多。投资者对××市场的关注越来越密切，这使得××市场越来越受到各方的关注。请你以国内某企业负责人的身份，围绕上述问题做市场调研。

调研报告侧重行业宏观发展研究分析，从行业现状、产品市场、技术水平、产业链运行、产业政策、企业竞争、产品进出口、行业投资等角度对××市场的发展进行细致研究。通过专家访谈定性分析和统计数据定量分析来揭示××市场当前发展的规律、特点、存在问题，在此基础上提出相应的建议。

第一时间准确获取××市场发展深度分析研究，是领先竞争对手的关键，通过调研报告，可以深刻洞悉本企业所处的市场现状及未来趋势动向，通过制定先发制人的竞争战略，在激烈的市场竞争中取得优势。

任务描述

柯达公司蝶式相机是怎样推向市场的？

以彩色感光技术先驱著称的美国柯达公司，目前产品有3万多种，年销售额100多亿美元，纯利在12亿美元以上，市场遍布全球各地。其成功的关键是重视新产品研制，而新产品研制成功即取决于该公司采取的反复市场调研方式。以蝶式相机问世为例，这种相机投产前，首先由市场开拓部提出新产品的意见，意见来自市场调研，如“大多数用户认为最理想的照相机是怎样的”“重量和尺码多大最适合”“什么样的胶卷最便于安装使用”。根据调研结果，设计出理想的相机模型，提交生产部门对照设备能力、零件配套、生产成本和技术力量等因素考虑是否投产。如果不行，就要退回重新设计和修改。如此反复，直到造出样机。样机出来后进行第2次市场调研，检查样机与消费者的期望还有何差距。根据消费者意见，再加以改进，然后进入第3次市场调研。将改进的样机交消费者使用，在得到大多数消费者的肯定和欢迎后，交工厂试生产。产品出来后，再交市场开发部门进一步调研，新产品有何优缺点？适合哪些人用？市场潜在销售量有多大？定什么样的价格才能符合多数家庭的

购买力？待诸如此类问题调研清楚后，正式打出柯达牌投产。因为经过了反复调研和论证，蝶式相机一推向市场便大受欢迎。

【评析】

在激烈的市场竞争中，不断推出新产品占领市场是企业的重要竞争手段之一。要开发出让消费者接受的新产品，就必须了解消费者到底需要什么，新产品能满足消费者哪方面的需求，消费者这方面的需要是否强烈，企业是否有能力开发。同时，新产品开发出来后，是否能达到设计的要求，是否能让消费者满意，是否能及时投放市场，投放后市场反应怎样……企业要知道这些问题的答案，就必须自己或委托市场调研机构开展市场调研。

现实生活中，众多的企业都已经意识到了市场调研的重要性，特别是新产品开发，但许多企业习惯于一些传统的管理思维模式，对于市场调研搞“一锤子”买卖，认为调研一次就可以一劳永逸，这就导致了许多企业开发的新产品投放市场不久就无影无踪，得不到市场的认可，从而自动退出市场，使企业开发成本都收不回来。其实，新产品开发是一个连续的过程，它必须有连续的市场调研资料作依托，柯达公司蝶式相机推向市场且受到欢迎，就是一个最好的例证。

柯达公司为保证蝶式相机的开放与投放，从设计—样机—试产—投放，先后进行多轮的市场调研，反复论证一个问题：产品是否能达到消费者的期望。根据调研的结果，反复修正，因此，蝶式相机一推向市场便大受欢迎。

从柯达公司推出蝶式相机可以看出，市场调研的作用是非常重要的，其过程是一个连续的、跟踪的、反复的调研过程。需要说明的是，在这一个过程中，调研的主题、内容、范围、形式等是变化的。

思考讨论

结合所学的市场调研理论、管理学理论分析回答下列问题。

1. 案例中，柯达公司的市场调研涉及哪些内容？
2. 案例中，柯达公司市场调研的方法是什么？
3. 如果你是一名企业管理者，本案例对你有什么启示？
4. 请根据案例材料，设计出一份调研提纲。

案例导引

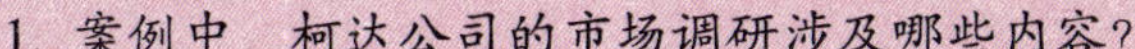

案例1　可口可乐：一次市场调研失败的教训

1. 可口可乐与百事可乐的较量——百事可乐以口味取胜

20世纪70年代中期以前，可口可乐一直是美国饮料市场的霸主，市场占有率一度达到80%。然而，70年代中后期，它的老对手百事可乐迅速崛起，1975年，可口可乐的市场份额仅比百事可乐多7%；9年后，这个差距更缩小到3%，差距微乎其微。

百事可乐的营销策略是：

1）针对饮料市场的最大消费群体——年轻人，以“百事新一代”为主题推出一系列青春、时尚、激情的广告，让百事可乐成为“年轻人的可乐”。

2）进行口味对比。请毫不知情的消费者分别品尝没有贴任何标志的可口可乐与百事可乐，进行口味对比，同时百事可乐将这一对比实况进行现场直播。

结果是，有八成的消费者回答百事可乐的口感优于可口可乐，此举马上使百事可乐的销量激增，百事可乐以口味取胜。

2. 耗资数百万美元的口味测试——跌入调研陷阱

对手的步步紧逼让可口可乐感到了极大的威胁，它试图尽快摆脱这种尴尬的境地。1982年，为找出可口可乐衰退的真正原因，可口可乐决定在全国10个主要城市进行一次深入的消费者调查。

可口可乐设计了“您认为可口可乐的口味如何?”“您想试一试新饮料吗?”“可口可乐的口味变得更柔和一些，您是否满意?”等问题，希望了解消费者对可口可乐口味的评价并征询对新可乐口味的意见。调查结果显示，大多数消费者愿意尝试新口味的可乐。

可口可乐的决策层以此为依据，决定结束可口可乐传统配方的历史使命，同时开发新口味可乐。没过多久，比老可乐口感更柔和、口味更甜的新可乐样品便出现在世人面前。为确保万无一失，在新可乐正式推向市场之前，可口可乐又花费数百万美元在13个城市中进行了口味测试，邀请了近20万人品尝无标签的新/老可乐。结果让决策者们更加放心，六成的消费者回答说新可乐味道比老可乐要好，认为新可乐味道胜过百事可乐的也超过半数。至此，推出新可乐似乎是顺理成章的事了。

3. 背叛美国精神——新可乐计划以失败告终

可口可乐不惜血本协助瓶装商改造了生产线，而且，为配合新可乐上市，可口可乐还进行了大量的广告宣传。1985年4月，可口可乐在纽约举办了一次盛大的新闻发布会，邀请200多家新闻媒体参加，依靠传媒的巨大影响力，新可乐一举成名。

看起来一切顺利，刚上市一段时间，有一半以上的美国人品尝了新可乐。但让可口可乐的决策者们始料未及的是，噩梦正向他们逼近——很快，越来越多的老可口可乐的忠实消费者开始抵制新可乐。

对于这些消费者来说，传统配方的可口可乐意味着一种传统的美国精神，放弃传统配方就等于背叛美国精神，“只有老可口可乐才是真正的可乐。”有的顾客甚至扬言将再也不买可口可乐的产品。

每天，可口可乐都会收到来自愤怒的消费者的成袋信件和上千个批评电话。尽管可口可乐竭尽全力平息消费者的不满，但消费者的愤怒情绪犹如火山爆发般难以控制。迫于巨大的压力，决策者们不得不做出让步。

案例2 丰田进军美国

1958年，丰田汽车首次进入美国市场，年销量仅为288辆。丰田进入美国的第一辆汽车为一种试验型客车，这种汽车存在着严重的缺陷：引擎的轰鸣像载重汽车，车内装饰粗糙又不舒服，车灯太暗不符合标准，块状的外形极为难看。并且该车与其竞争对手大众甲壳虫汽车1600美元的价格相比，它的2300美元的定价吸引不了顾客。结果，只有5位代理商愿意经销其产品，而且在第一个销售年度只售出288辆。1960年，美国汽车中心底特律推出了新型小汽车Falcom、Valiant、Corvair与大众甲壳虫竞争，尽管丰田并非底特律的竞争对手，但由于美国方面停止进口汽车，迫使丰田紧缩业务市场。

面对困境，丰田不得不重新考虑怎样才能成功地打进美国市场。它制定了一系列的营销战略。其中最重要的一步就是进行大规模的市场调研工作，以把握美国的市场机会。

调研工作在两条战线上展开：

1）丰田对美国的代理商及顾客需要什么，以及他们无法得到的是什么等问题进行彻底的研究。

2）研究外国汽车制造商在美国的业务活动，以便找到缺口，从而制定出更好的销售和服务战略。

丰田通过多种渠道来搜集信息。除了日本政府提供信息外，丰田还利用商社、外国人及本公司职员来收集信息。丰田委托一家美国的调研公司去访问“大众”汽车的拥有者，以了解顾客对“大众”汽车的不满之处。这家调研公司调查了美国轿车风格的特性、道路条件和顾客对物质生活用品的兴趣等几个方面。从调查中，丰田公司发现了美国市场由于需求趋势变化而出现的产销差距。

调查表明，美国人对汽车的观念已由地位象征变为交通工具。美国人喜欢有伸脚空间、易于驾驶和行驶平稳的美国汽车，但希望购车、用车所花代价大幅降低，而且汽车节能、耐用和易保养。丰田还发现顾客对日益严重的交通堵塞状况的反感，以及对便于停放和比较灵活的小型汽车的需求。

调查还表明，大众甲壳虫汽车的成功归因于它所建立的提供优良服务的机构。由于向购车者提供了可以信赖的维修服务，大众汽车公司得以消除顾客所存有的对买外国车花费大，而且一旦需要维修时却经常买不到零配件的忧虑。

根据调查结果，丰田的工程师开发了一种新产品——皇冠牌（Crown）汽车，一种小型、驾驶和维修更经济实惠的美国式汽车。

经过不懈努力，到1980年，丰田汽车在美国的销售量已达到58000辆，两倍于1975年的销售量，丰田汽车占美国所进口的汽车总额的25%。

知识平台

一、市场调研的概念

市场调研，是指为了提高产品的销售决策质量、解决存在于产品销售中的问题或组织根据特定的决策问题运用科学的方法，有目的收集、统计资料及报告调研结果的工作过程。

意义：市场调研对于营销管理来说，其重要性犹如侦查之对于军事指挥。不做系统客观的市场调研与预测，仅凭经验或不够完备的信息，就做出种种营销决策是非常危险的，也是十分落后的行为。

二、市场调研的重要性

作为市场营销活动的重要环节，市场调研给消费者提供一个表达自己意见的机会，使他们能够把自己对产品或服务的意见、想法及时反馈给企业或供应商。通过市场调研，能够让该产品生产或提供服务的企业了解消费者对产品或服务质量的评价、期望和想法。具体来看，市场调研对营销管理的重要性表现在五个方面：提供作为决策基础的信息、弥补信息不足的缺陷、了解外部信息、了解市场环境变化、了解新的市场环境。

三、市场调研的流程

1）确定市场调研的必要性。

2）定义问题。

3）确立调研目标。

4）确定调研设计方案。

5）确定信息的类型和来源。

6）确定收集资料。

7）问卷设计。

8）确定抽样方案及样本容量。

9）收集资料。

10）分析资料。

11）撰写调研报告。

四、市场调研的方法

市场调研的方法主要有以下几种。

1. 实地调研

实地调研可笼统分为询问法、观察法和实验法三种。

（1）询问法　询问法是调查人员通过各种方式向被调查者发问或征求意见来搜集市场信息的一种方法。它可分为深度访谈、小组（焦点）座谈、问卷调查等方法。

采用此方法时的注意点：所提问题确属必要，被访问者有能力回答所提问题，访问的时间不能过长，询问的语气、措辞、态度、气氛必须合适。

（2）观察法　观察法是调查人员在调研现场，直接或通过仪器观察、记录被调查者行为和表情，以获取信息的一种调研方法。

（3）实验法　实验法是通过实际的、小规模的营销活动来调查关于某一产品或某项营销措施执行效果等市场信息的方法。实验的主要内容有产品的质量、品种、商标、外观、价格、促销方式及销售渠道等。它常用于新产品的试销和展销。

实地调研可细化为以下几种方法。

（1）电话访问法　企业内部的销售代表或专业的第三方调研公司的人员通过电话对客户进行有条理的访问。电话访问的优点是：由于采用人性化的、与客户直接的访谈方式，一般会有高的参与度。电话访问的缺点是：由于拒绝率的上升而使效率降低；如果委托第三方专业公司可能涉及较高的费用；更重要的是消费者越来越讨厌接到影响其生活、工作的电话，使得电话访问越来越困难。

传统的电话访问就是按照样本名单，选择一个调查者，拨通电话，询问一系列的问题。访问员（调查员）按照问卷，在答案纸记录被访者的回答。调查员集中在某个场所或专门的电话访问间，在固定的时间内开始访问工作，现场有督导人员进行管理。调查员都是经过专门训练的，一般以兼职的大学生为主，也可以是其他一些人员。

（2）入户访问法　入户访问是指调查员到被调查者的家中或工作单位进行访问，直接与被调查者接触。然后或是利用访问式问卷逐个问题进行询问，并记录下对方的回答；或是

将自填式问卷交给被调查者，讲明方法后，等待对方填写完毕或稍后再回来收取问卷的调查方式。这是目前最为常用的一种调查方法。调查的户或单位都是按照一定的随机抽样准则抽取的，入户以后确定的访问对象也有一定的准则。

（3）拦截访问法　拦截访问是指在某个场所（一般是较繁华的商业区）拦截在场的一些人进行面访调查。这种方法常用于商业性的消费者意向调查中。拦截访问的好处在于效率高。但是，无论如何控制样本及调查的质量、收集的数据都无法证明对总体有很好的代表性。这是拦截访问的最大问题。

（4）小组（焦点）座谈法　小组（焦点）座谈（Focus Group）是由一个经过训练的主持人仔细选择邀请一定数量（6～15 个）的客户，以一种无结构的自然的形式与一个小组的被调查者交谈，了解与客户的满意度、价值相关的内容。这种调研的优点是根据提供的讨论指南和时间表对客户的偏好和顾虑有全面深入的了解，便于与客户建立良好的关系。小组（焦点）座谈法的主要目的，是通过倾听一组从调研者所要研究的目标市场中选择来的被调查者，从而获取对一些有关问题的深入了解。这种方法的价值在于常常可以从自由进行的小组讨论中得到一些意想不到的发现。

这种调查的缺点是：由于调研主持人的偏见而得到有曲解的结果；为了鼓励被调研者的参与，每次小组座谈会的参与人数有限制；如果扩大抽样的人数，所投入的成本就很高。

（5）深度访谈法　深度访谈法是一种无结构的、直接的、个人的访问。在访问过程中，一个掌握高级技巧的调查员深入地访谈一个被调查者，以揭示对某一问题的潜在动机、信念、态度和感情。比较常用的深度访谈技术主要有三种：阶梯前进、隐蔽问题寻探以及象征性分析。深度访谈法主要用于获取对问题的理解和深层了解的探索性研究。

（6）在线访问法　企业利用在线的调查、免费的网上文字评语、在线的调研收集客户的信息。在线访问的优点包括：由于便利而有比传统邮寄调查更高的反馈率；对客户和公司都有成本上的优势；借助软件便于快速分析数据。在线访问的缺点是：如果客户自已发起的在线访问有可能产生扭曲的结果；可能产生不准确的回复（自动回复系统通常自动寻找关键字而发送自动的回复）从而忽略客户顾虑中的细微差别；除非绝大部分客户使用网上渠道提供反馈意见，否则收集的信息不完整。

（7）邮寄/传真调查表调查法　公司通过直邮或传真向抽样的客户进行调研。这种调研的优点包括：由于被访问者有足够的时间回答问题而收集到精确的、高质量的问卷；可提供便于量化的结果；由于大批量邮寄因此成本较低。这种调研的缺点是：调研的完整性取决于被访者的意愿；由于回收率一般较低或迟缓而使统计效果不佳。

2. 特殊调研

特殊调研是有固定样本、零售店销量、消费者调查组等持续性的实地调研，分为投影法、推测试验法、语义区别法等购买动机调研，以及 CATI 计算机调研等形式。

3. 竞争对手调研

“知己知彼，百战不殆”，一句中国最古老的成语勾画出了竞争对手调研的重要性。在市场竞争日趋白热化的今天，不了解竞争市场情况，不认识竞争对手，就意味着没有胜算的机会。

竞争对手调研的根本目标是通过一切可获得的信息来查清竞争对手的状况，包括：产品及价格策略、渠道策略、营销（销售）策略、竞争策略、研发策略、财务状况及人力资源

等，发现其竞争弱势点，帮助企业制定恰如其分的进攻战略，扩大自己的市场份额。另外，对竞争对手最优势的部分，需要制定回避策略，以免发生对企业的损害事件。

五、市场调研的功能与作用

市场调研的功能就是通过市场调研可以得到所需要的信息，主要体现在以下三方面：

一是收集并陈述事实（获得市场信息的反馈，可以向决策者提供关于当前市场信息和进行营销活动的线索）。

二是解释信息或活动（了解当前市场状况形成的原因和一些影响因素）。

三是预测功能（通过过去市场信息推测可能的市场发展变化）。

市场调研的作用主要取决于使用者如何运用调研结果，主要在下面几个方面发挥作用。

1）通过了解、分析提供市场信息，可以避免企业在制定营销策略时发生错误，或可以帮助营销决策者了解当前营销策略以及营销活动的得失，以作适当建议。只有在实际了解市场的情况下，才能有针对性地制定市场营销策略和企业经营发展策略。

在企业管理部门和有关人员要针对某些问题进行决策时，如进行产品策略、价格策略、分销策略、广告和促销策略的制定时，通常要了解的情况和考虑的问题是多方面的，主要有：本企业产品在什么市场上销售较好，有发展潜力；在哪个具体的市场上预期可销售数量是多少；如何才能扩大企业产品的销售量；如何掌握产品的销售价格；如何制定产品价格，才能保证在销售和利润两方面都能上去；怎样组织产品推销，销售费用又将是多少，等等。这些问题都只有通过具体的市场调查，才可以得到具体的答复，而且只有通过市场调查得来的具体答案才能作为企业决策的依据。否则，就会形成盲目的和脱离实际的决策，而盲目则往往意味着失败和损失。

2）提供正确的市场信息，可以了解市场可能的变化趋势以及消费者潜在购买动机和需求，有助于营销者识别最有利可图的市场机会，为企业提供发展新契机。

市场竞争的发展变化日益激烈，而促使市场发生变化的因素很多，如产品、价格、分销、广告、推销等市场因素和有关政治、经济、文化、地理条件等市场环境因素，而这两类因素往往又是相互联系和相互影响的，而且不断地发生变化。

企业为适应这种变化，就只有通过广泛的市场调查，及时地了解各种市场因素和市场环境因素的变化，才能有针对性地采取措施，通过对市场因素，如价格、产品结构、广告等的调整，去应付市场竞争。

对于企业来说，能否及时了解市场变化情况，并适时适当地采取应变措施，是企业能否取胜的关键。

3）有助于了解当前相关行业的发展状况和技术经验，为改进企业的经营活动提供信息。

当今世界，科技发展迅速，新发明、新创造、新技术和新产品层出不穷，日新月异。这种技术的进步自然会在商品市场上以产品的形式反映出来。通过市场调查，可以得到有助于我们及时地了解市场经济动态和科技信息的资料信息，为企业提供最新的市场情报和技术生产情报，以便更好地学习和吸取同行业的先进经验和最新技术，改进企业的生产技术，提高人员的技术水平，提高企业的管理水平，从而提高产品的质量，加速产品的更新换代，增强产品和企业的竞争力，保障企业的生存和发展。

4）满足整体宣传策略需求，为企业市场定位和产品宣传等提供信息和支持。

市场宣传推广需要了解各种信息的传播渠道和传播机制，以寻找合适的宣传推广载体和方式以及详细的营销计划，这也需要市场调研来解决，特别是在高速变化的环境下，过去的经验只能减少犯错误的机会，更需要实时的信息更新来保证宣传推广到位。通常在市场宣传推广时，还需要引用强力机构的市场信息支持，比如在消费者认同度、品牌知名度、满意度、市场份额等各方面提供企业的优势信息以满足进一步的需要。

5）通过市场调查所获得的资料，除了可供了解市场的情况之外，还可以对市场变化趋势进行预测，从而可以提前对企业的应变做出计划和安排，充分地利用市场的变化，从中谋求企业的利益。

相关资讯

一、国内知名调研公司

中创智信（北京）投资顾问有限公司

中创智信（北京）投资顾问有限公司创立于2002年，是国内唯一一家跨机构组成的专业资讯机构，由多家知名机构竞争情报实战专家和资讯管理理论专家携手创建，长期对各行业进行跟踪及数据收集，专注中国市场研究，商业分析、投资咨询、市场战略等，可提供多个领域客观真实的市场研究资料和商业竞争情报，为企业制定策略提供稳定的数据支持。经过多年的积累已成为国内专业的第三方市场研究机构和企业综合咨询服务提供商。

北京中研世纪咨询有限公司（CMRC）

北京中研世纪咨询有限公司（以下简称CMRC中研）是中国本土第一家主营工业制造业市场研究的专业机构。CMRC中研前身是1992年国家统计局批准成立的市场调查研究中心，长期以来为国家各部委和主管单位提供中国工业制造业市场的调查和研究服务。2001年成立北京中研世纪咨询有限公司（使用CMRC中研品牌），正式以公司身份面向社会提供市场调查研究服务。经过20余年的快速发展和行业积累，CMRC中研已经成为中国最权威的工业市场研究机构。

策点市场调研有限公司（CCMR）

策点市场调研有限公司是国内最具竞争力的跨行业市场研究公司。策点市场调研有限公司着力于基础市场数据的采集，为企业决策提供支持，从而让企业更了解市场。策点市场调研有限公司最大的优势是用最优惠的价格给予企业最真实的数据。擅长领域为满意度研究、消费者研究、政府服务研究、市场进入研究、新产品开发研究、房地产专项研究、行业研究等。

央视市场研究股份有限公司（CTR）

央视市场研究股份有限公司（CTR）是中国领先的市场研究公司，成立于1995年，2001年改制成为股份制企业，主要股东为中国国际电视总公司和北京特恩斯市场研究咨询有限公司（TNS）。专注于消费者固定样组、个案研究、媒介与产品消费形态研究、媒介策略研究、媒体广告及新闻监测。可提供连续性的多客户研究，还可以为不同客户提供量身定制的具有针对性的解决方案。

央视-索福瑞媒介研究公司（CSM）

央视-索福瑞媒介研究公司是CTR和TNS合作成立的中外合资公司，拥有世界上最大的电视观众收视调查网络，提供独立的收视率调查数据。该公司致力于专业的电视收视和广播收听市场研究，为中国大陆地区和香港传媒行业提供可靠的、不间断的收视率调查服务。

上海尼尔森市场研究有限公司（AC-Nielsen）

尼尔森公司是全球首屈一指的媒介和资讯集团，尼尔森公司为私营公司，其业务遍布全球100多个国家，总部位于美国纽约。提供全球领先的市场资讯、媒介资讯、在线研究、移动媒体监测、商业展览服务以及商业出版资讯。

北京特恩斯市场研究咨询有限公司（TNS）

由原TNS合并而成的TNS中国是中国专项市场研究公司中的佼佼者，致力于为客户提供可行性市场洞察和基于调研的商业咨询，以帮助客户做出更具成效的商业决策。在消费品、科技、金融、汽车等多个领域为客户提供全面而深刻的专业市场调研服务和行业知识，并拥有一整套先进独特、覆盖市场营销和商业运营所有环节的商业解决方案，其中产品开发与创新、品牌与沟通、利益相关者关系管理、零售与购物者研究和定性研究等更是公司的特色强项。

北京益普索市场咨询有限公司（Ipsos）

益普索市场咨询有限公司于2000年进入中国，目前已经成长为中国最大的个案研究公司之一。益普索在中国拥有专业人员700余名，在北京、上海、广州和成都均设有分公司。专注于营销研究、广告研究、满意度和忠诚度研究、公众事务研究等四大领域的市场研究服务。

新华信国际信息咨询（北京）有限公司（New China Trust）

1992年末，新华信国际信息咨询（北京）有限公司在北京成立，率先在中国开展市场研究咨询服务和商业信息咨询服务，并于2000年推出数据库营销服务。迄今，该公司已发展为中国领先的营销解决方案和信用解决方案提供商。收集、分析和管理关于市场、消费者和商业机构的信息，通过信息、服务和技术的整合，提供市场研究、商业信息、咨询和数据库营销服务，协助企业做出更好的营销决策和信贷决策并发展盈利的客户关系。

零点研究咨询集团（Horizon）

零点研究咨询集团是中国专业研究咨询市场的早期开拓者与当前领导者之一，旗下有“零点调查”（专项市场研究）“前进策略”（转型管理咨询）“指标数据”（共享性社会群体消费文化研究）和“远景投资”（规范的投资项目选择与运作管理服务），提供专业调查咨询服务。零点调查针对不同的客户需求，提供针对性的研究服务，业务主要定位在消费者研究、品牌研究、评估性研究、产品与营销研究四大研究领域。

北京捷孚凯市场调查有限公司（GfK）

公司总部位于德国纽伦堡的GfK集团，是全球五大市场研究集团之一，拥有80年的发展历史。2005年，GfK集团全球年营业收入超过10亿欧元，在全球拥有超过6000人的全职员工，在69个国家和地区设有120多个分公司和分支机构。GfK集团在全球范围内的市场研究业务，涉及专项研究、医疗保健研究、消费电子零研、消费者追踪、媒介研究等五大领域。

北京新生代市场监测机构有限公司

公司成立于1998年，2003年引进外资，成为中外合资企业。该公司从1998年开始持

续跟踪和监测中国市场的变迁，记录中国市场风云变幻，提供市场和消费者洞察，协助客户在商战中制定成功决策。连续研究：连续性的、年度的与单一来源的大众市场研究与分众市场研究。媒介研究：平面媒体研究、电波媒体研究、户外媒体研究、网络媒体研究、新媒体研究。消费研究：行业与市场分析、销售研究、营销研究（品牌/产品/价格/广告/促销）、消费研究、客户满意度研究。

二、中小企业市场调研的实现途径

市场调研是一个令很多中小企业营销管理者感到迷茫的问题：人力上，既没有专职的市调人员，更没有独立的市场部门；财力上，请不起专业的市场调研公司……而市场调研工作又不能不做，不做就不知道你要服务的对象是谁，他在想什么，做什么；不做就不知道自己的竞争对手是怎么做的和将怎么做……

1. 中小企业市场调研的职责担当

中小企业一般没有独立完整的市场部门，关于市场调研工作的职责担当问题，在没有独立的市场部门并且也不打算建立市场部门的情况下，最好把此项工作交由总经理室，并由专职信息人员负责。这样做有三个好处：

1）很多中小企业的销售工作是由总经理直抓或兼管，总经理室作为幕僚单位，有必要把握市场动态，供总经理决策参考。

2）总经理室与总经理最为贴近，便于总经理指导市场调研工作及查阅参考市场信息。

3）总经理室作为公司的“中枢神经”，由它来策划和执行市场调研工作与管理的基本原则不矛盾。当然，在策划调研活动时，必须以市场和销售为导向，并充分听取销售人员的意见和建议。

2. 市场调研的具体执行

市场调研是一项繁杂的工作，即便是具备独立的市场部门、专职的市场调研人员的大公司，市场调研工作也不是由市场调研人员“包干到底”的。市场调研人员的工作是负责策划、组织、指导、控制调研活动，对中小企业而言，具体执行工作可借助于销售人员。

（1）由公司销售人员借工作之便进行调研或临时执行调研任务　销售人员是冲锋在第一线的战士，他们最了解“敌情”，也是最需要了解“敌情”的人，借助销售人员一方面可以节省公司的人力、物力和财力，起到事半功倍的效果；另一方面可以督促销售人员加深对市场的了解。

（2）借助公司的经销商或代理商来完成调研工作　经销商或代理商在做好本地市场这一基本愿望上是与公司完全一致的，在这一前提下，公司可以策划、指导经销商或代理商做好本地区的市场调研工作，包括本地区基本状况、消费者状况、竞争品牌状况调查以及当地媒介状况调查、当地政府、民间活动调查等；同时，实施“动态企划”，抓住机会，巧妙借势，做好在当地的广告、促销活动。这样不仅解决了调研的一大难题，也有助于巩固双方的合作关系。

（3）收集研究二手信息　总经理室不仅应做好市场调研的策划、组织、指导、控制工作，还必须做好二手信息的收集研究工作。很多中小企业虽然订有各种专业报刊，拥有自己的网站，但并未能有效地利用这些宝贵的资源，从中淘金。专业报刊也并非多多益善，订几种综合性、权威性的即可。通过专业报刊，公司可以尽快地了解业界动态。

自己的网站应有效利用，利用网络可以便捷地查询各种有用信息；网上传播省时省力，当前很多专业的市场调研公司已开始利用网站开展调研活动，中小企业也应充分利用自己的网站进行市场调研。

地方报纸及营销类杂志不可或缺。一些中小企业对专业报刊还是相当重视的，但对地方报纸及营销类杂志却不那么热情，这种做法有些欠妥。很多中小型企业的产品仅供当地及周边市场，地方报纸是企业的耳目，有助于企业了解发生在身边的人和事。营销类杂志则向企业打开了一扇学习别人市场调研和营销经验的窗口，只有虚心学习，才能有所进步。

3. 市场信息的消化与吸收

作为公司的专职信息人员，必须具备较强的计划、分析和文字表达能力，及时将市场信息消化、整理，上达主管部门。而作为公司的经营和销售人员，应主动地研究市场，并及时反馈意见，以求改进及更好的配合。

对中小企业来讲，最重要的两个字是“观念”。企业的营销管理者对市场调研重视与不重视，抓与不抓是完全不一样的。

实践演练

做份问卷调查，自拟题目。

围绕生活日用品的购买情况，主要调查出人们为什么要在一些特定的店购买日用品，为什么一些店的生意比较好，而一些店的生意较差。

任务2　撰写调查报告

情境导入

（一）背景资料

某调研中心在2010年6月6日至19日两周时间内采用随机抽样方法，以电子邮件发送调研问卷的形式对××大学在校大学生进行了一次问卷调研活动。此次调研活动内容涉及大学生消费者有关××冰激凌口味、包装、价格等方面的需求。

调研共发出问卷1000份，其中970份得到准确的回复，另有30份各题答案完全雷同，属无效问卷。

资料一　××企业新口味冰激凌大学生市场调研问卷

您好！本次活动是××企业为开发新口味冰激凌所做的调研，我们将主要针对产品的口味、包装、价格等方面内容进行调研。问卷中的问题无所谓对错，请您根据实际情况填写。如果对问卷有任何疑问，您可随时咨询身边的调研人员。最后对您给予××企业的合作与支持表示衷心的感谢！

1. 您比较喜欢哪一种冰激凌口味？

A. 水果　B. 牛奶　C. 巧克力　D. 混合

2. 您在买冰激凌的时候会看重它的包装吗？

A. 非常看重　B. 比较看重　C. 无所谓　D. 不看重

3. 您喜欢怎样的冰激凌包装？

A. 硬塑料袋　B. 纸盒　C. 透明塑料袋　D. 其他

4. 如果在××冰激凌的包装上面有您喜欢的偶像，会不会增加您的购买概率呢?

A. 会　B. 不会

5. 您认为××冰激凌的包装有哪些缺点?

A. 形式造型单一　B. 颜色单调　C. 装饰性差　D. 感觉不够卫生　E. 图案搭配不协调　F. 其他

6. 您选择冰激凌时考虑最多的因素?（请选择前两位）

A. 包装　B. 口味　C. 价格　D. 知名度　E. 有没有名人代言

7. 您一般选择在哪里购买冰激凌?

A. 超级市场　B. 有名的食品店　C. 一般食品店　D. 附近便利店

8. 您一般购买哪个价位的××冰激凌?

A. 0.5元　B. 1—1.5元　C. 2—3元　D. 3元以上

9. 下列哪些因素会使你再次购买我们的××牌冰激凌?（多选）

A. 口味　B. 包装　C. 价格　D. 品牌服务　E. 其他

10. 您认为××的冰激凌应该代表怎样的风格?

A. 传统稳重　B. 时尚动感　C. 热情奔放　D. 高贵优雅

11. 您认为我们××冰激凌还有哪些地方需要改进?

资料二　××新口味冰激凌大学生市场调研结果

1. 在所调研的对象中选择水果口味的人数占总人数的37%，选择牛奶口味的人数占总人数的36%，选巧克力口味和混合口味的各占15%和12%。

2. 在购买冰淇淋的过程中消费者看重包装的比率为49.5%（其中非常看重的占6.2%，比较看重的占43.3%），另外有50.5%的消费者不关注产品包装（其中认为包装无所谓的占45.3%，不看重包装的占5.2%）。

3. 消费者对冰激凌外包装形式的喜好程度分别是纸盒46.4%、透明塑料袋为25.8%、硬塑料袋为24.7%、其他为3.1%。

4. 消费者对偶像是否能增加产品购买的意见比率分别占56.7%和43.3%。

5. 消费者对于××冰淇淋包装存在缺点的选择率分别为形式单一的占33%、装饰性差的占15.5%、图案搭配不协调的占14.4%，其他各类型共占37.1%。

6. 学生购买冰淇淋时考虑的因素所占比率分别为包装13.4%、口味48.5%、价格16.5%、知名度11.3%、有没有名人代言为10.3%。

7. 学生在购买××冰淇淋的时候选择的地点数据分别为超级市场占15.5%、有名的食品店占7.1%、一般食品店占15.5%、附近便利店占61.9%。

8. 学生群体对于价格的选择分别为0.5元的占52.6%、1—1.5元的占37.1%、2—3元的占7.2%、3元以上的占3.1%。

9. 学生认为下面因素能引起他们再次购买企业产品，其比率分别为口味21.7%、包装8.2%、价格46.4%、品牌服务22.7%、其他1%。

10. 消费者对于××冰淇淋应代表的风格中，选择传统稳重的占15.5%、时尚动感的占60.8%、热情奔放的占17.5%、高贵优雅的占6.2%。

11. 学生消费群体认为××冰淇淋产品的改进点最多的为以下几方面，其所占比率分别

为：认为口味需要改进的占40.2%、认为价格需要削减的占26.8%、认为包装需要改进的占15.5%、认为质量需要提升的占5.1%、其他方面的占12.4%。

（二）导入情境

根据以上数据，先作对比研究，然后自拟题目编写一篇调查报告。其具体要求是：

（1）标题简洁、明了，能说明主题。

（2）格式规范，要素齐全。

（3）条理清楚，分析合理，具有逻辑性和可行性。

（4）要求在1500字以上。

任务描述

市场调查报告这一文种，需要掌握的是：调查提纲的写作方法、调查报告的单行标题和双行标题的写法、正文的写法。其中重点是正文中“情况部分”的叙述说明方法。

案例导引

案例1　软件市场调研报告

随着科技的发展，计算机硬件价格每一天都在波动，产品不断更新换代，生产厂商为了吸引消费群体，不断推出各种优惠活动；许多消费者对计算机各部件功能及整体功能的认知水平还较低，甚至对一些部件根本不了解，这也给个别销售者以可乘之机，利用高价格、低配置欺骗消费者；一些消费者对自己需要用的配置功能不够了解，而买到不需要的高价格高配置的产品，在不久产品更新换代时因价格大幅下跌而感觉后悔不已；有些消费者因为不够了解所需商品，而买到比自己需要的配置低的产品，从而给自己的工作生活带来极大不便。

我国的软件产业从20世纪80年代中期开始发展，现已成为一个重要产业部门，是高新技术产业部门的主要生力军之一。我国软件业的发展主要表现为：软件开发研究已从软件人员独立进行步入到软件开发组协作开发的阶段，软件项目已成为投资大、收益高的系统工程项目。

软件业发展需要有一个良好的环境。从我国软件业的发展因素看：首先，软件人才相对较为丰富，十几年的软件发展历程造就了一大批国内软件人才，这些人才不仅发展着民族软件事业，也成为国外软件本地化发展的主要力量。其次，国内经济的快速发展以及计算机的普及极大地推动了中国软件产业的发展，政府大力推行的国民经济信息化建设为软件和信息服务业带来良好的发展机遇，使国内计算机硬件市场高速发展，也造就了潜在的软件市场。国家主导的信息化进程为中国软件业的发展创造了巨大的软件需求，成为软件业发展的主要推动力量之一。

近期，中国软件市场呈现出了一些新的变化和特点。经过对国内软件市场的追踪研究和分析，总结出近期软件市场的总体状况和特点。

首先，软件企业从业务到运作全方位地受到互联网的影响，软件企业纷纷调整策略，以各种方式向互联网靠拢。其次，市场活动频繁，进入××年以来，大部分厂商都致力于策划、开展市场推广活动，推行新理念，发布新产品，同时注重开展市场研究活动。同时，我们注意到，不仅仅是国外大厂商，国内厂商对市场研究的投入也明显加大。第三，与××年同期相比，软件产品的广告和新闻传播投放结构发生了明显的变化，尤其是操作系统的广告

投放量和新闻传播频次，比去年同期有了大幅度增加，主要是由 Linux 与 Windows 的广告宣传数量猛增所带动。第四，软件价格继续走低，软件的低价风潮不断，软件产品的降价行为似乎已经成为厂商使用的常规武器，新上市的产品或者直接定价较低，或者采用各种手段变相降价。第五，××年上半年以来，财务及管理类软件签约行为较多，由此可以看出国内企业的信息化脚步正在加快。如：开恩签约南通醋酸纤维有限公司 ERP 二期实施工程，和佳与河南太行振动机械股份有限公司达成协议，和佳 ERP 将作为河南太行振动机械股份有限公司的 Cims 项目的核心产品；南京新中大签约南京奶业和锦州港务集团；浪潮国强集团与山东德棉集团的签约，J. D. Kdwards 公司与青岛海信计算机有限公司达成协议，提供整套 ERP 系统，恩佳（Scala）的商业管理解决方案公司与武汉 NK 电缆公司签订协议，等等。第六，Linux 的影响和响应者日益增加，虽然目前尚缺乏大规模的应用，但 Linux 受到了产业界的极大重视，众多的 IT 厂商对 Linux 广阔的市场前景充满信心，越来越多的软件厂商积极向 Linux 方向发展。同时，Linux 的应用也在逐步展开。厂商与业界开始把目光投向如何进一步推进 Linux 的发展策略上来。第七，××年春节前后的一段时间以来，人才流动十分频繁，除去常规性的人才流动因素以外，互联网公司对人才的吸引起到了推波助澜的作用，软件公司也在相当程度上受到了冲击，人才流失现象较为严重。第八，年初的时候，由于学生寒假和中国传统节日春节的双重作用，带来了游戏和娱乐类软件的旺季，市场兴隆，取得了不错的销售成绩。最后，政府对打击盗版的重视程度日渐提高，正版软件产品的价格有所降低，消费者的正版意识逐步提高，这些积极因素在很大程度上促进了正版软件的销售和使用，打击了盗版行为，但距离盗版现象被杜绝还有很大的差距，盗版现象依然十分猖獗。

随着世界软件环境的不断发展，以及中国经济实力的不断壮大，中国软件市场的发展趋势主要体现在：

第一，品牌集中度上升，成为激烈市场竞争的必然趋势。巨大的市场潜力和良好的产业发展环境，已经开始吸引了大量的国内外市场进入。第二，应用需求成为软件产品技术的发展趋势。随着软件产业的发展和用户需求的成熟，主流技术将会得到广泛应用，产品技术的差异性减小，以应用需求为核心将成为产品技术发展的重点。第三，嵌入式软件成为操作系统市场发展的驱动力，系统及网络管理软件需求不断升温。随着大型系统网络基础设施和应用系统建设的不断完善，如何有效管理和合理利用系统资源也就成为亟待解决的问题。需求的重点也将由主机管理、存储管理和网络管理等基础架构管理，转向服务管理和业务优化。第四，企业管理软件与电子商务软件市场快速成长。我国有××多万家企业，信息化建设为软件产业的发展创造了非常广阔的市场空间。与此相对应，电子商务建设对软件的需求也越来越迫切，中小企业对软件产品和服务的需求比重增加，信息安全产品供给结构由局部走向整体。目前我国 50% 的中小企业还没有配备计算机，仅有××% 的中小企业开展了不同程度的信息化建设。××预测××年中小企业 IT 应用市场规模将增长××%。从产品结构看，中小企业 IT 市场结构也会由“硬”趋“软”。最后，服务竞争成为软件市场竞争的关键手段，增值化和 E 化是软件市场渠道发展的主要方向。

基于对各软件细分市场的关键成功因素的分析，对中国软件企业竞争优势的评估，以及借鉴其他国家发展软件产业的经验教训，可以考虑分三个阶段发展软件产业。

第一阶段，重点发展面向国内市场的应用软件、软件服务、嵌入式软件、消费类软件和

安全软件。利用庞大的内需应用市场壮大自己的应用软件产业，不但是软件产业迅速发展的捷径，也是软件产业支持国家其他经济领域信息化的重要任务。当然，发展应用软件需要在成熟先进的平台软件之上进行，否则将面临阻碍应用软件技术产业化的一系列问题：稳定性、售后服务、兼容性等。鉴于此原因，如何在此阶段与跨国公司，特别是专于开发操作系统的公司共同合作，形成互利互惠的合作关系即成为重要课题。我国的一些软件企业在这些方面走得比较快，例如，深圳金碟在制造业信息化中与微软操作系统的合作，使得其企业资源管理（ERP）软件迅速地形成了中国自主的知识产权核心技术和产品，其合作模式值得其他软件企业借鉴。

第二阶段，重点发展出口型软件服务，尤其是软件外包出口业务。经过第一阶段的实践、发展和积累，中国软件企业的基本技能应能得到提高和完善，它们将具备较高水准的软件架构设计能力和软件项目管理能力；同时也培养出大批有实战经验的管理和技术人才，从而大大增强在软件服务的国际市场中的竞争力。中国应在第二阶段发展包括软件外包出口业务在内的出口型软件服务。当然，此类业务的发展将面临来自于印度的严峻的挑战；这里不但有人才质量的挑战，还有知识产权保护问题。只有知识产权真正能够得到有效的保护，才能使我国的软件企业赢得来自国外的外包订单。

第三阶段，发展系统软件、办公类软件和软件开发工具，全方位地参与国际竞争。经过前两个阶段的发展，中国的软件企业将掌握领先的技术能力和世界一流的管理能力，在第三阶段全方位地进入国际市场。

总体来看，中国的软件业发展空间很大，市场发展前景很乐观。政府在改善软件企业发展环境方面又有了实质性的进展，为大力支持高新科技产业发展，我国将对科技创新项目和企业赋予更多的财税优惠，其中包括考虑对软件产品的增值税从17%降至6%，有些产品更可实行零增值税制度。这一政策的实施将极大地促进软件企业尽快度过成长期，发展壮大起来，走向产业化、规模化的发展道路。由政策对软件产业特别是国内软件企业的大力扶持也可以看出，政府将软件产业发展成为支柱产业、主导产业的决心正在一步步落实。

案例2 房地产市场调研报告

南京房地产开发投资额仍在增长，销竣比显示供需仍不平衡。2007年南京房地产开发累计投资额445.97亿元，同比增长27%，2008年1—2月房地产开发完成投资额77.2亿元，同比增长41%。2007年以来平均销竣比为2.64，2007年全年呈现供不应求的局面，但是2008年前两个月销售面积跟不上竣工面积，主要原因可能是受市场“拐点论”的影响。

2008年1—2月份商品房销售均价为5331元，同比2007年2月份增长10.1%，相比2007年全年销售均价增长0.5%，但是比较2007年末的销售均价略有下降。2007年12月份南京市商品房成交量显著放大，2008年前两个月成交量较少，相比2007年1—2月份同比减少超过60%。

2008年前4个月南京住宅市场成交量表现比较平稳，较2007年同比有所减少。2008年3月份累计成交面积约40万m^2，同比减少17%左右，4月份截至4月22日累计成交40.2万m^2，有望超过3月份的成交量，但同比2007年4月仍有缩减。

未来两年南京的住房建设计划将逐步落实“90/70”政策，增加中低价位、中小户型商

品房的供应量，加大保障性住房的投入，由于存量土地比较多，2008 年土地供应相比 2007 年减少 135 万 m^2 左右，但是 2009 年将在 2008 年的基础上增加 200 万 m^2 的土地供应，因此未来两年南京房地产市场不会受到土地供应的限制。

一、2007 年以来南京商品房销售情况

2007 年，南京市商品房全年销售额为 603.51 亿元，销售面积为 1137.88 万 m^2，销售均价为 5303.8 元/m^2。其中，住宅全年销售额为 533.42 亿元，销售面积为 1064.52 万 m^2，销售均价为 5011 元/m^2（现房全年销售额为 77.58 亿元，销售面积为 190.27 万 m^2，销售均价为 4077 元/m^2；期房全年销售额为 455.84 亿元，销售面积为 874.24 万 m^2，销售均价为 5214 元/m^2）。

2008 年 1—2 月份南京市商品房销售额为 24.74 亿元，销售面积为 46.41 万 m^2，销售均价为 5331 元，售价同比 2007 年 2 月份增长 10.1%，相比 2007 年全年销售均价增长 0.5%。其中，住宅销售额为 20.61 亿元，销售面积为 42.63 万 m^2，销售均价为 4835 元/m^2，同比增长 16.23%（现房销售额为 2.05 亿元，销售面积为 4.37 万 m^2，销售均价为 4691 元/m^2，同比下降 22.2%，期房销售额为 18.56 亿元，销售面积 38.26 万 m^2，销售均价为 4851 元/m^2，同比增长 27.83%）。

从各月商品房销售均价的走势来看，2007 年南京商品房销售均价呈现稳步上涨态势，但是 2007 年末到 2008 年初房价有略微的下降。

从每月销售量来看，2007 年 12 月份南京市商品房成交量显著放大，2008 年初可能受淡季因素和房地产“拐点论”影响，成交量较少，相比 2007 年 1—2 月份同比减少超过 60%。

2008 年以来，南京市各区域板块住宅成交数量不一，成交量位居前两位的是江宁和浦口两大板块。截至 2008 年 4 月 22 日，江宁板块累计成交近 5000 套，约 38.9 万 m^2，浦口板块累计成交近 3400 套，约 32.9 万 m^2。江宁板块 3 月份成交约 11.5 万 m^2，浦口板块成交约 12.44 万 m^2，分别占全市总成交额的 29% 和 31%。河西板块属于南京市的高尚住宅区，该板块的项目大多属于知名开发商，楼盘房型结构和质量也相对比较好，但是价位偏高，离市中心较远，适合有车族的消费群体。城南板块 4 月份成交量有显著放大，截至 4 月 22 日，城南板块 4 月份成交近 8.7 万 m^2，占全市总成交量的 14.8%。

二、南京各区域主要在售楼盘（根据搜房网提供的信息）

南京各行政区域主要在售楼盘情况：玄武、白下、鼓楼三大区域的楼盘销售均价位居全市前三位。玄武区的楼盘售价在 9000～25000 元/m^2，白下区普遍在 9000～15000 元/m^2，鼓楼的房价普遍在 10000 元/m^2 以上，位置较偏的苏宁千秋情缘在 7000 元/m^2 左右。建邺区的楼盘大多集中在河西板块，该板块环境比较好，楼盘质量也比较高，知名地产开发商如中海地产、万科、栖霞建设等都在该板块开发项目，老南京和新南京都喜欢在此安家落户，目前该板块的销售均价都在 10000 元/m^2 以上。

新楼盘比较多的是江宁区。江宁区是南京高新技术开发区，环境也比较好，售价相对较低，比较适合来南京落户的外地大学生，目前普通住宅售价在 6000 元/m^2 左右，各个不同的楼盘价格差异也比较大。由于江宁区房价相对较低，环境较好，并有大量别墅项目，是富人聚集地，同时将受惠于即将开通的地铁 2 号线，预计江宁区的房价会有较大升值空间。

三、南京未来两年住房建设计划

根据南京市住房建设计划，2008 年南京各类住房上市量将达 1120 万 m^2，其中普通住房

上市总量约850万m^2，经济适用房（含廉租房）约240万m^2，比2007年120万m^2的经济适用房供应量增加了近一倍，中低价商品房约30万m^2。2008年南京廉租房建设计划投入资金3.6亿元，筹建廉租住房1000套，约5万m^2。2008年各类住房建设用地计划供应量为850万m^2，其中住房建设用地700万m^2，保障性住房建设用地约150万m^2，相比2007年土地实际供应量985万m^2减少约135万m^2。

2009年南京普通住房上市量约800万m^2，相比2008年的850万m^2有所下调，其中，中低价位、中小户型商品房约560万m^2，将逐步落实“90/70”政策；经济适用住房约225万m^2，与2008年的计划基本持平；中低价商品房（含限价房、拆迁复建房）可上市供应总量为60万m^2，比2008年30万m^2的供应计划翻了一倍；廉租房建设计划投入资金3.4亿元，筹建廉租住房1000套，约5万m^2。2009年各类住房建设用地计划供应1050万m^2，其中各类普通商品住宅建设用地850万m^2，保障性住房建设用地200万m^2，相比2008年的土地供应量有所增加，预示土地市场将持续活跃。2009年南京市住房建设计划总量与2008年大致持平。

总的来看，未来两年南京的住房建设计划将逐步落实“90/70”政策，增加中低价位、中小户型商品房的供应量，加大保障性住房的投入。由于存量土地比较多，2008年土地供应相比2007年减少135万m^2左右，但是2009年将在2008年的基础上增加200万m^2的土地供应，因此未来两年南京房地产市场不会受到土地供应的限制。

知识平台

一、市场调查报告的特征

市场调查报告是经济调查报告的一个重要种类，它是以科学的方法对市场的供求关系、购销状况以及消费情况等进行深入细致的调查研究后所写成的书面报告。其作用在于帮助企业了解掌握市场的现状和趋势，增强企业在市场经济大潮中的应变能力和竞争能力，从而有效地促进经营管理水平的提高。

市场调查报告可以从不同角度进行分类。按其所涉及内容含量的多少，可以分为综合性市场调查报告和专题性市场调查报告；按调查对象的不同，可分为关于市场供求情况的市场调查报告、关于产品情况的市场调查报告、关于消费者情况的市场调查报告、关于销售情况的市场调查报告以及有关市场竞争情况的市场调查报告；按表述手法的不同，可分为陈述型市场调查报告和分析型市场调查报告。

与普通调查报告相比，市场调查报告无论从材料的形成还是结构布局方面都存在着明显的共性特征，但它比普通调查报告在内容上更为集中，也更具专门性。

二、市场调查报告的格式与写法

市场调查报告的内容结构一般由如下几部分组成。

1. 市场调查报告的标题

标题是市场调查报告的题目，一般有两种构成形式：

（1）公文式标题　公文式标题即由调查对象和内容、文种名称组成，例如《关于2002年全省农村服装销售情况的调查报告》。值得注意的是，实践中常将市场调查报告简化为

"调查"，也是可以的。

（2）文章式标题 文章式标题即用概括的语言形式直接交代调查的内容或主题，例如《全省城镇居民潜在购买力动向》。实践中，这种类型市场调查报告的标题多采用双题（正副题）的结构形式，这样更为引人注目，富有吸引力。例如《竞争在今天，希望在明天——全国洗衣机用户问卷调查分析报告》《市场在哪里——天津地区三峰轻型客车用户调查》等。

2. 市场调查报告的引言

引言又称导语，是市场调查报告正文的前置部分，要写得简明扼要、精炼概括。一般应交代调查的目的、时间、地点、对象与范围、方法等与调查者自身相关的情况，也可概括市场调查报告的基本观点或结论，以便使读者对全文内容、意义等获得初步了解。然后，用一过渡句承上启下，引出主体部分。例如，一篇题为《关于全市 2002 年电暖器市场的调查》的市场调查报告，其引言部分写为："××市北方调查策划事务所受××委托，于 2003 年 3—4 月在国内部分省市进行了一次电暖器市场调查。现将调查研究情况汇报如下："用简要文字交代了调查的主体身份，调查的时间、对象和范围等要素，并用一过渡句开启下文，写得合乎规范。这部分文字务求精要，切忌啰唆芜杂；视具体情况，有时亦可省略这一部分，以使行文更趋简洁。

3. 市场调查报告的主体

这部分是市场调查报告的核心，也是写作的重点和难点所在。它要完整、准确、具体地说明调查的基本情况，进行科学、合理的分析预测，在此基础上提出有针对性的对策和建议。具体包括以下三方面内容：

（1）情况介绍 市场调查报告的情况介绍，即对调查所获得的基本情况进行介绍，是全文的基础和主要内容，要用叙述和说明相结合的手法，将调查对象的历史和现实情况包括市场占有情况，生产与消费的关系，产品、产量及价格情况等表述清楚。在具体写法上，既可按问题的性质将其归结为几类，采用设立小标题或者撮要显旨的形式；也可以时间为序，或者列示数字、图表或图像等加以说明。无论如何，都要力求做到准确和具体，富有条理性，以便为下文进行分析和提出建议提供坚实和充分的依据。

（2）分析预测 市场调查报告的分析预测，即在对调查所获基本情况进行分析的基础上对市场发展趋势做出预测，它直接影响到有关部门和企业领导的决策行为，因而必须着力写好。要采用议论的手法，对调查所获得的资料条分缕析，进行科学的研究和推断，并据以形成符合事物发展变化规律的结论性意见。用语要富于论断性和针对性，做到析理入微、言简意明，切忌脱离调查所获资料随意发挥，去唱"信天游"。

（3）营销建议 这层内容是市场调查报告写作目的和宗旨的体现，要在上文调查情况和分析预测的基础上，提出具体的建议和措施，供决策者参考。要注意建议的针对性和可行性，能够切实解决问题。

【例文】

以《关于全市 2002 年电暖器市场的调查》一文为例，该市场调查报告的主体部分为：

（1）生产情况

据调查，国内以电暖器为主要产品的生产企业为数不多，有 30 多家。2002 年，这些企业电暖器总产量约 240.19 万台。其中年产量超过 10 万台的主要有广东美的家电厂、宁波天

工实业公司……八家企业。这八家企业电暖器总产量约 209.53 万台，占国内电暖器总产量的 87.24%。具体数字见表一（略）。

以上情况表明：虽然电暖器行业目前处于起步阶段，但生产集中程度都非常高。特别是产量排行第一的广东美的家电厂，其产量超过国内总产量的四分之一，在本行业中处于明显的优势地位。

(2) 销售情况

据对北京、大连、沈阳、济南、杭州、武汉六个城市的 27 家大商场的调查，这些商场 2002 年总销量约为 71000 台。其中，销量超过 5000 台的有大连商场、大连百货大楼……五家商场，年销售总量约 44447 台，占 27 家商场销售总量的 62.2%。具体数字见表二（略）。

以上情况表明：与电暖器生产的高度集中类似，电暖器销售的集中程度也非常高。这种现象一方面反映了电暖器市场正处于开发阶段，大部分商场都把电暖器作为试销商品经营，把电暖器作为主要商品经营的为数甚少；另一方面，虽然经销电暖器获得成功的商场数量不多，但这些成功者的事实至少说明，电暖器极具市场潜力，具有良好的发展前景。

(3) 市场分析与展望

产品与建筑面积、供热面积的分析，产品生产和销售情况的分析（略）。

产品调查是市场调查的主要内容之一。产品市场调查报告的行业性、专业技术性很强。其内容一般包括：产品的品牌、质量、款式、功能、价格、技术、服务、消费，及对产品的评价、意见、要求、产品的市场销售、市场展望等。上述市场调查报告范文侧重于对产品的生产、销售、品牌等情况的介绍，运用数字分析、对比、排位等方法分析，尤其是第四部分对影响产品销售的建筑面积、供热面积等深层背景进行分析，并进行预测，使文章更有力度，在此基础上所提出的对策和建议，必然显得理据充实，说服力强。

4. 市场调查报告的结尾

结尾是市场调查报告的重要组成部分，要写得简明扼要，短小有力。一般是对全文内容进行总括，以突出观点，强调意义；或是展望未来，以充满希望的笔调结束。视实际情况，有时也可省略这部分，以使行文更趋简练。

三、市场调查报告的写作要点

1. 以科学的市场调查方法为基础

在市场经济中，参与市场经营的主体，其成败的关键就在于经营决策是否科学，而科学的决策又必须以科学的市场调查方法为基础。因此，要善于运用询问法、观察法、资料查阅法、实验法以及问卷调查等方法，适时捕捉瞬息万变的市场变化情况，以获取真实、可靠、典型、富有说服力的商情材料。在此基础上所撰写出来的市场调查报告，就必然具有科学性和针对性。

2. 以真实准确的数据材料为依据

由于市场调查报告是对市场的供求关系、购销状况以及消费情况等所进行的调查行为的书面反映，因此它往往离不开各种各样的数据材料。这些数据材料是定性定量的依据，在撰写时要善于运用统计数据来说明问题，以增强市场调查报告的说服力。关于这点，我们从上述市场调查报告范文中也可略见一斑。

3. 以充分有力的分析论证为杠杆

撰写市场调查报告，必须以大量的事实材料作基础，包括动态的、静态的，表象的、本质的，历史的、现实的等，可以说错综复杂，丰富充实，但写进市场调查报告中的内容绝不是这些事实材料的简单罗列和堆积，而必须运用科学的方法对其进行充分有力的分析归纳，只有这样，市场调查报告所做的市场预测及所提出的对策与建议才会获得坚实的支撑。

四、顾客调研

顾客调研是指收集和分析与某企业的顾客有关的信息。顾客作为需求一方，其含义是指在一定时间范围内至少到有关企业采购一次，或去有关企业消费服务一次的人。顾客分为基本顾客和偶然顾客，即常客和稀客。至于那些只去商店逛逛而最终并没购买商品的人，称为逛客。

1. 顾客成分分析

顾客成分是指一家企业的顾客构成情况。在对顾客成分进行分析时，一般将实地调查和室内研究结合起来，首先尽可能地吸收和利用企业内部资料和数据，将这些内部资料和数据按特定的用途进行收集、整理和归类。比如，从企业保存的往来客户名录中获取如下能够用于顾客成分分析的信息。

- 付款方面
- 折扣与条件
- 售货资格
- 对顾客销售额
- 顾客分类
- 供货方式
- 顾客利用所提供的服务项目等

其次，这些内部的有关顾客分析的数据，还得借助于实地调查加以补充和完善。为此，特别需要使用询问方法和观察方法。将内部提供的资料和通过询问观察顾客所获得的资料结合起来，构成一幅揭示各类顾客的全貌图。有了这幅全貌图，就可以将管理层的决策建立在可靠的基础之上。

案例 某房屋装饰材料批发商的顾客调查

一家经营房屋装饰材料的批发商拟分析自己的客户结构，所用方法为室内研究与实地调查相结合。这项客户结构分析将集中于82家C类客户，他们均是这家批发企业的客户，只是小规模购进商品。所以需要确认的是，为什么这些C类客户至今不从该批发商大规模进货？

第一步，从本企业的内部资料中搜集与墙面装饰、地面装饰和门窗装饰材料有关的进货商信息。下面列出了那些能从批发商家内部搜集的资料。

用于客户结构分析的内部信息

客户编号：

客户地址：

商业功能：批发占销售额的　　%

　　　　　零售占销售额的　　%

附设店面

　　无附设网点　　（　）

　　有多少网点　　（　）

付款方面

　　享受老客户延期付款

　　30天　　（　）

　　60天　　（　）

　　90天　　（　）

　　90天以上　　（　）

价格方面

　　普通折扣　　（　）

　　优惠折扣　　（　）

　　仅购削价品　　（　）

　　购买部分削价品　　（　）

售货建议

　　客户值得贷给　　元

　　对客户销售共　　元

客户分类

　　A类客户　　（　）

　　B类客户　　（　）

　　C类客户　　（　）

　　客户尚有采购结余金额　　元

　　客户尚欠采购结余金额　　元。

供货方式

　　客户并非自行提货

　　客户自提大部分货

　　客户偶尔自行提货

服务项目利用情况

客户主动利用如下服务

拿走墙面装饰读物　　经常（　）　　少有（　）

拿走广告材料　　经常（　）　　少有（　）

拿走广告画　　经常（　）　　少有（　）

拿走电台收音节目表　　经常（　）　　少有（　）

接受客户礼物　　经常（　）　　少有（　）

客户没有主动要求服务　　（　）

客户所属企业与不动产关系

　　客户所属企业拥有经营场所　　（　）

客户所属企业拥有并租赁经营场所 （ ）

客户所属企业租赁经营场所 （ ）

所算出的客户所属企业情况：

每平方米经营面积销售额 元

每名员工平均销售额 元

上述二者的算术平均数 元

按计算机数据库管理方法，将每名客户的上述情况输入计算机后，可以随时提出使用。

2. 实地调查方案

仅有从内部收集的信息，是不足以研究客户结构的。这时就要进行实地调查，即利用个别面谈方式进行询问，然后采取观察办法。

要调查询问 C 类客户，可以专门设计一份如下的询问表。用这种询问表主要调查企业形象，即这家批发商在它的 C 类客户中所形成的印象如何。管理层注意获取这些方面的情况：如何能够改善本企业在这些 C 类客户心目中的形象，以使这些客户升级到 B 类，甚至 A 类客户。为此，对客户进行调查的目的是要暴露本批发商的消极面，即对批发商的价格形象、条件形象以及降价商品情况的意见。

零售企业客户研究询问表

面谈日期： 面谈人姓名：

面谈时间： 面谈编号：

您好，我们受某公司委托正在对各零售商家进行调查，请以您的积极回答给我们以帮助，谢谢。

①请问为您供货的批发商和生产商有哪些？

②对于您刚才向我提到的这些批发商或生产商，如果对它们的花色品种进行一番比较，进货时应该找哪家条件有利些？其次呢？

③对于您刚才向我提到的这些批发商或零售商，如果比较它们的供货价格与条件，您觉得应该找哪家进货条件有利些？

④如果说再从所提供的服务内容方面对您所提到的批发商或生产商进行一番比较，您会选择哪些批发商作为自己的主要进货来源？

⑤如果您稍微估计一下您与这些批发商之间所交易的金额，您会认为哪家批发商可以当您的首要供货商？

⑥您如何评价可以当您的首要供货商的这家批发企业的下述各方面？

	很糟	糟糕	一般	好	很好	不回答
经营品种齐全	（ ）	（ ）	（ ）	（ ）	（ ）	（ ）
供货价格与条件	（ ）	（ ）	（ ）	（ ）	（ ）	（ ）
正常备货	（ ）	（ ）	（ ）	（ ）	（ ）	（ ）
降价商品	（ ）	（ ）	（ ）	（ ）	（ ）	（ ）
电话服务	（ ）	（ ）	（ ）	（ ）	（ ）	（ ）
店外服务	（ ）	（ ）	（ ）	（ ）	（ ）	（ ）
投诉处理	（ ）	（ ）	（ ）	（ ）	（ ）	（ ）

店内服务 ( ) ( ) ( ) ( ) ( ) ( )

⑦我知道您至今还没有将批发商 A 当作你们的供货商。您能告诉我不将这家批发企业当作供货商的理由吗?

⑧您是自己企业的所有者，还是在其中担任别的工作?

企业主 ( )

业务主管兼合伙人 ( )

业务主管 ( )

前来协助的家族成员 ( )

其他

备注:

3. 实地观察方案

在上面实地调查基础上，有必要进一步观察批发商的 C 类客户情况，以便掌握有关他们经营场所的具体数据和信息。下面为一观察表，利用这种观察表，应采取非介入性观察方法，即悄悄派遣调研人员扮成消费者，在观察过程中只发挥完全被动的作用。这种观察方法的好处在于，在观察对象不知不觉中就获得了真实情况。

用于客户结构分析的观察记录

①客户经营位置在

A. 附设有郊区的城市的

城内主要交通要道 ( )

城内次要交通位置 ( )

城内偏僻交通位置 ( )

郊区或远郊的主要交通要道 ( )

郊区或远郊的次要交通位置 ( )

位于自成一体的城区或郊区住宅区 ( )

B. 不附设郊区的城市的

主要交通要道 ( )

次要交通位置 ( )

②客户停车条件是

经营场所外有停车位　　个

距经营场所　　米有停车位　　个

没有现成停车位 ( )

③客户是

只有一个橱窗的商家 ( )

拥有一个以上橱窗的商家 ( )

没有现成橱窗的商家 ( )

④客户全貌

	很糟	糟糕	一般	较好	很好
企业外观	( )	( )	( )	( )	( )
橱窗陈列	( )	( )	( )	( )	( )
营业环境	( )	( )	( )	( )	( )

⑤客户拥有售货收银机　　　　台

无售货收银机　　　　( )

⑥客户服务种类

售货员柜台服务　　　　( )

电话预订服务　　　　( )

顾客自选商品　　　　( )

这样，经过内部信息的搜集、实地调查和实地观察，就可以将内部信息、调查数据和观察数据综合起来进行分析，以便确定是什么原因使得这些 C 类客户至今仍不从该批发企业大规模进货。

实践演练

日前，为贯彻落实《中共中央国务院关于进一步加强和改进未成年人思想道德建设的若干意见》，深入了解未成年人的思想道德状况，探索新形势下加强未成年人思想道德建设的新思路，某团市委于 9 月份至 11 月份，组织开展了对未成年人思想道德状况的调研。调研主要采取走访座谈、问卷调查等方式进行。调查对象以涵盖全市重点中、小学，普通中学及职业中学为调查点，按各自的问卷调查对象机械抽样 500 名中小学生（其中小学生 100 名、初中生 200 名、高中生 200 名；男生 287 名、女生 213 名）进行当场问卷调查。共收到有效答卷 498 份，内容涉及学生理想与追求、法律意识、兴趣爱好、心理状态等方面。

请你撰写关于某市未成年人思想道德状况的调研报告。题目自拟，字数在 3000 字以上。

学习情境三　沟通与完成活动

任务1　演讲口才训练

情境导入

为提升口语表达能力，校团委准备组织以“我为家乡做贡献”为主题的大学生创业励志演讲比赛，激发同学们了解家乡、热爱家乡、建设家乡的热情。为鼓励更多同学积极参与，李丽同学带头报名，她阅读了大量演讲名篇，但演讲经验不足。请你帮助她收集必备的演讲技巧，写一篇声情并茂的演讲稿。

任务描述

当代大学生无论在校与同学交往，还是将来步入职场，都需要具备一定的演讲口才来展示自己的才华，增加人格魅力，以拓展职业发展空间。为此，让学生通过演讲口才训练，重点掌握演讲的特点、类型和演讲技巧，学会写作演讲稿。

案例导引

一枚茶叶

于丹在一篇文章中说：生活是一锅滚开的水，它一直都在煎熬着我们，问题是我们以什么样的方式去接受煎熬。

是啊，在一锅滚开的水中放入一个鸡蛋，鲜亮柔软的内质就会凝固，这就像被生活煮硬的人；放入一根胡萝卜，有型的胡萝卜最后成了胡萝卜泥，这就像被生活煮软的人；而放入一枚茶叶，茶叶在舒展自己的同时，却把无色无味的水变成了香茗。它们在开水的“煎熬”下选择了不同的接受方式。

生活就像一锅滚开的水，我们无法要求其降低温度，但是我们可以选择自己是做一个生鸡蛋，一根胡萝卜，还是做一枚茶叶。在生活中，无论被煮硬了还是煮软了都是不好的，我们应该选择做一枚茶叶。

茶叶种类繁多，既可以是高档的乌龙茶、铁观音，也可以是村间民舍的一片竹叶，几朵菊花。但是无论身份尊卑，它们都有一个共同的品质：舒展自我，芳香茶水。

一枚茶叶，看起来并不美丽，但它却让环境改变自己细小的身躯的同时，也改变着周围

的环境。茶杯中的几枚茶叶静静地躺在那里，显得毫不起眼，当它一旦和沸腾的水相遇，便会在沸水中飞舞，尽情地舒展自己，吐露出醉人的芳香。当滚烫的热水浇注全身，茶叶能够从从容容地接受。更难能可贵的是，它在成就自己的同时，也毫无保留地贡献出了自己所有的精华，将一杯平淡无味的白开水变成了芳香四溢的香茗。

让我们做一枚茶叶吧，勇敢地接受沸水的考验，自由地散发生命的清香。

【评析】

这是一篇文字优美、富于哲理的演讲稿。作者借助一枚茶叶生发联想，运用比喻论证法，启发人们面对生活的考验，不同的生活态度决定不同的生存质量。作者态度鲜明："让我们做一枚茶叶吧，勇敢地接受沸水的考验，自由地散发生命的清香。"该演讲稿观点明确，发人深思，逻辑结构清晰，篇幅短小精悍，说服力强。

知识平台

演讲是一门口才艺术，即由一个人讲给众多的人听，以讲为主，演是指辅之以手势、身姿、面部表情等体态语。演讲具有舆论宣传功能、教育功能、情感功能、审美功能，同时还能充分展示演讲者自身的真知灼见、真才实学、真情实感。第二次世界大战前，西方把演讲、美元、原子弹称为三大战略武器。现在西方却把演讲、计算机、美元作为新的三大战略武器。可以说，不管时代怎样变化，科学技术怎样发展，演讲始终是摆在第一位的。苏联著名作家高尔基说过："文学的根本材料是语言。"演讲类型有即兴演讲、命题演讲和辩论演讲。

一、即兴演讲概述

现实生活中，有的人提笔万言，笔下生辉，然而说起话来却不知所云；有的人通今博古，知识渊博，表达起来却反映迟钝，言不及义；有的领导运筹帷幄，决胜千里，讲起话来却结结巴巴，词不达意。相反，有些人虽貌不惊人，说话却能口若悬河，滔滔不绝，妙语连珠。前者说的是肚子里有"货"倒不出来，后者说的是胸有成竹，出口成章。为什么人们在语言上的表现会有天壤之别呢？这就是下面所要讨论的主题——即兴演讲。

良好的谈吐可以助你在社会舞台上展示自己，步向成功。

（一）什么是即兴演讲

即兴演讲，也叫即席说话。即兴演讲者事先未作准备，是临场因时而发、因事而发、因景而发、因情而发的一种语言表达方式。

相对来说，生活中的语言表达以即兴为多。如同志间一针见血的辩论，朋友间滔滔不绝的谈吐，酒席上要言不烦的祝词，谈判时有条不紊的应对等。人们不可能事事拿着稿子去念，因此，即兴演讲对我们每一个人来说非常重要。如果不掌握即兴演讲的技巧，遇事则会无言以对，甚至说话颠三倒四。

（二）即兴演讲的特点

即兴而发，针对性强；形式自然，灵活多变；相互制约，听说并行；情感激发，诱导联想；语言精练，达意为上。

（三）即兴演讲的标准

即兴演讲是临场之作，不宜过长，切忌繁杂，防止啰唆。即兴演讲应符合以下标准：思

维敏捷，反应迅速；立意明确，内容集中；条理分明，逻辑严密；语势连贯，跌宕起伏；用语规范，贴切易懂；适切语境，话语得体；生动优美，诙谐幽默；把握时机，灵活善变。

二、命题演讲

命题演讲一般会给出相对明确的主题，演讲者围绕主题收集材料，有条有理地展开阐述。命题演讲一般会有较多的准备时间，所以演讲者可以充分地收集资料，合理地安排结构，在语言运用上也可以斟酌思考。应该说，命题演讲的过程开始于演讲稿的写作，演讲稿的优劣直接关系到演讲的质量。所以，成功的命题演讲第一步便是演讲稿的写作。

苏联著名演讲家、理论家阿普列相在《演讲艺术》一书中指出："真正的演讲家总是一身而三任：既是作者，又是排练者，还是完成自己的演讲、谈话的表演者。"他是从演讲者在演讲过程中所肩负的职责角度来说的，其实也道出了命题演讲的全部程序。命题演讲一般由酝酿与构思、演练、登台演讲三个阶段构成。

（一）酝酿与构思

演讲有一个由酝酿到构思的过程，它包括审题、立题、选材、构思、写作演讲稿。这是一个十分细致的创作过程。演讲是以社会、听众为背景的艺术创作活动。

1. 审题

命题演讲是按照规定的题目进行演讲。譬如演讲《党在我心中》，必须歌颂中国共产党，而这种歌颂还必须与"我"联系起来，必须讲我的经历、我的见闻，这是题目限定了的。另一种情况是，给定一个大范围的总标题，譬如演讲《传承文明，弘扬美德》，要求演讲者只做关于道德文明方面的演讲，每个演讲者必须从不同的角度切入。不管哪种情况，都需要认真审题。审题，不仅仅是审定题目本身的内涵，或者单纯给自己的演讲确定一个恰当的标题，更重要的是以下两方面：

（1）选择角度　角度要新，内容要适度。新，是对同台演讲者而言，尽可能避免与别人的演讲相同或相近，尽可能给人耳目一新的感觉。林肯在构思《在葛底斯堡国家烈士公墓落成仪式上的演说》这篇演讲稿之前，就反复琢磨了与他同台演讲的爱德华的演讲稿。容量还要适度，题目太大，驾驭不了，讲不透；题目太小，容量不足，发挥不了。

（2）选择自身优势　有的演讲内容很适合，角度也新，但是演讲的效果却不尽人意。除了其他原因之外，就是在审题过程中，忽略了自身的优势。例如，1994年在新加坡举行的第二届全国华语演讲大赛中，印度姑娘鲁巴·沙尔玛一举夺魁。她在复赛和决赛中的演讲分别是：《汉学在印度》，《我与汉学》、因为她出生在印度，父母都是高级知识分子，从小又跟父母来到中国，从小学到大学都是在中国上学，她既熟悉印度，又特别了解中国的文化。因此她做这方面的演讲，就特别得心应"口"，也特别能迎合新加坡听众的需求。

2. 立题

主题是命题演讲的核心，立题时应注重把握两个方面：一是主题要具有时代感，就是适合社会的要求，还要考虑听众年龄、职业、文化程度的共享性，演讲者要用探索的、创造性的态度去思考和处理演讲主题。扩展演讲的内涵，深化演讲的内容，使演讲具有迫切感，在演讲过程中形成与观众的真正交流。二是主题要集中。德国著名演讲家海茵兹·雷德曼说过："在一次演讲中不要期望得到太多，宁可牢牢地敲进一根钉子，也不要松松地按上几十个一拔即出的图钉。"

3. 选材

演讲是信息的传播，信息的载体是材料。信息有疏有密，有强有弱。前者表现力量，即材料的多寡；后者表现为质量，即材料的真伪。选择材料，就是在具有一定数量的基础上，对材料进行优化组合。组合的依据是：恰当地表现主题，满足听众的好奇与心理需求，事例真实、典型，内容具体、生动。

4. 构思

命题演讲的构思包括两个方面：一是构思演讲稿；二是精心设计演讲的现场实施。演讲稿的构思，包括开场白、主体、高潮、结尾，这实际上就是材料的安排与处理。同时也包括思维框架与基本语言形态的选定。精心设计现场实施，实际上在构思演讲稿的过程，就基本上包含了现场实施的设计。但两者比较，后者更具体，更细化，更具有操作性。这种设计是在演讲稿构思的基础上，进一步琢磨实施过程中的处理与表现，其中包括各种演讲技巧的运用，譬如手势、眼神、声音等。构思在命题演讲过程中是较为重要的一个环节。

5. 写作演讲稿

执笔成文，是上述各个环节总的归宿。命题演讲的成败，取决于演讲稿的优劣。演讲稿必须精心写作，自己动手写稿，保持个人的风格。

（二）演练

演练是命题演讲的必经阶段，主要是背诵和处理演讲稿。有的演讲者以为只要把讲稿记牢背熟就可以了。其实不然，演讲稿只是把酝酿构思用文字记录下来了，其中还暗含着作者精心设计的全部内容，如语调、节奏、停顿，甚至身姿、手势、表情等都应有适当的设计，但文字稿中却无法体现，这些内容需要在文字稿中细心揣摩，精心处理。这些处理大体上包括以下几个方面。

1. 情感基调的把握

或平实，或激昂；或欢快，或悲壮，都要根据稿件内容，做出相应的处理。自己写的讲稿相对好处理些。别人代写，或者经过别人加工的稿子，就更要仔细琢磨。如果情感基调把握不准，感情不到位，甚至错位，再好的稿子也表达不出来，这是至关重要的。

2. 语音处理

由文字转化为语音，一定要经过处理。没有经过严格的语音处理，便会在演讲中出现念稿或背稿的现象。演讲既要自然，又要恰当地进行艺术处理，否则，便会造成整篇演讲的单调不协调。

3. 态势处理

服饰、化妆，事先可以设计好的。手势、身姿、表情，则是随着演讲的进程，随着内容与情感的变化而不断改变的，原则上很难做出精确的设计。但稿件的各个关键处，在演练中是可以适当设计体态语的。

（三）登台演讲

登台演讲，是对演讲稿设计的全部实施。对于如何演讲，应注意以下关键处。

1. 登台亮相

亮相，就是上台之后让听众第一眼就看清演讲者的面目神情。先站定，后抬头，向全场投去亲切的目光，并轻轻点头或鞠躬，端庄大方，亲切自然，给听众创造良好的第一印象。

2. 开场白

开场要开得好，开得妙。既要扣题，又要营造气氛。精妙的开场白，瞬间就能使全场屏息静气，同时又情趣盎然，甚至几句话就使场内变得火爆，掌声、笑声一片。

演讲稿一般都设计开场白，演讲者临场恰当表现即可。但是，设计常常与现场不完全吻合，甚至相反。在这种情况下，必须及时调整或改变。例如，台湾“国学”名师沈谦教授去台中静宜大学演讲，题目是“中国古典式的爱情”。到达现场，接待人员告诉他，两周前余光中教授在这里做过同题演讲。情况突变，不能按原来的讲稿讲了，必须改变开场白，改变内容。于是他调整思路，这样开场：

听说前两个礼拜，余光中教授也在这里讲跟我一样的题目，不过，他讲的正题，是我今天讲的副题。(笑声)

余光中教授是研究西洋文学的，他来讲中国古典式的爱情，绝对是个外行。不过，他的学问很好，一定讲得很内行。而我是学中国古典文学的，我来讲中国古典式的爱情，绝对是内行。不过我的学问差一点，也许讲出来会有些外行……而且，余光中是诗人，他往台上一站，大家都“醉”了，陶醉在诗人的风采里；我是教书匠，往台上一站，大家都“睡”了……(哄堂大笑)

还好，我没有跟余光中先生一起登台演讲，否则在座的各位，一个个都要“醉生梦死”去了！(全场大笑)

诙谐中，机巧地把两场同题演讲做了衔接，营造了极为轻松的热烈的现场气氛。如果不改变开场白，绝不会有这样的效果，甚至还可能出现听众因演讲题目重复而厌倦的情绪。

3. 高潮与造势

演讲现场需要出现高潮，没有高潮的演讲是平淡的，甚至是乏味的。高潮的标志是场内爆发的热烈掌声。精彩的演讲，总能闪现思想的火花，掀起情感的波澜。思想火花的闪现，情感波澜的掀起，就是演讲高潮的所在之处。演讲者与听众常常在这种精辟、动情之处形成思想交汇，情感共鸣，理智互振，由衷地爆发掌声。这种高潮，虽然演讲稿中一般都做了设计，但是现场处理不当，也不会有高潮出现，即使出现了，效果也不一定很理想。这里的要紧处是两个步骤：一是高潮前要造势，二是高潮处要做强化处理。造势，就是在高潮前造成一种气势，一种情势，一种态势。高潮不是突然出现的，更不是想出现就能出现的，而是有一个生变过程，即顺着听众由感性到理性，由感动到感悟，由期待到满足这样一个思维的、情绪的、心理的过程来实现的。譬如高潮之前的叙述或描述，要说得真真切切，把情景再现出来。欢快的事，说得听众个个眉飞色舞；伤心的事，说得听众泣不成声；气愤的事，说得听众咬牙切齿，如此等等，这就是造势。在这种情况下，再晓以精辟的语段，岂能不出现高潮，观众岂能不鼓掌？

例如，印度姑娘拉米雅·沙尔玛在作《宜将春草报春晖》的演讲中，有下面一段话：

面对高山，面对大海，我们都要记住：孝敬父母，天经地义！

这是这篇讲孝敬父母的演讲稿中最具震撼力的几句话。讲到这里，按理全场应爆发掌声的，然而全场听却无动于衷。是什么原因呢？从讲稿看，作者是经过精心设计的。在这段话之前，讲述了两位母亲的感人事迹：一是为了自己两个落水孩子，母亲跳进水中奋力把孩子顶出水面，自己却永远沉到水底。演讲者用略带颤音的语气讲述这两件事，听众的确被感动了。接着进入抒情说理，如果再把这几句话处理好，无疑会出现高潮。可演讲者在讲这几句

话时，却用了很平淡的语调，毫无变化的一句连一句说出来，没有提高声量，也没有特别的停顿，表情平淡，也没有强调的手势，自然结果是台下寂然无声。就这样，一篇十分动人的演讲稿，却没有得到理想的表达，没有出现预期的效果。而正确的处理方法应该是这样的，紧承前面悲壮的叙述，渐次转入凝重，一句比一句深沉地说出前面三个排比句，造成一种排山倒海的气势。说完“我们都要记住”之后，应该有个较大的停顿，让听众产生期待感。说“孝敬父母”这句时，音量稍低，但低而不弱，以便突出最后一句。说“天经地义”时，应该一字一顿，声量加大，再与一个强有力的手势动作，形成斩钉截铁之势。这样处理，高潮就必然出现了。除了这几个紧要之处外，还有节奏、过渡与照应以及结尾的处理。

三、辩论口才

（一）辩论的含义、类型和特点

1. 辩论的含义

辩论又叫论辩。辩就是辩解，辨明是非；论就是议论、论理。辩论是质问和论争的过程，是对某个辩题做出合理判断的过程。

2. 辩论的类型

辩论的类型包括日常争辩、专题辩论、赛场辩论。

3. 辩论的特点

辩论的特点是针锋相对、反应机敏、逻辑严密、语言简洁。

（二）辩论的逻辑技巧

1）确立的论点是否正确。

2）选用的论据是否真实而有证明力。

3）用什么样的方法来论证观点和论据之间的关系。

（三）立论与反驳的直接逻辑手段

1. 归纳法

归纳法或归纳推理，有时叫作归纳逻辑，是根据对某类事务中具有代表性的部分对象及其属性之间必然联系的认识，得出一般性结论的方法。归纳法论证的前提支持结论但不确保结论必然正确，它把特性或关系归结到基于对特殊的代表的有限观察的类型；或公式表达基于对反复再现的现象的模式的有限观察的规律。

例如：“公鸡归纳法”——某主妇养小鸡十只，公母各半。她预备将母鸡养大留着生蛋，公鸡则养到一百天就陆续杀以佐餐。天天早晨她拿米喂鸡。到第一百天的早晨，其中的一只公鸡正在想：“第一天早晨有米吃，第二天早晨有米吃，……第九十九天早晨有米吃，所以今天，第一百天的早晨，一定有米吃。”这时，该主妇来了，正好把这只公鸡抓去杀了。这只公鸡在第一百天的早晨不但没有吃着米，反而被杀了，虽然它已有九十九天吃米的经验，但不能证明第一百天一定有米吃。

2. 演绎法

演绎法或称演绎推理，是从一般性知识引出个别性知识，即从一般性前提得出特殊性结论的过程。演绎推理的前提与结论之间存在着必然联系，只要推理的前提正确，推理的形式合乎逻辑，则推出的结论也必然正确。所以运用演绎推理，作者所根据的一般原理即大前提必须正确，而且要和结论有必然的联系，不能有丝毫的牵强或脱节，否则会使人对结论的正

确性产生怀疑。

例如：毛泽东在《为人民服务》一文中有一段著名的论述："人总是要死的，但死的意义有不同。中国古时候有个文学家叫作司马迁的说过：'人固有一死，或重于泰山，或轻于鸿毛。'为人民利益而死，就比泰山还重；替法西斯卖力，替剥削人民和压迫人民的人去死，就比鸿毛还轻。张思德同志是为人民利益而死的，他的死是比泰山还要重的。"

这段话中就包含着一个完整的演绎论证。"为人民利益而死，就比泰山还重"，是普遍性原理，是论据，是"大前提"；"张思德同志是为人民利益而死的"，是已知的判断，是"小前提"；而"他的死是比泰山还重的"则是结论，也是论点。

3. 类比论证法

类比论证法是一种通过已知事物（或事例）与跟它有某些相同特点的事物（或事例）进行比较类推，从而证明论点的论证方法。

这种论证方法通过客体事物与主体事物相同特点的比较，把客体事物的性质类推到主体事物上，由此揭示出主体事物具有与客体事物同样的性质，从而达到证明论点的目的。

例如：《邹忌讽齐王纳谏》中，作者把邹忌受到不切实际的赞美而遭受蒙蔽的这一情况类推到了齐王的身上，生动地证明了"王之蔽甚矣"这一论点。由此可见，客体事物在论证中起着印证主体事物所具有的某些性质，进而证明论点的作用。

（四）立论与反驳的间接逻辑手段

1. 归谬法

归谬法是证明定理的一种方法，先提出跟定理中的结论相反的假定，然后从这个假定中得出跟已知条件相矛盾的结果来，这样就否定了原来的假定而肯定了定理。

例如：有人把《语文》课文《是瓶中魔鬼还是诺亚方舟》（下简称课文）中"如果说有着微量放射性的大自然是最美丽的话，能说核电站是肮脏的吗"这句话作为运用归谬法的一个例子。他们认为课文作者在这里运用归谬法反驳了"核电站是肮脏的"这一观点。作者的逻辑思路是：如果说核电站因为有放射性就是肮脏的，那么大自然也有微量放射性，所以大自然也是肮脏的，这与我们说"大自然最美丽"相矛盾。作者通过归谬法，得出了一个荒谬的结论，从而说明，不能仅因为核电站有微量的放射性就说核电站是肮脏的。

2. 喻证法

喻证法即比喻论证法，是议论文中用人们熟知的事物来做比喻证明文章观点的一种论证方法。

例如：人生什么事最苦呢？贫吗？不是。失意吗？不是。老吗？死吗？都不是。我说人生最苦的事，莫若身上背着一种未了的责任。人若能知足，虽贫不苦；若能安分（不多作分外希望），虽失意不苦；老、死乃是人生难免的事，达观的人看得很平常，也不算什么苦。独是凡人生在世间一天，便有应该做的事。该做的事没有做完，便像是有几千斤重担压在肩头，再苦是没有的了。为什么呢？因为受那良心责备不过，要逃躲也没处逃躲呀！

本文使用喻证法，"该做的事没有做完，便像是有几千斤重担压在肩头"，生动形象地表现出人生最苦的事，莫若身上背着一种未了的责任。

3. 引证法

引证法用权威性的话语，使说理更加深刻、透彻，具有说服力，着力体现理论的力量和文章的思想深度。

例如：古人说："尽信书，不如无书。"读书的终极目的，是要把"死"书读活，让书发挥作用。"死""活"之间，相互为用，相互补充。我们强调读"死"书，但又不拘泥于读"死"书。"死"与"活"，都是对人而言的。人要书"死"，书就"死"；人要书"活"，书就"活"。这就叫"运用之妙，存乎一心"。善读书者，手中都有一把打开书籍奥秘的金钥匙。书籍是死的，金钥匙却是活的。"死"与"活"的关系，大概有如书籍与金钥匙的关系，我们先要有书籍，然后金钥匙才能发挥作用。只有漂亮的金钥匙，又有什么用处？因此，谈读书，就得先读书。

本文使用了引用论证法，即古人说："尽信书，不如无书"，阐明了"死""活"之间，不是绝对孤立的，有相互为用，相互补充的关系。

（五）辩论的语言技巧

1. 釜底抽薪

刁钻的选择性提问，是许多辩手惯用的进攻招式之一。通常，这种提问是有预谋的，它能置人于"两难"境地，无论对方作哪种选择都于己不利。对付这种提问的一个具体技法是，从对方的选择性提问中，抽出一个预设选项进行强有力的反诘，从根本上挫败对方的锐气。这种技法就是釜底抽薪。

例如：在"思想道德应该适应（超越）市场经济"的论辩中，有如下一轮交锋。

反方：……请问雷锋精神到底是无私奉献精神还是等价交换精神？

正方：……对方辩友这里错误地理解了等价交换。等价交换就是说，所有的交换都要等价，但并不是说所有的事情都是在交换，雷锋还没有想到交换，当然雷锋精神谈不上等价了。（全场掌声）

反方：我还要请问对方辩友，我们的思想道德它的核心是为人民服务的精神，还是求利的精神？

正方：为人民服务难道不是市场经济的要求吗？（掌声）

第一回合中，反方有"请君入瓮"之意，有备而来。显然，如果以定势思维被动答问，就难以处理反方预设的"两难"：选择前者，则刚好证明了反方"思想道德应该超越市场经济"的观点；选择后者，则有悖事实，更是谬之千里。但是，正方辩手却跳出了反方"非此即彼"的框框设定，反过来单刀直入，从两个预设选项抽出"等价交换"，以倒树寻根之势彻彻底底地推翻了它作为预设选项的正确性，语气从容，语锋犀利，其应变之灵活、技法之高明，令人叹为观止！

2. 引蛇出洞

在辩论中，常常会出现胶着状态：当对方死死守住其立论，不管我方如何进攻，对方只用几句话来应付时，如果仍采用正面进攻的方法，必然收效甚微。在这种情况下，要尽快调整进攻手段，采取迂回的方法，从看来并不重要的问题入手，诱使对方离开阵地，从而打击对方，在评委和听众的心目中造成轰动效应。

例如：在中国队和悉尼队辩论"艾滋病是医学问题，不是社会问题"时，悉尼队死守着"艾滋病是由 HIV 病毒引起的，只能是医学问题"的见解，不为所动。于是，中国队采取了"引蛇出洞"的战术，中方二辩突然发问："请问对方，今年世界艾滋病日的口号是什么？"对方四位辩手面面相觑，为不至于在场上失分太多，悉尼队一辩站起来乱答一通，中方立即予以纠正，指出今年的口号是"时不我待，行动起来"，这就等于在对方的阵地上打

开了一个缺口，从而瓦解了对方的坚固的阵线。

3. 缓兵之计

在日常生活中，我们可以见到如下情况：当消防队接到求救电话时，常会用慢条斯理的口气来回答，这种和缓的语气，是为了稳定说话者的情绪，以便对方能正确地说明情况。又如，两口子争吵，一方气急败坏，一方不焦不躁，结果后者反而占了上风。再如，政治思想工作者常常采用“冷处理”的方法，缓慢地处理棘手的问题。这些情况都表明，在某些特定的场合，“慢”也是处理问题、解决矛盾的好办法。论辩也是如此，在某些特定的论辩局势下，快攻速战是不利的，缓进慢动反而能制胜。

例如：1940 年，丘吉尔在张伯伦内阁中担任海军大臣，由于他力主对德国宣战而受到人们的尊重。当时，舆论欢迎丘吉尔取代张伯伦出任英国首相，丘吉尔也认为自己是最恰当的人选。但丘吉尔并没有急于求成而是采取了“以慢制胜”的策略。他多次公开表示在战争爆发的非常时期，他将准备在任何人领导下为自己的祖国服务。

当时，张伯伦和保守党其他领袖决定推举拥护绥靖政策的哈利法克斯勋爵作为首相候选人。然而主战的英国民众公认在政坛上只有丘吉尔才具备领导这场战争的才能。在讨论首相人选的会议上，张伯伦问：“丘吉尔先生是否同意参加哈利法克斯领导的政府?”能言善辩的丘吉尔却一言不发，足足沉默了两分钟之久。哈利法克斯和其他人明白，沉默意味着反对。一旦丘吉尔拒绝入阁，新政府就会被愤怒的民众推翻。哈利法克斯只好首先打破沉默，说自己不宜组织政府。丘吉尔的等待终于换来了英国国王授权他组织新政府。

4. 移花接木

剔除对方论据中存在缺陷的部分，换上于我方有利的观点或材料，往往可以收到“四两拨千斤”的奇效。我们把这一技法喻名为“移花接木”。

例如：在“知难行易”的论辩中曾出现过如下一例。

反方：古人说“蜀道难，难于上青天”，是说蜀道难走，“走”就是“行”嘛！要是行不难，孙行者为什么不叫孙知者?

正方：孙大圣的小名是叫孙行者，可对方辩友知不知道，他的法名叫孙悟空，“悟”是不是“知”?

这是一个非常漂亮的“移花接木”的辩例。反方的例证看似有板有眼，实际上有些牵强附会：以“孙行者为什么不叫孙知者”为驳难，虽然是一种近乎强词夺理的主动，但毕竟在气势上占了上风。正方敏锐地发现了对方论据的片面性，果断地从“孙悟空”名字着手，以“悟”就是“知”反诘对方，使对方提出关于“孙大圣”的引证成为抱薪救火、惹火烧身。

移花接木的技法在论辩理论中属于强攻，它要求辩手勇于接招，勇于反击，因而它也是一种难度较大、对抗性很高、说服力极强的论辩技巧。诚然，实际临场上雄辩飞扬，风云变幻，不是随时都有“孙行者”“孙悟空”这样现成的材料可供使用的，更多的“移花接木”，需要辩手对对方当时的观点和正方立场进行精当的归纳或演绎。

例如：在关于“治贫比治愚更重要”的论辩中，正方有这样一段陈词：“……对方辩友以迫切性来衡量重要性，那我倒要告诉您，我现在肚子饿得很，十万火急地需要食物来充饥，但我还是要辩下去，因为我意识到论辩比充饥更重要。”话音一落，掌声四起。这时反方从容辩道：“对方辩友，我认为‘有饭不吃’和‘无饭可吃’是两码事……”反方的答

辩激起了更热烈的掌声。正方以“有饭不吃”来论证贫困不足以畏惧和治愚的相对重要性，反方立即从己方观点中归纳出“无饭可吃”的旨要，鲜明地比较出了两者本质上的天差地别，有效地扼制了对方偷换概念的倾向。

5. 顺水推舟

表面上认同对方观点，顺应对方的逻辑进行推导，并在推导中根据我方需要，设置某些符合情理的障碍，使对方观点在所增设的条件下不能成立，或得出与对方观点截然相反的结论。

例如：在“愚公应该移山还是应该搬家”的论辩中的以下部分。

反方：……我们要请教对方辩友，愚公搬家解决了困难，保护了资源，节省了人力、财力，这究竟有什么不应该？

正方：愚公搬家不失为一种解决问题的好办法，可愚公所处的地方连门都难出去，家又怎么搬？……可见，搬家姑且可以考虑，也得在移完山之后再搬呀！

6. 借力打力

武侠小说中有一招数，名叫“借力打力”，是说内力深厚的人，可以借对方攻击之力反击对方。这种方法也可以运用到论辩中来。

例如：在关于“知难行易”的辩论中，有这么一个回合。

正方：对啊！那些人正是因为上了刑场死到临头才知道法律的威力。法律的尊严，可谓“知难”哪，对方辩友！（热烈掌声）

当对方以“知法容易守法难”的实例论证于“知易行难”时，正方马上转而化之从“知法不易”的角度强化己方观点，给对方以有力的回击，从而扭转了被动局势。

这里，正方之所以能借反方的例证反治其身，是因为他有一系列并没有表现在口头上的、重新解释字词的理论作为坚强的后盾：辩题中的“知”，不仅仅是“知道”的“知”，更应该是建立在人类理性基础上的“知”；守法并不难，作为一个行为过程，杀人也不难，但是要懂得保持人的理性，克制内心滋生出恶毒的杀人欲望，却是很难。这样，正方宽广、高位定义的“知难”和“行易”借反方狭隘、低位定义的“知易”和“行难”……的攻击之力，有效地回击了反方，使反方构建在“知”和“行”表浅层面上的立论框架崩溃了。

（六）演讲中的体态语训练

演讲中除了“讲”和“听”之外，还要注重“演”和“看”。如演讲者的目光、表情、手中的动作、身体的姿势等，只有充分调动了身体语言，才能使你的演讲真正成为“演讲”。所以，在视觉上也要给听众以感染力，增强演讲的效果。

1. 体态语言

演讲时的身姿应该保持自然地挺胸，身体的重心平稳，双脚略微分开，既要让观众感觉到演讲者优良的精神状态，又要避免给人僵硬之感。演讲者上下台步子轻捷从容，面对观众务必大方自然，亮相得体，上场后首先环视一下全场，接下来可以进行开场白，演讲的开场白没有一定的固定模式，一般是向听众问好致意并作自我介绍。面前有演讲桌时，双手交叉自然放在身体的前面，或者自然下垂于身体两侧；切忌在胸前抱臂，或把手放在另外一个手臂上，也不能把手背在后面。目光平视，忌盯住一点或看天花板。

演讲时一定要保持镇定。慌里慌张，或装腔作势，或手撑在演讲桌上都会影响听众的情绪。最后演讲中要避免一些细小的动作，有时演讲者不一定会意识到。诸如摇头、抖动、摆弄领带、笔等，会将观众的注意力吸引到关注这些无意义的小动作上，从而影响演讲效果。

2. 表情语言

演讲者应善于通过自己的面部表情，把自己的内心情感最恰当地显示出来；应善于通过自己的面部表情，与听众构筑起交流思想感情的桥梁。

面部表情贵在自然，自然才会真挚，做作的表情显得虚假。同时，面部表情应该随着演讲内容和演讲者的情绪发展而变化，既顺乎自然，又能够和演讲内容合拍。同时应注意，表情拘谨木讷，会影响演讲的感染力和鼓动力，而神情慌张又难以传达出演讲内容和演讲者的情感，也会影响听众的情绪。而故作姿态的感情表露会使听众感到虚假或滑稽，降低对演讲者的信任感，影响演讲效果。整个演讲过程中应面带轻松、自然的表情。

脸部表情中眼睛是关键，内心世界的各种活动都能通过眼睛表现出来。视线要依据演讲内容做调整，切忌眼睛向下盯着演讲桌、看着天棚的一角或不停地看讲稿，或者只盯着观众席中的某一个人或某个地方，这些动作会影响演讲内容的表达，影响演讲者与听众间的情感交流，从而影响演讲的效果。

3. 手势语言

每个人的手势语言都不尽相同，演讲中应该根据不同的内容做出恰当的手势。但演讲中对手势语言没有特殊规定，也没有必要将两个特点各异的人训练成手势完全相同的人。手势语言由演讲者的气质、演讲的主题和演讲的内容决定，应注意手势与演讲内容的一致。但演讲中切忌大幅度的动作和重复使用一种手势，另外演讲中不能有太多的手势，以免让听众感到眼花缭乱。

4. 登台演讲

登台演讲要备好讲稿，做到凤头、猪肚、豹尾。

(1) 凤头　演讲开头要漂亮。能在最短的时间里吸引听众的演讲开头就是好开场，它在演讲中起着至关重要的作用。历来著名的演讲家都煞费苦心，希望在演讲的开头就能牢牢抓住听众，为自己的演讲奠定成功的基础。

(2) 猪肚　演讲中要激荡饱满，有理有趣。演讲要求具有强烈的鼓动性，产生巨大的宣传效应；其内在的根本动力源自演讲要有令听者情绪波澜起伏或渐入高潮的感染力，也就是能唤起听众强烈的共鸣。事例最能说服听众，所谓“事实胜于雄辩”。而经典事例则因其蕴涵丰富、深刻的情感或哲理内蕴，不须多，往往一二例，即能感动听众，使其折服。尤其演讲高手，更能就地取材，即兴发挥，利用身边切题典型素材，借助现场氛围为自己的讲演服务，出人意料地创造出震撼人心的轰动效应。成功的演讲者总能借此强调观点、升华感情，将其真诚的思想感情表现得淋漓尽致，把听众的情感不断引向高潮，把听众带到心潮澎湃、热血沸腾的佳境。一旦激发出听众的情感，便能使听众立即精神振奋，全身心都处于高昂的积极状态，进而产生一种不可估量的能动作用，影响听众的意识，促成听众的行为。

(3) 豹尾　演讲不能虎头蛇尾，而要有一个坚实有力的“豹尾”。因为演讲的结尾，是演讲结构中的重要部分。好的结尾，可以使演讲意味无穷，为演讲增添光彩。成功的演讲者，都希望结尾时再给听众留下一个精彩的印象，都会在结尾处狠下功夫，避免演讲功亏一篑。

5. 控场技艺

演讲时，常常会出现一些意想不到的事情，比如忘了演讲词、讲了错话、听众被其他的突发事件干扰而不再听你的演讲，或对你的演讲不满意、不感兴趣等。面对这样的状况应该

怎么办？这就需要具有灵活机智的应变技巧，做到处乱不惊、转危为安，从窘迫的困境中解脱出来，使演讲继续进行下去。

忘词时，千万不要紧张，不要惊慌失措，而是要快速联想回忆这部分演讲词。几秒钟后还是回忆不起来，就应该立刻放弃回忆，否则听众就会乱起来，不好控制了。这时，你要抛开那些忘记了的内容，而接着讲你没有忘记的内容，用这些新的内容稳定自己的情绪，重新吸引听众。

说错了话后，可以立刻纠正，毫不迟疑。这种纠正并不是要你向听众检讨一番，说我刚才如何讲错了。而只是用正确的话重复一遍刚才的内容即可，听众就会听明白你的正确意思了。而变通方式则可通过提问等技巧加以掩饰。

如果听众对你的演讲不满意或不感兴趣，面对这种不利情况，千万不要着急，不要有埋怨心理，也不要上台后立刻开始演讲。你可以采取一些吸引听众的措施，比如先给大家讲一个与自己演讲主题有关的新闻信息、小故事或小笑话，以引起大家的注意。当听众被你的讲话吸引而重新集中精神时，就可以开始正式演讲了。

6. 语言训练

1）语言表达能力的训练是长期的，应该下决心进行长期的训练。比如，可以通过朗读诗歌、散文来培养语感，通过练习演讲来培养自己在大庭广众之下讲话的勇气和能力；通过绕口令训练来锻炼自己的语音发声，等等。如果在演讲之前的确没有经过长期的训练，那么经过短期的磨砺也会起到一定的改善促进作用。

2）一定要科学，要把语言表达和思维运动联系起来。

一般地，隆重的场合，宜用宣读演讲，造成威严、庄重、稳定的美感。轻松的场合，宜用脱稿演讲，给人活泼、流畅的美感。思维敏捷、幽默的人，宜用即兴演讲，给人以亲切、坦率、风趣的美感。

相关资讯

做一代有责任感的中国人

尊敬的老师，在座的同学们：

大家好！

中国的历史，是一部中华民族世代传承的历史。几千年来，中国人用绵延不绝的责任，惊天动地的注解着民族精神：大禹治水，三过家门而不入，身影何其匆匆；漫漫长路，屈原上下求索，心志何其虔诚；身受宫刑，司马迁忍受剧痛，“穷天人之际，通古今之变。”“史家绝唱”何其恢宏；虎门销烟，林则徐铸我中华尊严，神情何其巍巍！毫无疑问，责任，是我中华民族生生不息，永远不倒的长城；责任，是我中华民族生养灿烂文明的良田沃土；责任，是我中华民族之林的坚强基石！敢负责任，我中华民族怎能不江山多娇，国力强盛，社会进步，人民幸福？

今天，生活在一个如此美好，如此可爱的国度，我们无时无处不见证到党和政府的责任，人民的责任。无时无处不为之自豪，为之感动流泪！君不见，全面建设小康社会的战略正在抓紧加快实施；合力打造一个绿色北京，中国人为世界奉献出了最成功最完美的奥运；在突如其来的“非典”灾难中，通过报纸和电视，我们看见从中央到地方的各级政府，各

级领导以及各条战线的人民高度负责任的态度；我们看见姜素椿、叶欣、李晓红等医护人员担负起救死扶伤的责任，置生死于度外，把一个个“非典”病人从“干枯的罗布泊”拉出来，小心翼翼扶着他们重新走进“生命绿洲”的感人事迹。有了这样高度负责的政府和领导，有了这样尽职尽责的白衣天使，我们还有什么理由恐慌？还有什么理由怀疑？事实证明，曾经创造了无数人间奇迹的中国政府和中国人民终于打败“非典”，战胜灾难！

让我们设想一下吧，如果人人缺乏责任，人人放弃责任，我们将会生活在一个怎样的世界？洪水将会泛滥，田地将会荒芜，工厂将会倒闭，疾病将会横行，国家将会衰亡。无责任无以为人，无责任难以立国。今天，我们应当成为有责任意识的一代，把培养责任意识作为构建我们健康精神世界和弘扬民族精神的首要元素。有了责任感，有了民族精神，我们就不会成为一个自私自利的人，我们的道德品质、人生观、价值观将会超越个人和狭隘，走向高远和开阔！同学们，我们是祖国的未来。我们应立志成为一个有责任感的人，成为国家的栋梁之材，服务于社会，造福于人民。我们应该有所选择，选择责任，选择民族精神，做有责任感的一代中国人，用一生一世的责任去创造一个更加辉煌的中国！

谢谢大家！

中国的脊梁

尊敬的老师，在座的同学们：

大家好！

登上昆仑，才知道什么叫高峻；来到虎门，才懂得什么叫雄伟。

翻开近代史这幅长长的画卷，几多哀愁、几多屈辱、几多痛苦！比黄河还要曲折，比大河还要苦涩…… 难忘的民族耻辱啊！去看看湖北沙声闹市的那根刺柱吧！赫然醒目的大字告诉人们：当年，日本鬼子把中国人绑在这根柱子上练刺杀。听见了吗？虎踞龙盘的南京，30 万生命，无论是风烛残年，白发苍苍的老人，还是母亲怀抱中嗷嗷待哺的婴儿，统统被杀，无一幸存。“处处扼咽喉，天涯何处是神州？”堂堂中华在侵略者的铁蹄下呻吟。

“凄凄读尽支那史，几个男儿非马牛？”面对山河破碎，国将不国，灾民流离，哀鸿遍野的现实，多少爱国志士“梦寐不安，行将坐叹”，或“大声疾呼，以期上下一心，开创中华”，或表示“一息尚存，尚思报国”。然而为什么中华民族的“强国梦”难以实现？为什么志士仁人的种种求索却总以失败告终？林则徐、龚自珍的无限憧憬却只能是一场空梦；戊戌变法犹如雷鸣，最后变法者只落得个“引颈受戮”的下场；资产阶级革命家成立的资产阶级共和国推翻了帝制，仅仅 3 个月就夭折了。痛心疾首之余，我们需要认真想一想，这是为什么？中国的出路在哪里？人民的希望在哪里？人们在漫漫长夜盼望着，等待着。这一天终于来了。

1921 年，一个杨柳轻拂的季节，从碧波荡漾的嘉兴南湖上传来了一个振奋人心的消息，中国共产党成立了！从此，在黑暗的大海上竖起了一座明亮的灯塔；从此，中国有了坚强而有力的舵手。

“砍头不要紧，只要主义真。杀了夏明翰，还有后来人。”忘不了，革命烈士夏明翰面对敌人的屠刀，用满腔热血谱写了一曲英雄赞歌；忘不了，铡刀的底已被鲜血染红，党的女儿刘胡兰“生的伟大，死的光荣”；忘不了，桥上碉堡喷射着敌人的火焰，人民的儿子董存瑞毅然地燃响了导火索……

无数的共产党员用血肉之躯把我们多难的民族抱出了地狱，送上了幸福大道。无数的革命先烈用拳拳赤子之心，抹去了祖国母亲凄苦的眼泪，换来了她幸福的微笑。他们不愧为中国的脊梁，坚如磐石，顶天立地！沧海桑田，神州巨变。请看，我们以有限的土地，解决了13亿人口吃饭的问题；冲天而起的蘑菇云，打破了美苏的核垄断；今天，透过熊熊燃烧的奥运圣火，世界又一次认识了中国。

鲁迅先生说过："我们自古以来，就有埋头苦干的人，有拼命硬干的人，有为民请命的人，有舍身求法的人…… 这就是中国的脊梁。"一切仁人志士是中国的脊梁，中国共产党是脊梁的核心，是祖国大厦的擎天柱！

永不放弃

尊敬的老师，在座的同学们：

大家好！

放弃，是一个念头，而永不放弃，则是一种信念。现实生活中，我们往往会自觉不自觉地选择前者。因此我们极易成为普通得没有一点棱角的人，而有些人却坚定得近乎倔强地选择了后者。这种人虽然是少数，但他们却往往能赢得大多数人的掌声。

我不知道在爱迪生发明钨丝电灯前，面对一千多次惨痛的失败，他是怎样想的。但有一点我是知道的，那就是在他聪慧的大脑中始终屹立着一个不倒的信念：即使下一次仍旧失败，我也永不放弃。这又不得不令我想到徒步走遍全国的探险家余纯顺。在进行4年艰苦卓绝、九死一生的漫长旅程后，就只剩下生命禁区、杀人洼地、全世界至今尚无一个人征服的罗布泊了。在生存概率几乎等于零的残酷现实面前，余纯顺没有退却，没有放弃。临行前他对随行采访他的记者说："我也许真的会失败，但我不能放弃这个梦。就是失败，我也要当失败的英雄！"他的话不幸应验了。但他那种无所畏惧、永不放弃的坚定的信念，却使他屹立成一个大写的"人"，铸成了我们中华民族新时代不倒的丰碑！

美国画家哈里·莱佰曼，74岁退休。在他80岁时，第一次摆弄画笔和颜料，提起画笔后，莱佰曼不因年岁已高而灰心，没有把绘画当作一项单纯的消遣活动，他全身心投入，进步很快。81岁那年，老人参加了专为老年人开办的补习班，第一次学习绘画知识。从此，莱佰曼更加发奋了，对绘画倾注全部的热情。4年后，老人的作品先后被一些著名收藏家购买，并进了不少博物馆。

1997年，莱佰曼101岁了。这年的8月，洛杉矶一家颇有名望的艺术陈列馆举办第22届展览，题为"哈里·莱佰曼101岁画展"。400多人参加了开幕式，其中不少是收藏家、评论家和新闻记者。在开幕仪式上，莱佰曼对嘉宾们说："我不说我有101岁的年纪，而是说有101年的成熟。我要向那些到了60、70、80或90岁就自认为上了年纪的人表明，这不是生活的暮年。不要总去想还能活几年，而是想你还能做些什么，着手干些事，这才是生活！"的确，在我们这个世界上，有许多美好而难得的东西，是值得我们去孜孜追求，永不放弃的！太阳因为永不放弃，才最终冲破重重迷雾光耀万里。江河因为永不放弃，才流泻千里，到达浩瀚无边的海洋。小草因为永不放弃，才不计星星点点的渺小，最终连成一片，绿满大地！如果我们曾一千次地对自己的理想说："永不放弃"，那么，我们有什么理由去抱怨第一千零一次失败的遭遇？我们又怎能在一千零几次的时候，与苦苦期盼的成功失之交臂了！

抓住梦想，这一生我们唯一要做的是——永不放弃。

实践演练

1. 命题演讲训练

训练要求：将材料发给学生，读熟，结合体态语在班级朗诵。课后自己写一篇励志演讲稿。

2. 绕口令训练

训练要求：将材料发给学生，读熟，在班级组织背诵比赛、评优。

(1) 扁担与板凳　扁担长，板凳宽，板凳没有扁担长，扁担没有板凳宽。扁担要绑在板凳上，板凳偏不让扁担绑在板凳上。

(2) 天上一颗星　天上一颗星，地下一块冰，屋上一只鹰，墙上一排钉。抬头不见天上的星，乒乒乒乓踏碎地下的冰，啊嘘啊嘘赶走了屋上的鹰，稀里稀里拔掉了墙上的钉。

(3) 老爷子　南边来个老爷子，手里拿碟子，碟子里装茄子，一下碰上了橛子。打了碟子，洒了茄子，摔坏了老爷子。

(4) 鹅过河　哥哥弟弟坡前坐，坡上卧着一只鹅，坡下流着一条河，哥哥说："宽宽的河"，弟弟说："白白的鹅"。鹅要过河，河要渡鹅，不知是鹅过河还是河渡鹅。

(5) 哥哥挎筐过宽沟　哥哥挎筐过宽沟，快过宽沟看怪狗，光看怪狗瓜筐扣，瓜滚筐扣哥怪狗。

(6) 八百标兵奔北坡　八百标兵奔北坡，炮兵并排北边跑，炮兵怕把标兵碰，标兵怕碰炮兵炮。

(7) 嘴说腿　嘴说腿，腿说嘴，嘴说腿爱跑腿，腿说嘴爱卖嘴。光动嘴不动腿，光动腿不动嘴，不如不长腿和嘴。

(8) 花鸭与彩霞　水中映着彩霞，水面游着花鸭。霞是五彩霞，鸭是麻花鸭。麻花鸭游进五彩霞，五彩霞网住麻花鸭。乐坏了鸭，拍碎了霞，分不清是鸭还是霞。

(9) 捉兔　有个小孩叫小杜，上街打醋又买布。买了布，打了醋，回头看见鹰抓兔。放下布，搁下醋，上前去追鹰和兔，飞了鹰，跑了兔。洒了醋，湿了布。

(10) 猴与狗　树上卧只猴，树下蹲条狗，猴跳下来撞了狗，狗翻起来咬住猴，不知是猴咬狗，还是狗咬猴。

(11) 白果打白布　白果打白布，白布包白果，白果恨白布，白布打白果，白果打白布。

(12) 多少罐　一个半罐是半罐，两个半罐是一罐；三个半罐是一罐半，四个半罐是两罐；五个半罐是两罐半，六个半罐是三满罐；七个、八个、九个半罐，请你算算是多少罐。

(13) 两个排　营房里出来两个排，直奔正北菜园来，一排浇菠菜，二排砍白菜。剩下八百八十八棵大白菜没有掰。一排浇完了菠菜，又把八百八十八棵大白菜掰下来；二排砍完白菜，把一排掰下来的八百八十八棵大白菜背回来。

(14) 酸枣子　山上住着三老子，山下住着三小子，山当腰住着三哥三嫂子。山下三小子，找山当腰三哥三嫂子，借三斗三升酸枣子，山当腰三哥三嫂子，借给山下三小子三斗三升酸枣子。山下三小子，又找山上三老子，借三斗三升酸枣子，山上三老子，还没有三斗三升酸枣子，只好到山当腰找三哥三嫂子，给山下三小子借了三斗三升酸枣子。过年山下三小

子打下酸枣子，还了山当腰三哥三嫂子，两个三斗三升酸枣子。

（15）登山　三月三，小三去登山。上山又下山，下山又上山。登了三次山，跑了三里三。出了一身汗，湿了三件衫。小三山上大声喊："离天只有三尺三！"

（16）司小四和史小世　四月十四日十四时四十上集市，司小四买了四十四斤四两西红柿，史小世买了十四斤四两细蚕丝。司小四要拿四十四斤四两西红柿换史小世十四斤四两细蚕丝。史小世十四斤四两细蚕丝不换司小四四十四斤四两西红柿。司小四说我四十四斤四两西红柿可以增加营养防近视，史小世说我十四斤四两细蚕丝可以织绸织缎又抽丝。

（17）石小四和史肖石　石小四，史肖石，一同来到阅览室。石小四年十四，史肖石年四十。年十四的石小四爱看诗词，年四十的史肖石爱看报纸。年四十的史肖石发现了好诗词，忙递给年十四的石小四，年十四的石小四见了好报纸，忙递给年四十的史肖石。

（18）酒换油　一葫芦酒九两六，一葫芦油六两九。六两九的油，要换九两六的酒，九两六的酒，不换六两九的油。

任务2　完成工作计划

情境导入

计划在行政管理工作中十分重要。无论平时的常规工作还是某个专项工作，制订计划可以使有关人员围绕明确的工作目标、统一思想，协调行动，相互配合，提高效率，共同完成工作任务。对照计划还可以及时发现问题，解决问题，预防和纠正执行过程中出现的偏差，保证工作质量，提高管理水平。讲授计划目的在于，让学生掌握计划的写作方法，学会分析一项工作在开展实施的过程中，有哪些重要的工作环节，并以这些环节为结点，安排制定相应的工作目标、时间、工作标准、工作措施、责任人，能够将这些内容用规范的书面语言加以表达。让学生了解工作的程序化、标准化，养成严谨的工作作风和解决问题的能力。

李新是大学毕业新生，在某公司仓储部门实习半年了，基本熟悉了岗位业务的工作流程：各个阶段相应的工作目标、工作标准，实施措施和时间。为了更好地开展下一步工作，提高工作效率，经理请李新写一份下半年工作计划。

思考讨论

利用网上资源和以往工作总结，收集、整理、撰写计划的准备资料。

1. 根据上述情境，如何确定工作的计划指标？
2. 根据上述情境，需要了解工作的步骤，学习撰写计划。
3. 制订计划对有效开展各项工作有何作用？

任务描述

学生在教师的讲解和引导下，明确工作任务及任务实施中的关键要素，通过学习计划的写作方法，掌握该文种的定义和特点，明确写作的具体内容和格式要求，能够利用网络自主查询和学习相关资料，完成撰写计划的工作任务，学会利用办公自动化平台撰写电子文稿。

要求在学习过程中培养和锻炼综合职业素养，树立认真负责、爱岗敬业、吃苦耐劳、诚实守信的工作作风，并具有团队合作精神，高质量地完成工作任务。

案例导引

物流部门工作计划

为确保公司物流部的工作顺利开展，提高工作效率，更好地开展工作，节约成本，也为让公司监督我们的工作，现制订以下计划。

一、计划目标

1. 对收发货流程进行梳理，改进，并督促物流部员工严格按标准执行，实行岗位责任制。制定预防措施，及时发现，纠正不正确的工作方法。

2. 每日早会十分钟，安排当天的工作及总结前一天的工作完成进度、出现的问题与困难，指出哪些部门岗位需要协助配合，表扬有进步、工作较主动积极的个人，激发员工的工作热情。

3. 仓库通道出入口要保持畅通，仓库内要及时清理，保持整洁。所有单据必须有责任人签字，并且字迹清楚。

二、计划步骤

第一步，对物流部操作流程进行合理改进，重点为货物入库流程、出库流程的改进，做到货物进出正确、准确、及时。

第二步，对库房货物的管理，做到货物标识齐全、唯一、正确。

第三步，各种物料码放、搬运入库时应先内后外、先下后上。检查货架的货品是否按规定陈列，整个库房是否整齐、整洁，有无脏乱现象，货品名、标签及价格是否一致。

三、计划措施

1. 强化服务意识。人是万物之本，员工是企业生存的命脉，只有企业真正重视员工、关心员工，让员工感受到企业的温暖，员工才会用更好激情来为企业付出。因此必须加强员工培训，提高员工积极性，增强员工个人素养，使员工更有团队精神和奉献精神。对此向公司提出两点建议：一是不建议加班，二是奖与惩相结合。

2. 完善管理制度。完善部门管理制度，实施《岗位责任制制度》《交接班制度》《车辆管理制度》《文件管理制度》《奖惩制度》等。

3. 加快岗位建设。我们将结合本部门岗位的具体工作情况，逐步优化组织结构，使其“基层具体落实、中层监督指导”。使各岗位人员明确其职责所在，以便在工作中各司其职，各尽其责，继而争先创优。

随着公司的不断发展，物流部规模也将得以壮大。我们将以公司利益为中心，以服务客户为宗旨，以降成增效为目标开展工作。加强部门管理建设，不断提高员工素养，强化员工服务意识。使全体员工齐心协力、努力奋斗，争取取得更好的经济效益。

×××

20××年×月×日

【评析】

这篇计划内容具体，采用条文式格式，总分总式结构完整；按照计划目标、步骤、措施

的逻辑关系成文，脉络清晰；突出部门工作重点，步骤合理，措施得当；语言流畅，用词准确，专业知识与文体知识相结合，二者相得益彰，可供借鉴。

知识平台

一、计划的定义和作用

（一）计划的定义

计划是为完成一定时期的任务而事前拟订的目标、措施和步骤。计划是一个统称，常见的安排、打算、规划、设想、意见、要点、方案等，也都属于计划一类，只是由于内容和成熟程度不同而选用了不同的名称。

安排：预定在短期内要做的一些具体事情，一般叫安排。

打算：准备在近期内要做的，而对其中的指标或措施等考虑得还不很周全，只能做原则要求的，一般称为打算。

规划：拟订带有全局性有某项工作，时限较长，需跨年度，涉及面广，只能提出一个轮廓，但须在理论上论证它的可行性，提出可能实现的奋斗目标的一般称为规划。

设想：为长远的工作或某种利益着想，做个正式的粗线条计划，一般称为设想。

意见：上级对下级布置一个阶段的几项工作或者一次重要任务，需要交代政策、提出具体要求的一般称为意见。

要点：对一段时间内的工作做出简要的安排，突出重点，写得扼要，一般称为要点。

方案：对某工作的实施，经过深思熟虑，从目的要求到方案方法都做出周密的安排，甚至还创制某种法式，称为方案。

（二）计划的作用

“凡事预则立，不预则废”。预，就是事前的计划和安排。在经济活动中，计划的作用不可忽视。不仅国家要有各种各样的计划，而且，各部门、各地区、各单位以至生产班组和个人，都必须制订自己的计划。有了计划，就有了明确的奋斗目标，就可以更好地统一思想，协调行动，增强工作的自觉性和创造精神，合理安排人、财、物；有了计划，领导者就可以随时掌握进程，检查任务的完成情况以取得主动权，使工作有条不紊地顺利进行。计划，也是检查和总结的依据。

二、计划的种类

计划是一种使用频率很高的机关事务文书。它的种类很多，可以按内容、性质、范围、时间、表现形式等不同的角度划分。

（1）按内容分　有综合性计划、单项计划。

（2）按性质分　有生产计划、工作计划、学习计划。

（3）按范围分　有国家计划、部门计划、单位计划。

（4）按时间分　有长远规划（跨年度的计划）、年度计划、季度计划。

（5）按表现形式分：有条文式计划、表格式计划。

在财经部门，因业务不同，又有财政预算、工商税收计划、现金计划、信贷计划、成本计划等。

三、计划的写作要求

计划一经形成，就成为指导行动的文件。因此，写计划前，必须充分调查研究，分析主客观因素、有利条件和不利条件，以便在计划中写明预防和解决问题的措施，只有这样，才能把计划建立在切实可行的基础上。

撰写计划应注意以下几个方面的问题。

（一）贯彻方针政策

制订计划时，必须领会党和国家的有关方针政策，了解上级对有关该项工作的指示、部署和规定，作为制订计划的依据和参考，使计划的指导思想、基本安排与上级意图相一致。

（二）从实际出发

制订计划，必须实事求是，一切从实际出发，既不能单凭个人的主观愿望，也不能照搬上级下达的指标、计划，而应该从客观实际出发，因地制宜，切忌搞脱离实际的空头计划。

（三）要有预见性

任何工作在其发展过程中，都可能出现一些难以预料的问题。因此，在制订计划的时候，要对工作安排、部署以及可能出现的问题，进行充分的分析，尽可能预测到在计划执行过程中，将会遇到的困难和问题，并在这个基础上提出预防和解决可能妨碍计划实施的措施和方法，以保证计划任务的完成。

（四）注重可行性

计划的指标和任务应根据上级的要求和本单位的实际，定得积极和稳妥。既不盲目冒进，把计划定得过高，又不僵化保守，定得过低。计划定得太高了，会令人望而却步，失去信心；计划定得太低了，则不利于挖掘潜力和调动积极性。

四、计划的写法

计划的表现形式，一般有条文式和表格式两种。一般详细的计划多采用条文式，简单的计划多采用表格式。

（一）条文式计划的写法

条文式计划的写法包括标题、正文和落款三项内容。

1. 标题

完全式标题有四种成分组成：计划单位名称、计划时限、计划内容和计划文种。如：

（1）完全式如《××市商业局2010年财务计划要点》。

（2）省略式如《广东省商业储运公司实行经营责任计划》（省略时限）

计划单位名称，要用规范的称呼；计划时限要具体写明，一般时限不明显的可以省略；计划内容要标明计划所针对的问题；计划文种要根据计划的实际，确切地使用。如所定计划还需要讨论定稿或上级批准，就应该在标题的后面或下方用括号加注“草案”“初稿”或“讨论稿”字样。如是个人计划，则须在正文右下方日期之上具名。

2. 正文

计划的正文，一般包括指导思想（前言）、计划事项（正文的主体）和结尾三个部分。

（1）指导思想（前言） 指导思想在计划的开头部分写出。它是计划的依据，也是制订计划的基本出发点和计划事项的正确概括。大体上包括以下三点内容：

1）制订计划的依据，写明所遵循的方针、政策以及上级的指示、部署。

2）根据本单位的实际情况，对完成任务的主观、客观条件的分析，说明完成计划指标的必要性和可能性。

3）提出总的任务和要求，或阐释完成计划指标的意义。

以上三条可视需要而定。

（2）计划事项（正文的主体） 计划事项有目标、措施和步骤三项内容。

1）目标：是计划的灵魂。计划就是为了完成一定的任务而制订的。计划应根据需要与可能，规定出在一定时间内所完成的任务和应达到的要求。任务和要求应该具体明确，有的还要定出数量、质量和时间要求。

2）措施：要确保实现目标和完成任务，就必须制定出相应的措施和办法，这是实现计划的保证。措施和方法主要是指达到既定目标需要采取什么手段、动员哪些力量、创造什么条件、排除哪些困难等。总之，要根据主客观条件，统筹安排，将“怎么做”定得明确具体，切实可行。

3）步骤：指执行计划的工作程序和时间安排。每项任务，在完成过程中都有阶段性，而每个阶段又有许多环节，它们之间常常是互相交错的。因此，订计划必须胸有全局，妥善安排。哪些先干，哪些后干，应合理安排；而在实施当中，又有轻重缓急之分，哪些是重点，哪些是一般，也应该明确。

在时间安排上，既要有总的时限，又要有每个阶段的时间要求，以及人力、物力的相应安排。这样，就可使有关单位和人员知道在一定的时间内，一定条件下，把工作做到什么程度，以便争取主动，有条不紊地协调进行。

以上三方面的事项，在计划正文结构中，不要机械地排列，应按实际情况需要，或分开写，或放在一起写。

（3）结尾 结尾包括：展望计划前景，提出总的希望、号召。也可以不用结尾。

3. 落款

落款包括署名、日期。在正文结束的右下方，注明计划制订者的名称和日期。此外，如果计划有表格或其他附件的，或需要抄报、抄送某些单位的，应分别写明。

（二）表格式计划的写法

表格式计划的内容一般分为文字说明和表格两部分。表格部分，按印好的表格逐项填写；表格内容表达不清或不充分的，再辅以简短的文字说明。

文字说明应讲清以下几点：

（1）制订计划的依据 体现在三个方面：

1）客观形势的发展。

2）上级机关的指示精神。

3）本单位的具体情况。

这三方面在文字说明部分应阐述清楚，以表现计划的可靠程度和势在必行。

（2）执行计划要求 包括两个方面：

1）执行计划时必须掌握的方针、政策。

2）执行计划中应注意的事项。

（3）实现计划的办法、措施 简要说明需要采取的办法、措施。

五、例文评析

【瑕疵例文】

工 作 计 划

一、召开团十四届三次全委（扩大）会议，总结去年工作并部署今年工作。

二、以“学雷锋月”为契机，三月份在全县掀起学习雷锋新高潮，如打扫卫生死角、敬老院献爱心、植树、开展青年志愿者服务一条街活动等。

三、进行团员意识教育。

四、以清明节扫墓、十八岁成人宣誓仪式、“保护母亲河”等活动为契机，对团员青年进行爱国主义、集体主义和环保教育。

五、深化“实践三个代表，百团扶百村”行动。

六、开展“五四”系列纪念活动，如拍摄青春风采系列专题片、举行“五四”表彰活动、举办第二届青年文化节等。

七、开展××县首届“五四”青年评选活动。

八、成立××县青年联合会。

九、深入开展“健康直通车”活动。

十、召开“党建带团建”工作会议。

十一、到夏威夷、冰岛举办夏令营。

【评析】

该计划结构不完整，缺乏具体的标题和导语；缺乏内在逻辑，层次不清，排列混乱，想到哪儿写到哪儿；内容空泛，如第三条、第五条完全没有具体内容。根据全文来看，第十一条脱离实际，有虚假嫌疑。

【优秀例文】

××西服店××××年“双增双节”工作计划

国务院倡导开展“双增双节”活动。为开展好这项活动，我们决定今年的工作重点调整为“双增双节”活动同深化企业改革一起抓，改善企业经营管理体制，发挥名牌特色产品优势，深入挖掘潜力，以提高经济效益。现根据我商店的实际情况，确定××××年的工作计划如下：

一、工作目标（见下表）

类　　别	指　　标	同　　比
1. 销售计划	1600 万元	比去年增长 3%
2. 周转天数	118 天	比去年加快 4.9 天
3. 平均流动资金	524.4 万元	比去年下降 1.15%
4. 费用额	68.5 万元	比去年下降 3.1%
5. 借款利息	19.3 万元	比去年减少 1.5 万元

二、措施和做法

（一）扩大商品销售，提高经济效益

1. 抓好产品质量，扩大市场占有率。
2. 全面分析和预测市场上不同时装的生命周期，合理选择进货渠道。
3. 开发新产品，设计新品种，对库存商品不断更新换代。
4. 采取门市销售、预约销售和集会展销等形式，扩大销量。
5. 提高服务质量，引发顾客的购买兴趣，唤起消费者的潜在要求。

（二）抓好横向联系

1. 在全国各地设立特约经销单位，立足京、津、沪，面向全国。
2. 利用短期贷款，多生产质量优、价格合理的产品，满足各地不同层次顾客的需求。
3. 加强横向联系，了解各地市场的风土人情，分析销售趋势，扩大供应能力。

（三）压缩银行贷款，减少利息支出

1. 加速资金周转，对库存商品不断进行清理、分类。
2. 缩短生产流转的期限，加工产品及时回收，及时上柜，及时回笼资金。

（四）降低成本，节约费用

1. 紧密排料，减少损失，降低消耗。
2. 合理调整库存，减少库存量。
3. 紧缩旅差费，节约水电及文具办公费用。

××××年的任务是艰巨的，但我们有信心完成我们的奋斗目标。

×××
20××年×月×日

【评析】

正文导语概述了制订计划的依据和工作思路。主体表格与条文有机结合。表格将各项指标与上半年度实际做比较，显示了“双增双节”活动的要求，明确、具体、简洁，条文式结构阐述实现目标的四项措施和具体做法，可操作性强。结尾表明实施计划的信心。

相关资讯

肯德基的冠军计划

肯德基曾在全球推广“CHAMPS”冠军计划，该计划是肯德基取得成功业绩的主要精髓之一。

一、冠军计划——“CHAMPS”

C：Cleanliness，保持美观整洁的餐厅。

H：Hospitality，提供真诚友善的接待。

A：Accuracy，确保准确无误的供应。

M：Maintenance，维持优良的设备。

P：Product Quality 坚持高质稳定的产品。

S：Speed，提供迅捷快速的服务。

肯德基的真正优势在于其产品背后的一套严格的管理制度。肯德基在进货、制作、服务等所有环节中，每一个环节都有着严格的质量标准，并有着一套严格的规范保证这些标准得到一丝不苟的执行，包括配送系统的效率与质量、每种佐料搭配的精确（而不是大概）分

量、切青菜与肉菜的先后顺序与刀刃粗细（而不是随心所欲）、烹煮时间的分秒限定（而不是任意更改）、清洁卫生的具体打扫流程与质量评价量化，乃至于点菜、换菜、结账、送客、遇到不同问题的文明规范用语、每日各环节差错检讨与评估等上百道工序都有严格的规定。比如肯德基规定它的鸡只能养到七星期，一定要杀，到第八星期虽然肉长得最多，但肉的质量已变差。而包括荣华鸡在内的所有中式快餐，恐怕就没有考虑到，或者即便考虑过也没有细致到这种份儿上。这正是荣华鸡在与肯德基的较量中败走麦城的原因。

说到底，我们不能简单地从产品质量和结构来看竞争优势。竞争优势归根结底是管理的优势，而管理的优势则是通过细节来体现出来的。肯德基就有这种把细节融入其中的标准化的东西。

二、规范化的连锁经营——标准化

“冠军计划”有非常详尽、可操作性极强的细节，保证了肯德基在世界各地每一处餐厅都能严格执行统一规范的操作，从而保证了它的服务质量。肯德基这种对细节的重视程度，就是企业基础管理技术高低最务实的反映，也是中式快餐与洋快餐的差别所在。

传统餐饮与现代快餐有着本质的不同。比较起来，传统餐饮是作坊式、以手工加工为主的单店形式，管理上凭借经验；而现代文明赋予现代快餐的定义是工厂化、规模化、标准化、依托现代化管理的连锁体系。比如，中国的食品无论是小吃、菜系还是快餐，都有着悠久的历史。单说快餐吧，我们的饺子、馅饼、面条、包子等，哪个没有几百年的历史？中餐那么多以鸡肉为主料的辣子鸡、文昌鸡、白切鸡、手撕鸡、炖土鸡等，哪一个口味不比肯德基的麻辣鸡块好吃？但为什么时至今日，依然难登大雅之堂？关键在于没有形成标准化、规范化，每去一家餐馆总会发现诸多不称心和重复出错之事。

中式快餐在规模化生产、营养成分的研究、食品的卫生状况、从业人员的健康素质、文化素质等，几乎每一个细节方面都无法与洋快餐相匹敌，可以想见中式快餐与洋快餐较量的结果了。

三、到肯德基不只是吃饭——食文化

一个成熟的快餐企业，除了提供美味的食品外，还应向客人提供舒适的就餐环境和温馨的服务。肯德基、麦当劳的餐厅，从布局到灯光乃至洗手间等配套设施，事事替顾客想得周到，处处透着温馨的气息，让客人感受到的是轻松享受地用餐，甚至可以在餐厅娱乐、做作业、谈生意。

置身于肯德基的任何一家分店，你都能感觉到那种无处不在的怡然自得：看报纸的老爷爷和儿童天地里纵情自娱的小孙子，欢声笑语的女高中生和风尘仆仆的小推销员。他们能从善于烹饪的中国人手中攫取市场份额，依靠的不单单是标准化、美式食品本身的品质，他们所经营的还有色调明快的装潢、轻柔悦耳的音乐、窗明几净的店堂和文明体贴的服务。许多人来到这里不再是为了传统意义上的一顿饭，而是把它当成休闲放松的绝佳场所。

在肯德基就餐的那种休闲、消遣的感觉在荣华鸡那里就感觉不到。与肯德基形成鲜明对比的为数众多但缺乏新意的中式快餐店。普遍感觉昏暗的铺面、表情木讷的服务员、油乎乎的桌椅似乎已经成了国内同行的通用标签，总有苍蝇在餐馆内飞舞，也是中式快餐难以消除的恶疾。当年荣华鸡的店员就曾当着顾客的面在柜台内用苍蝇拍打苍蝇，而盛着炒饭鸡腿的柜台根本就不加盖……由此也就不难琢磨，为什么人们宁肯端着托盘站在肯德基的夹道里等座位，也不想到几十米外的荣华鸡就餐！目前，中式快餐店的环境能与之相当的还不多见，

这也是中式快餐难以胜过洋快餐的因素之一。

四、员工培训计划——高素质

为了保证员工能够服务到位，肯德基对餐厅的服务员、餐厅经理到公司的管理人员，都要按其工作性质的要求，进行严格培训。例如，餐厅服务员新进公司时，每人平均有200小时的“新员工培训计划”，对加盟店的经理培训更是长达20周时间。餐厅经理人员不但要学习引导入门的分区管理手册，同时还要接受公司的高级知识技能培训。这些培训，不仅提高了员工的工作技能，同时还丰富和完善了员工的知识结构以及个性发展。

不仅在内部管理和服务上，肯德基在经营中的其他方面的细节，也值得我们借鉴。

五、肯德基经营地点——慎选址

对“一步差三市”规律理解深透的肯德基在进入某个城市之前，在选址方面，要做细致科学的调查研究。通常，要做的第一件事，就是通过有关部门或专业调查公司收集这个地区的资料，然后，根据这些资料开始划分商圈。商圈规划采取记分的方法。比如，某个地区有一个大型商场，商场营业额在1000万元的加1分，5000万元加5分；有一条公交线路加多少分，有一条地铁线路加多少分。通过细致的打分，把商圈划分成几大类。以北京为例，有市级商业型、区级商业型、定点消费型、社区型、社区商务两用型、旅游型等。在商业圈的选择上，肯德基既考虑餐馆自身的市场定位，也会考虑商圈的稳定度和成熟度。肯德基的原则是一定要等到商圈成熟稳定后才进入。

确定商圈之后，还要考察这个商圈内最主要的聚客点在哪里。如北京的前门，是个热闹的商业区，但不可能前门的任何位置都是聚客点。肯德基的目标是：力争在最聚客的地方开店。

确定地点后，还有下一步：在这个区域内，人的流动线路是怎样的；人从地铁出来后往哪个方向走，等等，都要派人实地掐表测量，之后，将采集到的数据输入专用的计算机软件，就可以测算出在此开店的前景以及投资额最多是多少。

市场营销方案

一、市场分析

在我校发行的有关英语学习的报纸和杂志有21世纪报、英语周报、英语辅导报、疯狂英语等七种，竞争异常激烈，目前我又了解到学习报的英语版正在大量进入我校市场。据了解他们的销售模式只是单纯地在大学校园宿舍进行推销，但覆盖面不广，往往是各据一方。但后期报纸或杂志的发送成了最大的问题，往往出现发送报纸或杂志不及时，或报纸积压的问题，没有给学生留下好的印象。这对于刚进入我校市场的新东方英语是一个有利时机。

二、推销对象分析

推销对象：××职业技术学院2012级新生

对象总人数：预计高职新生3600人

对象需求分析：

1. 对于刚踏入象牙塔里的大学生来说，他们心中早已经有了自己的英语学习目标，如考过英语四六级，然后向更高的目标奋斗。

2. 在我校，由于新生进校十天左右会有一个英语分班测试，对于远离考试几个月的学生来说会比较重视此次考试。然而事先不知情的他们很少有人会带上以前的课本或者资料，

因此这也是新东方英语推销的有利切入点。

3. 现在英语四六级的试题改革，对当代大学生英语水平有了更高的要求。提高英语成绩的有效方法也是最基础的方法就是扩大词汇量。寻找一份能有效地帮助自己扩大词汇量并提高自己英语整体能力的资料是许多刚进校的学生想知道的，同时考过英语四级也成了学生学习英语的目标。

三、推销市场实地与人员

1. 推销市场实地分析：××职业技术学院校园大，宿舍分布较为集中。

2. 推销人员：为了进行较好的市场宣传与推销，推销人员应遍布学校新生各个宿舍区，这样有利于宣传与推销，在第一时间抢占校内较多市场，为以后报纸的配送提供更多的方便。同时考虑到男生进入女生宿舍不方便，推销人员应有一定的男女比例，通过这些建立有利的地理优势！

3. 鉴于对市场实地的分析，估计总共需要40人左右的推销员分布在校园各个新生宿舍进行宣传与推销，后期发送杂志大概需要5人。

四、宣传与推销

宣传主题：读新东方英语，做未来的主人！

推销宗旨：诚实守信，服务至上，让顾客满意！

前期准备：

1. 人员招募：考虑到前期推销的艰难性，我将招募比较有责任心的、想做的并且想执着地干下去的同学和朋友，以前有过推销经验的同学和朋友优先。同时也要考虑到人员位置的分布和性别比列，将招募的人员分为5个小团队，其中一个小团队为女生，并选择能力较强的人为队长。

2. 人员培训及经验交流：作为推销团队，就应该有团队精神，同心协力将推销的事情做好。团队精神的培养需要团队成员更多的相处和彼此的了解。为了获得更好的推销效果，掌握一定的推销技巧是不可少的。虽然个人的智慧或者经验是有限的，但积水成河，聚沙成塔，要求我们能够广泛地汲取经验并互相交流。除此之外，更要努力学习理论知识，多学习有关推销的技巧。

五、推销准备工作

1. 提前两天到校，制订推销详细规划。

2. 协调组织成员，鼓舞士气。

六、宣传推销阶段

1. 定点宣传：新生入学阶段，在宿舍的主要路口设接待点。为新生及其家长提供免费饮水并制作相应的宣传版进行平面宣传。同时，如果条件允许，可以适量地提供免费报纸。

2. 宣传与推销：新生入学的时段到新生宿舍进行宣传推销。

3. 抓住老乡会的时机，帮助新生了解大学生活及英语学习，为新生对大学的诸多困惑进行解答，同时对英语的重要性和学习方法进行讲解，借机推销我们的报纸。

七、营销策略

重在抓住推销对象的心理。

1. 首先要给人一种亲切的感觉，自我介绍很重要，带上学生证是必需的，作为学长或学姐的我们要在新生眼中是很值得信赖的。可以以学长或学姐的身份向他们介绍学校情况，

像交朋友一般。交谈时要面带微笑，拉近彼此间的距离，言语中透露大学英语学习的重要性：作为我校的大一新生，进校后会有一个英语分班考试，这将决定他们在哪个级别的班里学英语。讲清楚分班考试的重要性，快班的同学的英语老师较好，有利于他们的英语成绩的提升，能更早地参加英语四级考试。而且很多同学来校时没带任何与英语有关的书或资料，买了这份杂志可以为考试做些准备，找回英语的感觉，同样可以受用于以后大学英语课程及英语四级的学习。

2. 推销时要带上一份样品，言谈应尽量言简意赅，切入推销主题时不能表现得太商业化，以免新生们产生反感。

3. 如果能顺利地推销出一份杂志，一定要开正规的订阅发票，最好是该杂志专用的。还要留下校园主管的联系方式，如有任何报纸发送方面的问题可以向校园主管反映。同时推销人员还要主动留下自己的联系方式，主动提出有什么问题都可以找我们学长或学姐。即使在某个宿舍没能推销成功，同样要以学长或学姐的身份留下联系电话，一来可以留给新生回头机会，二来可以向他或她的室友进行宣传，为以后征订的人留下联系方式。

八、营销计划进行阶段

1. 每天从各队长处收集整理最新征订情况。

2. 每天开队长会，共同解决推销中遇到的问题。

3. 每天开组内会，鼓舞团队，齐心协力。

九、后期杂志的发送

1. 基于前面对于市场实地的分析，后期发送杂志同样要做到方便、快捷。因此会在校园各个新生宿舍选取个别人作为发送员，对每期的杂志及时地发送，给新生以满意的服务和印象，同时这也是占据市场和扩大市场的有效办法。

2. 鉴于其他杂志和报纸在发送方面存在的漏洞，给新生客户造成了很不好的印象，有人甚至提出退款，所以后期的发送服务一定要及时、周到，据此建立读者反馈机制：根据各个宿舍区征订杂志人数安排该区域内发送员（一个发送员负责一个宿舍楼）；另外发送员也要受到新生客户的监督，客户对杂志发送方面的问题，如发送不及时、错发、漏发等问题均可向校园主管反映，由校园主管处理解决，通过这些来监督和考核业务员的业绩。

3. 为了避免错发、漏发等问题，需要制作相应的表格，将杂志发送员所负责的学生信息进行汇总，每发一份杂志在表上均做出相应记录，使发送工作有条不紊地进行，避免出现问题而引起客户的不满！

十、售后调研

对每位订购客户进行问卷调查，提出杂志的优点和缺点，有利于杂志的改进和发展。

实践演练

一、回答问题

1. 说说“凡事预则立，不预则废”的含义。
2. 计划类文种按内容和成熟程度不同可以选用哪些不同的名称？
3. 谈谈计划对高效、有序地完成管理工作的指导意义。
4. 计划对一项工作完成后总结的对照作用是什么？

5. 条文式计划的结构由几部分组成？

二、写作实训

王栋同学是××职业技术学院管理专业的毕业生。现在就职于××公司仓储部门负责仓储经营的市场开发，经过一段时间的努力，他结识了数家大客户，市场潜力很大，受到领导的信任和员工的一致好评。为使下一步工作有条不紊，请你代他写一份工作计划。

要求：

小组讨论、团结协作共同制订计划；分组实施，小组成员合作，进行写作实践。

1. 首先收集相关企业的市场开发信息，研究行业企业文化。
2. 分析企业对市场开发的需求，使制订的计划做到切实可行。

任务3　撰写营销策划书

情境导入

鉴于今年公司产品销售量突出，临近年终公司拟举行一次大型的答谢活动。为答谢广大新老客户对公司的肯定和厚爱，计划针对终端客户，在城市广场以有奖问答、买就送等形式进行一次针对新产品的大型促销活动，掀起新产品购销的浪潮。

你作为这次活动的主要策划人员，将写一份怎样的营销策划方案？

任务描述

《礼记·中庸》中有这样一句话：“凡事预则立，不预则废。”意思是说，要想成就任何一件事，必须要有明确的目标、认真的准备和周密的安排。没有准备的盲目行动，只能是虽忙 忙碌碌却一事无成。预，就是准备；立，则是成功。有了精心的准备，事情就成了一半。随着竞争的加剧，针对消费者的促销活动在营销环节中的地位已越来越重要，营销策划书的写作也越来越重要。

案例导引

宏盛百货大楼营销策划方案

一、前言

近年来，××市流通业发展迅速，处于市中心地区的大型综合零售商业企业正受到严峻的挑战。宏盛百货大楼是××市中心黄金段新开业的一家大型综合性的以零售为主的百货商店，由于建设工程的延误，百货大楼一竣工，就面临着十分激烈的市场竞争，中心地区居民外移，四周大型零售企业林立，各大型超市在居民集中区域纷纷开业。宏盛百货大楼面对外部环境的变化、市场竞争的新挑战，必须对商场的功能重新定位并在与之相配套的营销策略上创新，才能在十分激烈的市场竞争环境下生存和发展。

二、宏盛百货大楼的概况

宏盛百货大楼是股份制企业，2005 年底开业，建筑面积 66500 平方米，占地面积 5000

平方米，商城营业面积约35000平方米，位于商家必争的黄金地段，每天有20万客流经过。

三、市场战略

（一）商圈范围

从商圈战略上来看，宏盛百货大楼应该扩大特殊品的经营。同时可以利用相对价格水平来扩大商圈范围。通过降价，商店可能吸引更远地区的消费者来店购买，特别是针对一些众所周知的名牌商品的降价更是如此，从而扩大商城的商圈范围。通过提高服务水平，在同样的价格条件下，周全而优良的服务对顾客具有吸引力，从而可以扩大宏盛百货大楼的商圈。通过交通条件的改善，可以把市郊的消费者吸引到市中心来，从而进一步扩大宏盛百货大楼的商圈。利用宏盛百货大楼的声望、街区的特点及城市特征，树立商业中心区龙头地位。

（二）竞争目标定位

由于宏盛百货大楼将商圈定于××市市区这样一个范围，竞争对手主要为国际大厦购物中心、东方大厦购物中心、金泰百货商城。

1. 国际大厦购物中心：营业面积近2万平方米，年销售额达12亿元左右，从某种意义上来看，是宏盛百货大楼直接的竞争对手。目前日客流量达8万人次，其中外地人和本市人各占48%和52%。

各类商品齐全，品种繁多，款式多样，能较好地满足各阶层人士的需要。知名度高，信誉好。但是也存在种种问题：商场利用率高达75%～80%，商店内部环境异常恶劣，出租柜台多。

2. 东方大厦购物中心：环境高雅宽松，商品品质高，价格也高，且兼营各种服务业、娱乐业，但从效果来看顾客稀少，主要是定位太窄，价格太高。

3. 金泰百货商城：采取了一种务实的态度，以商品齐全、品质可靠、价格适中取胜，获得不少消费者的认同。但其缺陷在于起点低、经营品种雷同，经营方式大同小异。

（三）目标市场定位

宏盛百货大楼可以以年龄和心理两个变数作为市场细分的标准，将市场划分为15个子市场，并经过综合确立4个目标市场。确定四种类型的目标顾客群其特征如下：

1. 未来型顾客群。对于新生事物及流行时尚具有强烈追求和参与意识的顾客群。重视与具有相同喜好的集团成员之间的交往，有以新价值观领导未来新潮流的欲望。

2. 自主自立型顾客群。个性化需求强烈，具有表现自己的明确主见，以知识化的感受和合理的判断力为基础、在生活方面想自我表现的群体。

3. 充实生活型顾客群。思想日趋成熟，并走上成家立业的台阶，追求安定、圆满的生活，具有强烈提高家庭生活充实度的欲望，并能合理安排生活。

4. 追求宽裕型顾客群。以成熟的年龄为背景，表现为消费生活的成熟化，追求事务的本质与真实，而不企求虚幻的感觉，希望有一个宽裕安定的将来，是一群理性消费者。

（四）商品战略

宏盛百货大楼在提供丰富的有形商品的同时，更加注重发挥其作为创造、开发生活的特点，在商城内提供更多的与众不同的功能及服务，使消费者在商城内可以获得更多的物质和精神方面的消费。具体的商品战略包括无形商品战略及有形商品战略。（具体内容略）

（五）定价策略

宏盛百货大楼所要达成的四个目标是：①维持生存；②赢得利润；③占有一定的市场份

额；④树立商店的声誉。宏盛百货大楼总体价格将保持一个中档水平。总体来说是中档为主，兼顾两头。在执行过程中根据不同商品的属性和消费者的购买习惯灵活运用。（具体内容略）

附件：宏盛百货大楼店堂布局（略）

思考讨论

你认为上面这份营销策划书编写得怎么样？

知识平台

一、营销策划书的含义

在市场营销中，制订和撰写营销策划方案是一项中心工作，是企业进行营销活动的依据。营销策划方案就是营销策划书，把策划过程用文字写出来，是营销策划过程的具体化、书面化。撰写科学可行的营销策划书，是企业市场营销的基础和前提。通过营销策划，使企业在市场营销过程中达到获得利润的目的。能否成功地进行营销策划并实施，是企业经营成功或失败的关键所在。

二、营销策划书撰写原则

（1）创意新颖原则　要求策划的创意新、内容新、表现手法新，给人以全新的感受。新颖的创意是策划书的核心内容。

（2）简洁朴实原则　要注意突出重点，抓住企业营销中所要解决的核心问题，深入分析，提出可行性的相应对策，针对性强，具有实际操作指导意义。

（3）可操作原则　策划书要用于指导营销活动，其指导性涉及营销活动中的每个人的工作及各环节关系的处理。因此其可操作性非常重要。不能操作的方案创意再好也无任何价值。不易于操作也必然要耗费大量人、财、物，管理复杂、显效低。

三、营销策划书的基本结构

策划书没有一成不变得格式，它依据产品或营销活动的不同要求，在策划的内容与编制格式上也有变化。但是，从营销策划活动一般规律来看，其中有些要素是共同的。

（1）前言　主要是交代策划背景、意义和营销策划要达到的具体目标。

（2）市场状况分析　分析产品市场现状。

（3）产品策略　产品策略包括产品组合策略、品牌策略、包装策略等。

（4）价格策略　包括新产品定价策略、折扣价格策略、心理定价策略、连带产品定价策略、差别定价策略、地区定价策略等。

（5）营销渠道策略　营销渠道有各种不同的形式。渠道设计要根据影响渠道选择的各因素，确定渠道长度、渠道宽度以及规定渠道成员彼此的权利和责任。

（6）促销策略　促销策略是企业根据促销的需要，对广告、营业推广、公共关系与人

员推销等各种促销方式进行的适当选择和综合编配。

【优秀例文】

建军节电器连锁营销策划方案

一、前言

康华电器连锁自创业以来，一直致力于江西家电零售业务，拥有占江西市场1/3强的市场份额，为江西家电零售业的龙头企业。然而以往的促销活动都是各地单店举行，不能体现连锁优势。为充分利用连锁经营的品牌优势、规模优势，本企划运用整合营销传播理论，统一康华电器连锁各卖场促销活动，形成各卖场用一个声音说话，向外界展现同一个形象，统一标准，扩大声势，塑造良好企业形象。

二、市场分析

（一）市场现状分析

时值一年中最热的时候，空调商品属热销商品，销量大幅增长，是创佳绩的最好时机，其余家电商品是淡季。销售额增长靠空调、风扇等商品拉动。

（二）市场竞争态势

市场领导者：康华电器连锁

市场挑战者：各地空调专营店。

市场追随者：各百货商场。

（三）康华电器连锁企业分析

优势：统一管理模式，统一进货渠道，统一经营品类，统一店面形象，统一物流配送，统一服务标准。

劣势：品牌知名度不高。

机会：通过广告宣传、公关活动，扩大知名度、提高影响力。

威胁：竞争对手凭借各自的优势争夺市场份额。

（四）目标市场

长期目标市场：30岁左右的新婚夫妇、迁新居者、政府机关、企业。

短期目标市场：各部队官兵、部队机关、军人家属。

（五）消费者分析

个人：新婚添置家私、迁新居添置家私、儿女孝敬父母。

机构：大宗团购改善工作环境。

三、推广策略

（一）广告策略

在全省范围内提供各卖场的统一广告支持，各卖场配合以条幅、DM单、海报、宣传车等做宣传，以节约广告千人成本。

省级媒体包括电视、报纸。电视投放10秒企业形象广告片，报纸主要以软文做宣传，避免硬性广告给人以厌恶感。

（二）媒体策略

电视：江西2套辐射全省、收视率高，千人成本较低，每晚在黄金时段于电视剧片头前播出。

报纸：《江南都市报》，该报为省级晚报，发行量大，权威性较高，每日刊发软文于A版。

户外：条幅、彩虹门、刀旗设置在各地卖场活动现场。

DM单：由企划部统一设计制作，各地卖场自行派发。

海报：各地卖场自行制作，要求图文并茂，视觉冲击力强。

宣传车：各地卖场自行准备，于8月1日在当地繁华地段做宣传。

四、促销策略

（一）“军民一家，康华敬礼”主题活动

活动创意：南昌是“八一”建军节的起源地，江西有着骄傲的革命历史，中国的革命以江西为出发点。康华把江西这一荣誉作为切入点，通过唤起人们对革命战争岁月的回忆，引发人们对子弟兵的关爱。这个活动必然会引起人们尊敬官兵的共鸣。因此，康华借这一情感诉求，得到人们的赞誉，为康华今后的品牌发展打下基础。

活动宗旨：通过一种感性的社会活动来提高康华的知名度和美誉度，建立起康华独特的企业文化内涵，塑造“康华”品牌形象。

活动细则：

广告目标对象设置：现役士兵、军官、部队单位、军人家属。

活动安排：

8月1日各卖场搭设舞台做歌舞表演，宣传“军民一家，康华敬礼”这一主题，表演期间穿插互动游戏，以提问方式请顾客回答关于“八一”南昌起义历史事件及井冈山红军根据地的问题，答对者奖励礼品。

凭军人证、部队介绍信在康华电器连锁购物可获折扣优惠或礼品。

凭军人证可参加免费抽奖，先到抽奖处填写抽奖卡，然后将抽奖卡投放入抽奖箱，最后请现场观众抽奖，当场兑奖。

（二）“幸运空降，康华相伴”主题活动

活动创意：用数字8做文章，8在中国谐音为“发”，8为幸运数字，人们都希望能和8字沾上边，借此给自己带来好运，康华就借8字送给顾客好运，幸运顾客遇上8字必定有康华带来的好礼，心情清凉一夏，并记住、传播康华品牌。

活动时间：8月1日—8月8日。

活动宗旨：提高品牌知名度，提升品牌美誉度，打造企业品牌形象。

活动细则：

制作8000个大礼包，每个礼包里密封装了一个康华的“8”字幸运符，分8天派发到千家万户中，每天一千份（晚上组织康华员工随机塞入住户门内）。如果消费者有幸得到这个康华“8”字幸运符，可到当地康华电器连锁卖场领取幸运礼金券一张（价值88元），礼金券在8月份内到康华电器连锁购物消费可充消费金额的50%以下使用，一次用完，不找赎。

前期以新闻报道及广告吸引消费者，后期以新闻形式向公众传播。

费用预算：电视广告费用、报纸广告费用、DM单印刷费、条幅制作费、宣传车费用、8000个礼包制作费。

【评析】

这是一份简短的营销策划方案，抓住消费者的情感诉求及好奇心理，能起到一定的传播效果，扩大企业知名度，建立企业特有的文化及公益形象，拉近了企业与消费者的距离。

任务4 撰写活动策划书

情境导入

学海科技公司近期要开展产品促销活动，林栋需要制订营销策划书、专题活动策划书。林栋如何制订营销策划书、专题活动策划书等策划类文书呢？

任务描述

举行一次活动，需要考虑到方方面面的问题。因此，活动前一定要进行活动方案的周密策划。正如一份缜密的作战方案在很大程度上决定着战争的胜负一样，一份系统全面的活动方案是促销活动成功的保障。

那么，怎么制订一份完整的详细的活动方案（计划）呢？

案例导引

案例1 40年传承 品质永恒 ——HK高级旅行用品40年产品博览柜活动策划书

一、背景分析

随着当今社会的信息化迅猛发展，各种媒体形式层出不穷，大众的注意力被严重地分散。同时，随着经济社会中人们的工作节奏和生活节奏日益加快，人们对某项事物的关注度也在大幅度降低。这就直接导致了企业通过媒体传播进行产品宣传和品牌推广效果的不确定性和低效性更加趋于凸显。

再次，媒体本身对于其传播力、影响力和行销力的评估始终没有为广告主提供一个科学的答案。目前，无论是电视的收视率，还是报纸的发行量，以及户外新媒体的覆盖率、网络的点击率，人们对广告效果的评测绝大部分都还仅仅局限在传播的层面上，而对影响力和行销力的评估却几近为零。电视、网络广告固然需要，但HK有更加得天独厚的优势——拥有400多家自营专卖店和众多合作伙伴（机场、航空公司等）。基于此，我们拟在全国400多家专卖店开辟HK 40年产品博览柜。

二、活动主题

活动的主题是“40年传承 品质永恒”——回顾过去的辉煌，提高HK品牌在消费者心中的认知度，培养HK品牌在目标人群中的潜在客户，吸引更多人群关注并青睐本品牌。

三、活动目标

本阶段活动的目标在于向消费者以及同行业竞争者展示HK 40年以来始终如一的高品质、高追求，借40年庆典的机会适时回顾发展历程，汇聚精华积淀，传承优秀传统，弘扬HK精神，以促进品牌更好、更快的发展。

四、活动内容

（一）活动执行

1. 问卷调查

请求与腾讯和新浪网等网络门户合作，在网页加载时置入弹出式广告，广告内容主要是邀请大众做一个关于使用箱包情况的调查问卷，以便更好地了解消费者的需求（附调查表，略）。

注：①调查表尽量简短，主要是为了达到宣传 HK 的目的。②今年是 HK 进入 40 年，在调查时，注明第 40/400/4000/40000 等位参与调查者将会得到由 HK 送出的非常大奖，并且奖项最好与该被调查者的调查内容有关，让大家感受到这个活动的诚意。

2. 媒介宣传

（1）与当今红火的交流平台人人网、开心网等合作，将 HK 箱包作为可用免费的礼物赠送，提高知名度。

（2）与各大门户网站合作，在网页上设置广告区，广告内容主要是告之大众 HK 进入 40 年庆典，链接至 HK 官方网页，宣传 40 年庆典系列活动。

（3）与各级电视台合作，在固定时段投放广告短片，广告内容主要是回顾 HK 40 年发展历程，展示 40 年产品，宣传 40 年庆典系列活动。

3. 制作 HK 40 年宣传册和产品博览柜

（1）制作“40 年传承　品质永恒”HK 品牌发展宣传册

注：宣传册旨在展示品牌的发展历程和品牌故事，应包括：①每一代代表产品和每一发展时期具有里程碑意义的箱包回顾（外形、性能等）；②品牌自营直销店展示；③品牌合作伙伴一览；④企业自身文化建设等内容。

（2）制作 HK 40 年产品博览柜

注：定做企业每一代代表箱包和每一发展时期具有里程碑意义的箱包模型（或箱包样品），进行橱窗展示，供广大消费者在选购产品时观摩，了解 HK 的发展历程和品牌故事。

以上在 HK 自营直销店和合作伙伴终端（酒店、航空公司等）均有设置，直观生动地展示品牌的发展成果。

（二）资源需要

人力资源：与门户网站合作的交涉人员，携带合同，明确双方责任。

物力资源：合作资金，奖品奖金，市场投放资金。

（三）活动主要负责人

主要涉及公司市场部相关负责人员，进行合作洽谈；采购部负责奖品的采购等。

（四）活动时间

2010 年 5—6 月为准备阶段：主要联系各大门户网站，进行洽谈合作宣传事宜，为即将开展的网络投票活动进行铺垫，寻找合作门户；策划并制作宣传册以及展示箱包（或模型），为 40 年产品博览柜的设置做好准备。

2010 年 7—8 月为开展阶段一：投放电视、网络等平台的广告；开展网络平台的问卷调查活动。

2010 年 9—10 月为阶段一活动收尾：分析调查问卷，得出分析结果。

2010 年 7—12 月为开展阶段二：设置全国自营直销店和合作伙伴平台的 40 年产品博览柜（考虑到 40 年产品展览的时间战线较长，故该活动一直持续到 2010 年 12 月）。

2010 年 12—2011 年 2 月为阶段二活动收尾：撤销 40 年产品博览柜，回收供展示的各产品，并做好保管工作。

（五）活动开展需要注意的细节

（1）调查问题要符合目标人群（时尚、商务、学生）的思维模式，迎合主流。

（2）宣传册中要有关于 40 年庆典系列活动的相关预告，如以旧换新大行动等活动，为后面活动的开展做好铺垫。

（3）本阶段的广告重在宣传，给大众留下印象，为今后的主题活动做好铺垫工作。

五、经费预算（详情请见附表，略）

【评析】

这份活动策划方案定位合理、有理有据，营销策划要素齐全、条理分明，有效地提高了营销策略实施过程的可操作性和可控性。

案例 2　文学社 10 周年庆典晚会活动策划书

一、活动背景

生日是每一个人值得庆祝的日子，一个社团的生日，同样是一件欢天喜地的大事。在过去 10 年的时间里，在全体社员的努力下，春风文学社取得了可喜可贺的成绩——对外扩大了春风文学社的知名度、对内打造了一批优秀的团队。为庆祝春风文学社 10 周年生日，进一步宣传校园文学在群众中的影响力，同时建设良好的校园文化氛围，春风文学社特举办“一起走过的日子”成立 10 周年庆典晚会，希望得到学院领导及广大企事业单位的大力支持。

二、活动目的

本次活动的目的在于体现高校的素质教育、人才教育成果，响应学院高职考评，并将此意义升华；凸现科技学院优良的人文学风；弘扬新型高职院校的深厚社团文化底蕴，彰显当代大学生个性与风采；宣扬春风文学社 10 年积淀的文化氛围；以我们自己的方式铭记春风人走过的 10 个春秋；宣扬文学，张扬青春，涌动激情。

三、活动意义

以具体活动纪念春风文学社成立 10 周年，体现社团文化，展现社团风采。

四、活动宗旨

通过本次活动突出社团活动的宗旨：展青春之风采，塑春风之灵魂。

五、活动口号

自由、包容、创新。

六、活动思路

（一）前期工作

以宣传公关为主，工作重心在宣传上，宣传以学院团委的指示为方向，进行全方位的包装宣传，利用一切可以利用的条件，宣扬社团文化，宣传社庆以及社庆的具体活动；公关方面主要是联系学校领导、学团联干部等，并联系赞助商。

以下是前期工作要点：

1）组建筹备委员会。

2）资金来源：商业赞助 + 学院拨款 + 社费。

3）校内广播站联系、各种网络宣传联系（如：在校园网上发布消息等）及策划实物宣

传方案（含海报、通知等实物宣传）。

4）邀请嘉宾：院领导、社员代表、社会嘉宾、学团联及兄弟学校社团代表，相关单位如文联作协、赞助单位代表等。

5）开始筹备社庆专刊：利用社庆契机，筹备一期专题期刊。

6）联系晚会需用地点。

7）制作大会资料及社庆通讯录。

（二）社庆活动

活动中工作重心以组织协调为主，各工作组各司其职，具体活动交具体专人负责，每位活动负责人及活动组组长总结每天工作进度，每日定时由秘书组汇总，并向总负责人汇报；每三天工作组全体组员进行一次短暂碰头会议，让各工作组了解其他工作组工作进程，进而了解社庆的进度，并针对将会出现的问题进行及时改正。

（三）后期工作

以完成本次活动的意义为主，和兄弟社团保持长期友好联系，发行社庆专题期刊等。

七、活动组织结构

（一）筹委会人员组成

1. 晚会会务领导组

2. 庆典会务工作组

为了保证本次活动顺利并有条不紊地进行，采用分组制，每组组长负责，助理协助，组员（各部门成员）若干。

（1）采编发行组

负责部门：记者部、组织部

主要任务：

1）活动的文字宣传。

2）收集社团内外社庆间动态信息。

3）组内组织人员对在校师生进行有关采访，主要是对社团成立10周年的看法及对社庆的动态跟踪采访。

4）联系校报、校园广播站和校园网站，制作春风文学社10周年社庆专题报道。

5）与秘书部联系，搜集社庆活动动态并制成简报，每三天开会时发放给各组成员以相互鼓励和督促。

（2）节目采集组

负责部门：外联部

主要任务：

1）积极组织本社团节目表演。

2）邀请学团联及兄弟学校社团选送节目。

3）组织筛选节目，并组织节目的出场顺序。

（3）宣传组

负责部门：组织部

主要任务：

1）设计以社庆为主题的展板。

2）制作宣传单，内容要有社庆活动流程、时间表等。

3）制作社庆期间所需海报，分社庆海报和活动海报，准备展开前期宣传攻势。

（4）外联组

负责部门：外联部

主要任务：

1）联系团委，学生工作处学校领导。

2）联系各活动所需地点。

3）活动期间的公关接待。

（5）后勤组

负责部门：秘书部

主要任务：

1）账务管理。活动前、后的经费预算及小结。

2）人力调配（即人力后勤）。

3）活动的会场布置及会场秩序维持，活动后的会场整理等后续工作。

4）制作活动所需资料。

（6）现场指挥组

八、晚会特色

1）精英阵容、群英璀璨：晚会的文艺节目由春风文学社各部门、学团联兄弟社团及兄弟院校文学社社团分别选送。

2）节目多姿多彩、形式多样：包括唱歌、舞蹈、小品、朗诵、游戏。

3）邀请多位嘉宾领导出席本场晚会，使得晚会影响力更大。

九、晚会活动议程（略）

十、活动请示与申请（附请示和申请，略）

【评析】

这份活动策划方案内容完整、条理分明、层次清晰，活动策划具体、周密、全面。

知识平台

一、专题活动策划书的含义

专题活动主要指对外接待、参观、开业、庆典、新闻发布会、记者招待会、竞赛、捐助等大型活动。这种专题活动是为了达到一定的目的，在一个特定的时期、特定的场合下，使成为对象的每一个人都能亲身体会到直接针对性的某种刺激媒介，这种直接性是报纸杂志、广播电视等媒介所不可比拟的。当企业有新产品问世、开张营业时，当组织声誉受损，受到指责、误解时，有针对性的专题公关活动就十分有必要了。而活动策划书就是对上述这些活动所制订的行动计划。

二、专题活动策划书写作的基本步骤

（一）选定主题

主题是整个策划的灵魂。主题是对活动内容的高度概括，是策划所要达到具体目的的主

要理念，是统领整个活动、连接各个项目、各个步骤的纽带。专题活动要为广大公众接受，就必须选好主题。

活动的主题是多样的，它既可以是一句口号，如“为了千千万万个失学儿童”“迎接奥运，爱我中华”，也可以陈述式表白，如雅戈尔：“中国的皮尔·卡丹”，步步高：“世间自有公道，付出总有回报，说到不如做到，要做就做最好”。主题看似简单，但设计难度很大，它既要虚拟、拔高，又不能空洞、口号化，必须贴近受众心理。

（二）确定日期

日期的选择一般较为灵活，策划人员首先要将日期和时间确定下来，以便作具体的时间安排，并将其列入组织计划中去。

（三）选择地点

策划人员在选择活动地点时，必须考虑公众分布情况、活动性质、活动经费以及可行性等因素。

（四）通知参加者

要通知具体日程安排，如设计日程计划表、明确起止日期和公众宣传日程。

（五）费用预算

无论是举办什么活动，都要考虑成本问题。策划人员应计划如何用有限的资金支付各项费用，估计可能需要的各种支出，准备呈报上级批准。

总之，专题活动策划的基本要求是主题明确，内容具体；时机恰当，规模适中；形式新颖，组织周密；符合公众心理，赢得社会支持。

三、新闻活动策划书

写作新闻活动策划书时应想到的八个问题如下。

1）确定活动主题，认真审视会议将宣布什么？

2）时间是否合适、地点是否便利、环境是否舒适？

3）记者可能提出哪些问题？

4）应邀出席者的范围与活动涉及的范围是否合适？

5）是否为记者提供了较完备的信息资料？

6）有关会务问题是否能够落实？

7）整个活动进程安排得是否科学、缜密？

8）会后工作是否准备就绪？

四、社会赞助活动策划书

（一）社会赞助活动的定义

社会赞助活动是指社会组织通过对某一社会事业、事件无偿地给予资金或物质上的捐赠或赞助，以扩大组织的知名度和美誉度，使组织获得一定的形象传播效益的社会活动。社会组织所赞助的社会事业范围涉及体育、科技、文化、教育、社会慈善、社会福利、环保及人类和平事业等。

（二）社会赞助活动策划书的写作基本要素

（1）活动的前期研究　包括妥善选择赞助的对象、确定赞助的主题、积极的社会意义，

及将要产生的影响，分析政策和目标，保证组织受益和社会受益，达到树立企业良好形象、扩大社会影响力、显示爱心、提高社会组织知名度和美誉度的目的。

（2）制定赞助计划　包括赞助对象的范围、计划的预算、赞助的形式、赞助的宗旨等。

（3）整个活动的程序　包括报请公司批准→提请有关方面赞同许可→成立专门活动组织进行操作→得到内部员工和企业的支持→获得资金→确定分配方案并予以实施→新闻传播→获得领导和专家在内的各方面好评。

五、重大节日庆祝与庆典活动策划书

（一）重大节日庆祝与庆典活动的类型

（1）庆典活动　如国庆、校庆、厂庆、店庆、婚庆、开业典礼、奠基典礼等。

（2）纪念活动　如纪念“五四”活动、纪念党的生日活动等。

（3）剪彩仪式　如开业剪彩、开幕剪彩等。

（4）开放参观仪式　如展览馆开馆仪式、揭幕仪式等。

（5）联谊活动　如单位联谊、同学聚会、同乡聚会、军民联谊等。

一个单位或组织开展上述活动都要制订出活动方案。良好的策划方案，加上顺利的实施，就能使活动圆满成功。

（二）撰写重大节日庆祝与庆典活动策划书的基本步骤

（1）选定主题　主题是对活动内容的高度概括，是整个策划的灵魂。要为广大公众接受，就必须选好主题。

（2）选定日期　除了固定的纪念日，日期的选择一般较为灵活，但策划时首先要将日期和时间确定下来，以便作具体的时间安排，并将其列入组织计划中。

（3）选择地点　选择地点时必须考虑公众分布情况、活动性质、活动经费以及活动的可行性等诸多因素。

（4）通知参加者　要将具体日程安排通知参加者，包括设计日程计划表，明确起止日期，明确每一天的活动项目。除节目内容和日期的安排外，许多时候同时也进行公众宣传方面的日程安排。

（5）费用预算　要计算好活动成本和各项费用支出，让有限的资金发挥最大的作用。

总之，撰写重大节日与庆典活动策划书时，要明确庆典活动的目的意义，确定主题；要精心设计活动的形式和内容；要有独特的创意，避免落入俗套。

【例文】

宁波大学书画协会迎世博活动策划书

活动名称：宁波大学书画协会活动

活动时间：2010 年 4 月中旬—5 月

活动地点：宁波大学北区二村门口

主办单位：宁波大学书画协会

活动目的：以数万大学生之决心声援和支持上海世博会；以青年大学生之激情唤起国人和媒体对上海世博会的高度关注和热情支持；通过知识问答和绘画签名等活动，影响广大师生，同时展示书画艺术，弘扬中华文明。

1. 前期准备

(1) 其他准备

1) 购置画卷所需要的画布。

2) 借帐篷、桌子、椅子。

3) 抽奖箱、与世博有关的问题、纸条等。

4) 奖品：纪念书签、糖果、自制海报、帽子和袖章等。

(2) 宣传工作：校园张贴海报宣传。

(3) 要求工作人员精神饱满，服装整齐、仪表大方。

2. 活动流程

(1) 第一阶段：前期宣传。

(2) 第二阶段：活动实施。

1) 工作人员于11：00准时到场，布置会场。

2) 活动于11：30正式开始。

3) 活动于17：00结束，整理现场。

4) 活动结束后两天内，在校园适当位置展示长卷，并邀请同学参观。

3. 人员安排

(1) 宣传组4人。

(2) 道具组2人。

(3) 工作组7人。

(4) 机动组3人。

三、活动预算（略）

思考讨论

指出上面的活动策划书在写作上存在的主要问题。

实践演练

1. 林栋为公司所在地的一种特色食品做市场调查，请帮他写出营销策划方案。

2. 请你为自己家乡的旅游产品写一份销售策划方案。

3. 根据公司业务需要，林栋利用业余时间对手机市场进行调查，请你帮林栋写出销售手机的策划方案。

4. 请你写一份“五四”青年节活动策划书。

5. 学生会号召全院师生为四川汶川地震灾区的学生捐书，请为此写一份图书募捐活动策划书。

6. 为丰富校园文化生活，学院准备举办一系列文艺大赛，请你写一份活动策划书。

学习情境四　介绍说明产品

任务1　撰写产品说明书

情境导入

产品生产出来了，可是怎么给新产品写个说明书呢？为此，营销部伤透动脑，怎样使新产品的说明书看起来简短、通俗而又内容完备呢？

任务描述

在激烈的市场竞争中，产品说明书成了企业推销自己和产品的重头戏。产品说明书可以帮助用户了解产品特性，确保用户正确、安全地使用产品。因此推销人员不但要勤于动嘴，更要勤于动笔，在日常推销活动中学会撰写企业的产品说明书。

案例导引

云南白药胶囊说明书

【药品名称】云南白药胶囊

汉语拼音：YunnanBaiyao Jiaonang

【性状】本品为胶囊剂，内容物为灰黄色至浅棕黄色的粉末；具有特异性香气，略感清凉，并有麻舌感。保险子为红色的球形或类球形水丸，剖面呈棕色或棕褐色；气微，味微苦。

【成分】略（保密方）

【药理作用】

1. 止血　明显促进大鼠及家兔的血小板聚集，增强血小板的活化百分率及血小板表面糖蛋白的表达。能缩短大鼠及家兔的血液凝血时间、伤口出血时间及凝血酶原时间，对家兔动脉血管有明显的收缩作用。

2. 活血化瘀　抑制大鼠静脉血栓形成，缓解高分子右旋糖酐造成大鼠微循环障碍，降低大鼠血黏度，改善血液的血流状态，加快小鼠耳廓微循环血流速度。有一定的对抗大鼠毛细血管急性血栓形成的作用，不会出现血管内异常凝血。

3. 抗炎　对佐剂、角叉菜胶、异性蛋白、化学致炎剂及稀球肉芽肿等致炎因子造成的

动物炎症模型均有明显的对抗作用。

4. 愈伤　可明显促进小鼠碱性成纤维细胞因子（bFGF）和血管内皮生长因子（VEGF）的生成，以及可显著促进大鼠手术区 bFGF 的表达和肉芽组织的增生。bFGF 与 VEGF 可促进纤维细胞与血管内皮细胞生成，因此可以加速血管的生长及结缔组织增生，达到促进伤口愈合的作用。

【功能主治】化瘀止血，活血止痛，解毒消肿。用于跌打损伤，瘀血肿痛，吐血、咯血、便血、痔血、崩漏下血，手术出血，疮疡肿毒及软组织挫伤，闭合性骨折，支气管扩张及肺结核咯血，溃疡病出血，以及皮肤感染性疾病。

【用法用量】刀、枪、跌打诸伤，无论轻重，出血者用温开水送服；瘀血肿痛与未流血者用酒送服；妇科各症，用酒送服；但月经过多、红崩用温开水送服。毒疮初起，服 0.25g，另取药粉用酒调匀，敷患处；如已化脓，只需内服，其他内出血各症均可内服。

口服，一次 1 ~2 粒，一日 4 次（2 ~5 岁按 1/4 剂量服用；6 ~12 岁按 1/2 剂量服用）。凡遇较重之跌打损伤可先服保险子 1 粒，轻伤及其他病症不必服。

【不良反应】偶有过敏反应。

【禁忌】孕妇忌用。

【注意事项】

(1) 服药一日内，忌食蚕豆、鱼类及酸冷食物。

(2) 保险子放置在泡罩的中间处。

(3) 外用前务必清洁创面。

【规格】每粒装 0.25 克。

【贮藏】密封，置阴凉干燥处。

【包装】0.25g ×16 粒；铝塑铝热带包装。

【有效期】5 年。

【批准文号】国药准字 Z53020799。

【生产企业】云南白药集团股份有限公司。

公司地址：（略）邮编：（略）

生产地址：（略）邮编：（略）

电话：（略）网址：（略）传真：（略）

【评析】

这是一份药品说明书，说明事项内容完备、条理清晰，语言准确，很好地体现了产品说明书的客观性、实用性和说明性的特点。

知识平台

一、产品说明书的含义和作用

产品说明书，简称说明书。它是以说明为主要表达方式，向消费者介绍产品的性能、规格、构造、用途、使用和保养方法以及维修等事项的文书，它是一种指导消费的文书。它伴随着产品广泛进入生产、科研、贸易、生活各个领域，具有指导消费、扩大销售和便利用户使用的作用。

二、产品说明书的特点

1. 客观性

产品说明书的内容必须真实、客观、准确地反映产品的实际情况，其内容要符合产品的真实原貌。对有关知识、原理的介绍要恪守科学性，不能夸大其词，应遵守商业道德，向用户负责，维护消费者的合法权益。特别是药品说明，如果稍有不科学之处，就可能产生严重的后果。此外，还应该说清楚使用该产品应注意的事项或可能产生的问题，使产品更有效地发挥使用价值。

2. 实用性

产品说明书主要是以说明为主要表达方式，客观、真实、详细地向顾客介绍产品特点、性能、用途、使用维修方法等，帮助顾客正确地认识、使用该产品，为顾客提供方便。

产品说明书应便于用户阅读，充分考虑到用户的阅读需要。一方面，不同类型的产品，用户有不同的阅读需要。例如，就家电产品说明书而言，用户需要知道产品安装方法、使用方法、常见问题的处理以及日常的维护与保养；就医药产品说明书而言，用户可能更需要知道适应证、用法用量、不良反应、注意事项、禁忌、有效期和贮藏方式等。

3. 说明性

由于用户要按产品说明书去使用产品，因此，要对产品的性能、用途、特点和内容应逐条予以说明，做到条理清楚，次序分明。产品说明书常常按照产品结构的空间顺序和使用产品时的操作顺序进行说明，一般很少用议论和叙述等表达方式。

三、产品说明书的格式与写作方法

不同种类的说明书有不同的结构形式及写作方法。下面主要介绍商品说明书、影剧说明书、单位简介三种说明书的结构形式及写法。

1. 商品说明书

商品说明书的基本结构一般由标题、正文、落款三部分构成。

（1）标题　商品说明书的标题有三种形式：①以商品名称为标题，如《健民咽喉片》；②由商品名称与文种构成，如《浓维生素 E 胶丸说明书》；③由商品名称和功效构成，如《补脑冲剂神经系统滋补品》。

（2）正文　商品说明书的正文一般先介绍生产单位的历史、规模、技术力量、产品声誉等，随后介绍商品的性能、技术规格、构成、用途、使用方法和保养等知识。有些关系到人们健康、安全问题的商品，在说明书上还印有技术鉴定单位和鉴定委员会成员名单，或提供有关测试实验资料和例证，以示慎重。

正文的结构形式主要有两种：一是条款式，即对有关内容按一定的次序分条加以说明，层次清楚，条理分明；二是概述式，对商品的有关知识作概括性的陈述和说明，有利于突出商品的个性特色，从而给消费者留下比较深刻的整体印象。

（3）落款　商品说明书的落款一般在正文后面，标明企业名称、地址、邮政编码、电话号码联系人等，便于消费者联系。

写作商品说明书的一般要求是：抓住商品的特征，语言准确简洁，条理清楚。商品说明书在写作中应注意针对性、科学性和简明通俗性。

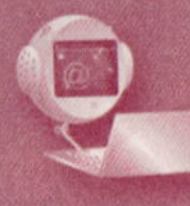

2. 影剧说明书

1954 年，周恩来参加日内瓦会议，通知工作人员，给与会者放一部《梁山伯与祝英台》的彩色越剧片。工作人员为了使外国人能看懂中国的戏剧片，写了 15 页的说明书呈周总理审阅。周恩来批评工作人员："不看对象，对牛弹琴。"工作人员不服气地说："给洋人看这种电影，那才是对牛弹琴呢！"

"那就看你怎么个弹法了。"周恩来说，"你要用十几页的说明书去弹，那是乱弹。我给你换个弹法吧，你只要在请柬上写一句话：'请您欣赏一部彩色歌剧电影，中国的《罗密欧与朱丽叶》'就行了。"电影放映后，观众们看得如痴如醉，不时爆发出阵阵掌声。

影剧说明书往往采用概述式结构，把颇长的剧情发展、众多的人物活动、矛盾冲突等过程，浓缩于几百字的说明书之中，使观众对剧情获得初步印象。

影剧说明书一般分三个部分：开头部分对影剧作概括性的评价；中间部分对内容、情节进行介绍；结尾部分介绍主要演员的姓名（有的还点明演员的职称级别）、开演日期等情况。为了激发观众的兴趣，这类说明书还要求写得富有感情，文句优美，有时还配以剧照，以增强感染力。

3. 单位简介

这类说明书的写作目的各异。有的是为了扩大社会影响，提高知名度；有的是为了寻求投资者、合作者而自我介绍。这种说明书一般采用概述式，内容要真实，篇幅要短小精悍，语言要简明，表述要准确。

四、产品说明书的写作要求

随着科学技术的进步，产品更新换代很快，新的功能、配置不断推出，有些产品说明书跟不上时代和形势的变化。为了维护消费者的合法权益，让产品说明书真正发挥作用，我们应掌握产品说明书的一些写作要求和技巧，以便写出较为规范的产品说明书。

1. 突出重点、防止疏漏

要针对用户的需要，抓住产品的特点，找出产品的独到之处，突出重点，抓住产品"不同凡响"的实用价值，将其说准、说深、说透。

2. 把握分寸、实事求是

写前要对产品进行实际调查了解，查阅资料，掌握专门知识。在此基础上，以对用户负责的精神，写出准确、有序、符合客观实际的产品说明书。不仅要写出产品的独到之处、操作方法，还应该将产品的不足，以及因操作不当可能产生的问题告诉消费者。这样做，不但不会影响消费者的购买欲望，反而会增加消费者对产品的信任度。

3. 语言要准确、简明、生动、通俗易懂

准确，即运用概念、判断要准确，不可含混不清；简明，即简洁明晰，没有多余的字句，不拖泥带水；生动，即要用富有生气与活力的语言来推介产品，可适当借助广告的写法，把产品说明书写得富有吸引力；通俗易懂，即避免说明书过于简单，使用户不知所措，同时也避免说明书太长，使用户不得要领，这两种都是不适应用户需求的。

产品说明书的主要作用在于方便用户，让用户看得懂。因此，产品说明书在语言表达上应准确无误，同时不要滥用科学术语和行业用语，避免"说而不明"。为了方便国外消费者阅读，有的产品说明书还要译成外文。为了帮助介绍产品结构等，说明书还需要配有图示。

在内容安排上，产品说明书还应鲜明醒目，条理清楚，使用户一目了然。

【优秀例文】

××牌电磁炉使用说明书

本厂生产的电磁炉，是根据我国国情、烹调习惯、消费者的特点和消费水平，在吸收国内外的各种电磁炉优点的基础上，精心设计研制的。它具有以下特点。

1. 经济省电：热效率高于电炉、煤气炉、液化气炉，可达80%以上，烹调时炊具端离炉面，即自动停止加热，省时、省力、省开支。

2. 安全卫生：无火、无烟、无尘、无气味，又无中毒、起火、灼伤的危险，可防止老人、儿童的意外事故。

3. 功能齐全：集电饭煲、电热壶、电炒锅的功能于一身；烧饭蒸馍、炒菜炖肉、煮炸、保温样样都行。

4. 使用方便：操作简单、一学就会。既易移动使用，又易清洁保养，温度可随意调节控制。

使用方法：

1. 把功率调节开关向左移至“关”的位置，然后再插上电源插头。

2. 将锅放准在炉面的中央。

3. 将功率调节开关向右缓慢移至需要位置，负载指示灯（绿色）和加热指示灯（红色）即显示负载和加热情况。

4. 需要保温时，将功率调节钮拨至保温指示灯（黄色）亮，机器自动进入保温（85℃）状态。

5. 不得来回急速移动功率调节开关，以免造成损失。

6. 用毕，将功率的调节开关移至左端“关”的位置，然后切断电源。

使用注意事项：

1. 放置位置应离开墙壁或其他物体10厘米以上，以保证进、排风口畅通。

2. 应单独使用5A以上的插座，不要与其他电器共用一个插座。

3. 不要将手表、磁带等物体放在炉面上，以免受磁场影响而损坏。

4. 不要直接加热密封的罐头之类的食品，以防加热后炸裂。

5. 不要用金属物体插入进、排风口拨弄，以防触电和损坏电磁炉。

6. 停止使用或清洁擦拭前应切断电源。对难擦的污垢，可用中性洗涤剂或肥皂水蘸湿后擦拭，然后用干布擦干。不能用水直接清洗，以免水进入炉体内出现故障。

7. 使用的锅必须是导磁质的平底锅（直径12～26厘米），如铁锅、搪瓷烧锅、不锈钢锅等；非导磁质的容器，如陶瓷、铜、铝等制品不能导磁加热。

8. 发现故障后应切断电源，送维修站检查修理，不要自行拆开。

产品保修：

1. 本产品在一年内发生自然故障（不含人为故障），凭保修单、发票到本厂指定地点免费保修。

2. 请用户认真填写保修单，并妥善保管。

本厂的宗旨：三杰

杰出的设计

杰出的产品

杰出的服务

愿您的厨房像客厅一样精美！

××市第五电子仪器厂

××电器开关厂 联合生产

电话：××××××× ×××××××

电报挂号：××××

厂址：××市××街××号

【评析】

这篇商品说明文用商品名称做直接标题。正文部分用分条列项的方式详细介绍商品的特点、使用方法、维修保养等内容。正文的最后做出信誉方面的承诺以增强消费者的信任感，给消费者留下深刻的印象。落款部分给消费者提供有关购买的信息，内容详尽、无遗漏。

说明书与商品广告的三大不同点：一是写作目的不同，商品说明书重在说明商品知识，而商品广告重在推销商品；二是内容不同，说明书着重说明该商品的特点、用法用量、适用范围、注意事项等，而商品广告只突出该商品的优点，有时还要写出销售方式、时间、地点等；三是表现手法不同，商品说明书以说明为主，语言简明、平实，而商品广告可采用多种表达方式，修辞手法多样化，语言优美、华丽，注重审美效应。

【瑕疵例文】

××口服胶囊是最新出产的广谱抗菌药。本产品疗效好，使用方便，无毒副作用。

使用方法：

成人口服每次150mg，每日两次。20—40kg的儿童每次100mg，每日两次。12—20kg的儿童每次50mg，每日两次。

产品规格：

150mg/粒。

产品有效期：

有效期暂定1年半。

生产厂家：××××制药厂

地址：××市××街××号

电话：×××××××

【评析】

本说明书没有标题，容易产生混淆。“使用方法”不具备实际可操作性，不能达到指导使用的目的。“有效期”含糊，容易让人产生怀疑。本说明书格式不规范，不能让消费者产生信任。

相关资讯

产品说明书不正确给客户带来的伤害

1995年3月，北京某餐厅发生一起卡式炉爆炸事故。经调查，燃气罐使用不当引发了

此次事故。该燃气罐的英文说明书提及“Never refill gas into empty can”（空罐绝不能再次充气），而其中文说明书却翻译为“若本罐使用无损坏，可再次充气”。事主按照中文说明书意思，对燃气罐进行了再次充气，所充的非专用燃气导致了燃气罐的爆炸，在场的一位17岁少女脸部被严重烧伤。

实践演练

1. 日常关注：请注意观察各类产品说明书，看看它是否把必要的信息都交代清楚了。
2. 比较下列两则产品说明书，然后回答问题。

强力毕那命40驱（灭）蚊药片

本品为新型的电热驱（灭）蚊片，系引进日本原药，我厂包装制造。配以我厂生产之恒温电热驱蚊器使用，能达到有效驱（灭）蚊之效能。经广东省卫生防疫站检验测试，驱（灭）蚊效果良好。长期使用对人畜、婴幼儿、病弱人等无不良影响。气味芬芳，清新舒适。

金鹿牌电蚊香片
高效无毒 高枕无忧

优点：无烟、无臭、无灰粉、无刺激。使您在清香卧室中安枕达旦，免受蚊虫侵扰之苦。安全可靠，对人体绝对无害，且不玷污食品、衣物及家私。

用法：将药片放入电热器金属板上，然后接通电源，药物即开始发挥作用。

室内有效药力范围15平方米。每片时效8～10小时。

药片如仅需要2～3小时，可切断电源，下次使用时再接通电源。

更换新药片时，必须先切断电源。

（1）两则说明书的标题有何不同？
（2）两则说明书的正文写法是否一样？各用了什么写法？
（3）你认为哪一则写得好些？为什么？

3. 训练题

（1）阅读下文，简要阐述这篇商品说明书的主题和商品特点。

苹果电脑公司iMac商品说明书
你好，世界

假如你认为计算机是一种复杂、昂贵和外形灰白呆板的东西，那么请留意这个名字——iMac，一部你期待已久、真正创新的苹果电脑。它决然突破电脑千篇一律的模式，为你的时尚生活带来缤纷乐趣。

与iMac初次相遇，它亮丽的透明机身和简洁的流畅外形，总让人一见倾心。如此先进的整套系统，连同一部色彩缤纷的高解像显示器和一对立体声喇叭，全部融为一体，搬动起来极为方便。

不仅如此，iMac更具内涵：强劲、卓越的性能，中央处理器的杰出表现，都遥遥领先，用起来节时快捷，工作倍添效率，尤其是当你把iMac带回家中，由拆箱、连接直到上网，也用不了10分钟，这便意味着——你再也不用为浏览网页而苦苦等待，而是随心所欲，将

全世界的精彩瞬间尽收眼底。你的眼界，从此将更为开阔。

的确，选择 iMac，用不着多加顾虑，买回家后只要插上电源，一切就已准备就绪。复杂烦琐的操作程序已成过去，该到了告别枯燥和乏味、跟 iMac 打声招呼的时候了！

4. 写作题

（1）选择你家里的一样电器，给它写一份简明扼要的使用说明书。

（2）搜集几种日常生活中常用物品的说明书，比较和认识它们的特点和不同。

（3）选择你所熟悉的一件用品，按商品说明书的写作格式，给它写一份说明书。

任务2　给产品做广告

情境导入

新产品要上市了，怎么给新产品做个广告？

任务描述

“广告的效果 50% ~75% 来自于广告文案。”这是美国最权威的调查机构经过科学测试得出的结论。在这个信息爆炸的时代，要想使自己的广告不断顺应市场经济的浪潮，并能标新立异、独占鳌头，其中至关重要的就是要认真研究广告文案的突出特点和写作的方式方法。

那么什么是广告文案？是不是广告设计的脚本呢？文案要怎么写？

案例导引

传统生活文化的歌林

歌林祝福您与您的亲人中秋团圆
更期盼中国的月亮不再有缺憾，早日团圆
中国真的很特别……
都说中国人是爱好和平的——
为什么走进历史，只见数不清的合了又分
都说，中国最重视“家”了——
为什么四十年来，
中国人被分隔在遥遥相望的两岸
都说，中国人口最多了——
有多少只眼睛，
看清了事实的真相
都说，中国人聪明极了——
为什么中国人
会怀疑自己的同胞
难道，中国人之间一定要彼此关怀

而又互相冷漠吗
是知道得太少，还是压抑得太多了
中国人讲究圆
中秋月圆，家人团圆……
可是，
中国的月亮真的不很圆……

这则广告是台湾生产家电产品的歌林企业在中秋佳节推出的一则企业报刊广告，其主题是“传统生活文化的歌林，祝福所有的中国人佳节快乐”。画面是暗色的天空中，一大一小的两个月亮慢慢靠近。中心画面是一个周边呈莲花叶瓣状的金黄月饼，月饼右下方割出一小块类似台湾的形状。广告标题用红字竖排，“中国的月亮不很圆”，赫然醒目。标题的左侧，正是这首散文诗，表达了期盼祖国统一的浓浓深情。这则广告的策划和创意把握及时准确，令人过目不忘，1992 年参加在深圳举办的“平面设计在中国展”，一举荣获金奖。设计者用艺术的眼光，将中国人期待月儿团圆的传统情感和对商品的共同要求，巧妙地结合在一起。

知识平台

俗话说：酒香不怕巷子深。其实，酒香也怕巷子深，再优秀的产品也需要做广告。广告与现代社会的全部经济活动不可分离，难怪国外有人夸张地形容：“我们呼吸的空气是由氧气、氮气和广告组成。”广告被人们称为人类文明中的第八艺术，优秀的广告创意绝不会忽视文案策划。广告文案是一种特殊的艺术形式，具有深刻的文化内涵和审美属性，在市场经济社会，无论从事什么职业都应该了解一些广告知识，学习写作广告文案。

一、广告的概念、作用及种类

1. 广告的概念

广告，汉字字面意思就是“广而告之”“广泛劝告”，即向公众告知某件事，它是一种传播信息的重要手段。

广义广告包括经济广告和非经济广告。经济广告也就是人们通常所说的商业广告，是一种付费的宣传形式。它是以盈利为目的，广告主支付一定的费用，通过各种面向大众的传播媒介传递有关商品、劳务、观念方面的信息，从而影响公众行为的一种信息传播活动。非经济广告是为了达到某种宣传目的的非营利性广告，如声明、启示以及防止空气污染、美化经济环境、维护交通秩序、促进公共福利事业等内容的社会公益广告。狭义的广告，专指商业广告。

现代社会已经没有不做广告的企业和企业家，也没有不依赖于广告进行商品销售的商业活动。广告已成为促进供需的道路，沟通产销的桥梁，活跃市场的媒介，生产生活的向导。现代社会的全部经济活动都离不开广告，广告已被公认为人类文明中的第八艺术。

2. 广告的作用

（1）传播信息，扩大流通　传播商品信息是广告的基本功能，它把商品或劳务的供求状况传递给公众，让公众了解商品的成分、性能、质量、特点、使用方法以及购买地点等，这样就缩短了商品与大众之间的距离，从而节省供求时间，加速商品流通。

（2）促进销售，繁荣经济　促进销售是广告的最终目的，广告不仅可以使消费者认识

商品，唤起其注意，而且可以诱发消费者的一系列心理活动，引起消费者的兴趣和购买欲望，最后导致购买行为。当然，广告的促销，要以优秀的产品质量、良好的售后服务和合理的价格为基础。

(3) 引导消费，改善生活　随着科学技术的进步，新产品不断涌现，广告使人们了解这些新产品，进而购买这些新产品，引导大众不断改善生活质量。有时，大量的广告宣传可以引领新的消费时尚。

(4) 美化生活，教育大众　广告不仅是一门科学，也是一门艺术。一则好的广告，通过形象生动、色彩优美的画面，富有趣味的艺术语言、和谐动听的音乐旋律，不仅向人们传递商品信息，而且也可给人以赏心悦目的美的享受，使大众不断受到潜移默化的影响。

3. 广告的种类

商业广告的种类很多，标准不同，分法也不同。商业广告可以从不同的角度划分为不同的种类。

(1) 按内容和目的划分

1）供应广告。如推销、转让产品、提供劳务、建筑、运输等方面的广告。

2）需求广告。如要求提供商品、劳务、建筑、运输、吸收资金等方面的广告。

(2) 按传播媒介划分

1）报纸、期刊和其他印刷品类型的广告。如报纸广告、杂志广告和其他书刊出版物上的广告。

2）视听广告。如电视、电影、广播和手机短信等。

3）邮寄广告。向经常的或潜在用户邮寄印制好的广告，包括样本、商品目录、说明书、参观券和通告函等。

4）户外广告。如各种招贴、广告牌、霓虹灯及交通广告等。

二、广告的策划及文案写作

1. 广告策划

广告策划是广告承担者思维主体运用知识和能力对广告整体战略、策略进行思考、运筹和谋划的活动。广告策划对整体广告活动具有指导性、系统性、超前性和创造性的特征。

广告策划的内容包括以下几方面。

(1) 广告环境分析　包括市场分析、企业分析、产品分析、销售分析、消费分析、地域分析等。

(2) 广告目标　包括知名度目标、品牌形象目标、市场占有目标、消费目标等。

(3) 广告主题　包括广告口号、广告象征物、广告观念等。

(4) 广告媒体　包括报刊、广播、电视、网络等。

(5) 广告预算　包括策划费、制作费、刊播费等。

2. 广告文案写作

广告文案是指广告作品中用以表达广告主题和创意的全部语言文字。广告文案的语言和文字的组织、撰写都是重中之重。没有良好的创意，就不会产生出优秀的广告。事实上，许多一流的经典广告创意，都有与一个人的“活的”中文水平有关。

广告文案写作一般包括标题、正文、标语、随文四部分。

(1) 标题　广告标题是广告文稿的精髓，被称作广告的灵魂。广告标题是标明广告主旨和区分不同内容的标志，反映着广告的精神和主题。出色的标题不仅能帮助消费者了解广告客体的主旨、内容及独特的个性，还能在瞬间激发消费者的兴趣。

广告标题分为直接标题，间接标题和复合标题三种

1）直接标题，即以简明的文字表明广告的内容，使人们一看就知道广告的信息内涵。如："紫霞山庄欢迎您""农夫山泉有点儿甜"。

2）间接标题。这种标题往往不直接说明产品和产品有关情况，而是先用富有趣味性和戏剧性的语言抓住人们的好奇心和注意力，使人们非弄明白不可，直到读了广告正文才恍然大悟。如："画龙点睛与画蛇添足，龙年好在画龙点睛"（美国"博士伦"隐形眼镜标题），"隐形的手套"（护手霜广告标题）。

3）复合标题。把直接标题和间接标题复合起来，一则广告有两个或三个标题，形成复合标题。例如：

标题：改变对世界的看法，就在这一线之间

副标题：逐行扫描，让线条表现力进入新境界！长虹"精显"系列上市

标题：赠给有远见的投资者

副标题：天时 + 地利 + 人和 = 发财　眼光 + 机遇 + 决心 = 成功

广告标题精粹

夏威夷是微笑的群岛——夏威夷旅游广告

露天博物馆——意大利旅游广告

有目共赏——眼镜广告

打开您心灵之窗——珍珠明目液广告

今天你喝了没有 ——乐百氏奶广告

一夫当关——鱼牌锁广告

凡是纸上的东西，它都能再现——复印机广告

雕牌洗衣皂，只选对的，不买贵的——雕牌洗衣皂

一毛不拔——牙刷

紧紧依偎在你的掌心——铅笔

它能将愤怒吞没——镇定药

把一颗热心，耐心，诚心，爱心，奉献您——西单购物中心

(2) 正文　正文是广告文案中除标题、口号及商标品牌、企业名称、联系方法等之外的说明文字，是广告文案中的重要组成部分。主要凭借正文来体现广告的目的和内容，它包括三方面内容：首先，对标题提出的商品或其他方面加以说明或解释；其次，具体说明提供商品或其他方面的细节，让人消除疑虑，这是正文的中心段；最后是结尾，用热情诚恳的语言诱导消费者去购买。

台湾电影《妈妈，再爱我一次》的广告词：

银幕上的一颗重磅催泪弹

台湾哭片，轰动大陆各地；悲情故事，震撼男女老幼；一曲赞美崇高母亲的颂歌，一首提示纯洁童心的诗篇。这部影片将使那看惯了精彩与无奈的世界，对一切都无所谓的人们如醉如痴，而有所谓起来。该片将使每一位女性涕泪俱下，也将使任何铁石心肠的男子汉热泪

横流。自信的男士、女士不妨到影院一试自己的坚强。注意勿忘带手绢。

广告正文写作要注意简明扼要，重点突出，实事求是，通俗易懂，生动形象，富有鼓动性，令人信服。

(3) 标语　为了加强公众印象，在广告中长期、反复使用的一种简明扼要的口号性语句就是广告标语，有人称其为广告的“商标”。它可以出现在正文的任何部位，一般情况下，独立于正文之外，作为广告相对独立的一部分。它突出重点，高度概括，语言凝练，构思巧妙，具有很强的号召力，感染力。广告标语的特点是简洁，整齐，押韵，上口，易记。

广告口号妙语精粹

自然之美，美的自然。(旅游广告)

静静地洗，洗得净净。(全自动洗衣机广告)

穿上双星鞋，潇洒走世界。(青岛双星鞋广告)

拿得起，放不下。(鱼肠广告)

让世界了解中国，让中国了解世界！(中国日报广告)

这里不创造产品，但创造产品的灵魂！(马丁·艾曼广告公司广告)

一处令人神往的净土，一尊世界最大的木佛。(承德·普宁寺广告)

我不认识你，但我谢谢你！(台湾捐血协会广告)

(4) 随文　随文是正文的附属，又称附文、落款，对广告正文起补充、说明作用。它包括广告单位名称、地址、邮政编码、电话号码、电报挂号、银行账号、负责人或业务联系人姓名等。

3. 广告文案创意及技巧

公益广告《乌鸦喝水》，通过人们喜闻乐见的动画制作手段，把生动可爱的小乌鸦刻画得惟妙惟肖，引人入胜。环境优美的第一阶段，以浓郁的生命绿色为主基调，小乌鸦口渴了去河边喝水，与鱼儿嬉戏，快乐怡然，幸福生活；随着噪声（砍伐声）的加入，人类毁掉了森林，画面由绿色逐渐地加入了大面积的灰黄色，小乌鸦口渴了，只能去树洞找水喝，需要用智慧才能喝到树洞里的水；没有了森林，刮起了沙尘暴，风沙过去一片苍凉，这个世界已没有了生机，死寂的画面里只有小乌鸦凄凉的叫声。三次配音“一只乌鸦口渴了”，情绪准确，层层递进，突出了在不同的境况下小乌鸦的不同心情。

《乌鸦喝水》本是一则寓言故事，用以启蒙儿童的智慧与思维，经过深层的艺术加工，赋予了其崭新的内涵，把环境与生命，人类与自然的依存关系紧密地联系到了一起。警醒人类保护环境，爱护我们赖以生存的环境。

广告创意是从表现主题的需要，经过精心策划和思考，运用恰到好处的表现方式和特有的艺术表现手段，创造出新颖独特、感人至深的意境的全部过程。广告创意是表现广告主题的构思。

广告创意要具备以下几个特征。

(1) 新颖独特

“自_年_月_日，大西洋将缩小20%。”

航空公司使用新式客机，航程可缩短20%。在不违背客观事实的情况下，此广告创意新颖，利用谐音这种有趣的方式将大西洋航空公司与地理上的大西洋有意混淆，本来是航程缩短20%，却有意让人误认为大西洋的面积缩小20%，最后使人恍然大悟，达到了宣传其

航空公司、更多地吸引乘客的目的。

(2) 情趣生动　法国巴黎奥美广告公司做了一则黏结剂电视广告如下。

镜头一：将强力胶涂抹在一双鞋底上。

画外音：请看！我们将为你展示难以相信的。

镜头二：两人将播音员倒起来，将其双脚贴于天花板。

画外音：超级三号强力胶的威力。

镜头三：全景中两人继续将播音员倒托起将其双脚贴于天花板。

配音：马表的滴答声……

镜头四：两人正走出房间，播音员已倒挂于天花板。

画外音：这一段影片没有经过剪辑。

镜头五：播音员倒挂于天花板。

画外音：请详见说明书，超级三号强力胶可以用来粘橡胶，塑料，瓷器……只要几秒钟。

广告创意运用超现实想象，构思出一种有趣的画面，令人捧腹，达到了宣传产品效果的目的。

一则宣传立邦漆的电视广告画面：几个活泼可爱的幼儿一字排开，光光的身子，背对着观众，每个小屁股蛋儿上分别涂着不同颜色，十分鲜亮可人。

谁看了这个画面都会忍俊不禁，普通得尽人皆知，通俗得无人不晓。通俗而不浅薄，既宣传了产品，又给人带来乐趣。

(3) 形象逼真　美国贝尔电话公司推销电话的电视广告如下。

镜头一：一个傍晚，一对老夫妇坐在桌前共进晚餐。

镜头二：(画外音) 电话铃响起。老太太起身去接电话。

镜头三：老太太站在电话机旁，手拿着电话，说着什么。

镜头四：老太太回到餐桌上。

镜头五：推向老先生。(画外音，男声) 谁的电话？

镜头六：推向老太太。(画外音，女声) 是女儿打来的。

镜头七：推向老先生。(画外音，男声) 有什么事吗？

镜头八：推向老太太。(画外音，女声) 没事。

镜头九：推向老先生。(画外音，男声) 没事，几千里地打来电话。

镜头十：推向老太太。(画外音，女声哽咽) 她说她爱我们。

镜头十一：(特写) 两对老人相对无言，激动不已。

旁白：用电话传递您的爱吧！

这则宣传电话的广告是以传达亲情为主题的形象广告。家庭温暖和亲情是人类永恒的话题。电视广告通过画面、文字、色调、气氛来渲染日常生活及亲人或朋友之间的亲情，常常可以达到缩小广告诉求对象和消费者心理距离的作用。广告创意离不开形象设计，无论是人是物，都要形象逼真，鲜活感人。要通过画面、语言和声音的运用，调动一切手段，运用一切方法，塑造出活生生的艺术形象，给人留下过目不忘的深刻印象。

(4) 通俗易懂　中国民航的广告是：“安全 安静 安适”。

乘坐飞机人们最关心的是飞机的安全问题，这则广告把安全放在第一，其次是飞机的声

音不大，让人感觉舒适。广告的创意通俗易懂，符合人们的心理要求。广告的对象是大众，如果晦涩难懂，就会脱离群众，普通人看不明白，就会事倍功半。相反，如果庸俗低下，曲意迎合，就会遭大众唾弃，得不偿失。

（5）升华艺术

不可不知的美景
不能不感慨的文明
不可不游的风光
不能不了解的世界
一卷在手，遍游神州
体例科学，选材广泛，图片精美，实用性强
誉为现代的《徐霞客游记》

这是《中国名胜大观》一书的宣传广告。这则图书宣传广告，在创意上以自然的风光美景，社会的文明，世界的名胜来吸引读者，又以人文之美为铺垫，用优美的语言来使自然与人，历史与文化水乳交融。简短几句妙语，它的魅力，不由得使人产生一种先睹为快的冲动，这就是这则广告创意达到的艺术效果。

广告创意要设置优美的意境，将人们带进一个情趣高雅、生动活泼的艺术境界中去。

广告文案是一种特殊的艺术形式，具有深刻文化内涵和审美属性。优秀的广告创意不仅能快速、准确地传递商品信息，同时还应该有丰富的精神内涵，创造较高的审美价值，实现审美性和功利性完美的结合。要体现广告信息的完整性，使受众从广告文案中得到审美享受，获得某种精神上的愉悦。

（6）别出心裁　从 1984 年起，香港金利来在内地各大城市铺天盖地一连做了三年电视广告，然而市场上却见不到一件金利来产品。待到“金利来——男人的世界”这一广告词深入人心，人们正望眼欲穿时，1986 年金利来产品才以千军万马之势，一下子占领了国内大陆市场，营业额连年直线上升。

显然，前三年的广告是一个绝妙的“伏笔”，未见其人，先闻其声，三年的“空白”给千万消费者制造了一个悬念，引而不发，为其征服人心，进入千家万户鸣锣开道，其妙在利用了人们的好奇和渴望心理。金利来广告的成功策划为我们提供了很好的范例。“金利来——男人的世界”，表达出吸引消费者的要领和理由。这个概念和理由赋予了产品以感人的内涵，它不仅满足了人们的物质需要，同时还满足了人们的精神需要，在人们心目中产生了生动形象，使产品有了灵魂，产品活了起来。“金利来——男人的世界”，它使顾客感到所购买的不仅是一条领带，还是成熟男人的标志。这种创意刺激了公众的求异求奇的心理，打破了常规的思维定式，造成一种悬念，抓住人们的好奇心理，激发人们“欲知后事如何，且听下回分解”的求知欲望，达到了很好的广告宣传作用。

具备创新性是广告成功的关键。任何一件广告作品，人云亦云都会使人感到厌倦。

相关资讯

广告的由来

“广告”一词来源于拉丁文，意思是“大喊大叫”。传说，古罗马人做生意时，常常雇

人在街头闹市大喊大叫，请大家到商品陈列处去购买商品，人们称之为“广告”。随着商品经济的发展，广告的式样也越来越多。美国纽约百老汇的广告牌，曾是世界上最早的广告牌。世界上最早登载广告的报纸是英国的《伦敦报》。

我国广告的历史可以追溯到3000年前。殷周时期，有个叫格伯的人，他把马卖给了一个叫棚先的人。这笔交易用铭文的形式，记录在专门为刻铭而铸的青铜器上。《周礼》记载，凡做交易都要“告于市”。到了宋代，我国已经出现了图记广告，这就是商标。据宋代画家张择端的《清明上河图》记录，汴梁城东门附近十字街就有各类横额、竖牌等广告牌30多块。上海博物馆收藏着一枚宋制针作坊银牌，上面有“请认白兔儿为记”的字样。后来，随着印刷术的发明，又相继出现了报刊和印刷广告。

实践演练

1. 尝试为一个旅游景点创作一则广告宣传文案。

2. 请为一部手机或一种旅游产品设计一则广告。

3. 请为你所在的学校设计一则广告宣传文案。

4. 在一辑广告片中，有一家人在厨房忙碌一天之后，在夕阳下驱车前往乡野，醉心于逃离家庭琐事的轻松之中。这则广告的创意有什么特点？给这则广告加上文字。

5. 分析下面这则广告在创意上有什么特点，谈谈在广告的创意方面受到什么启发。

日本有家旅店，生意一直萧条。旅店后面山上有一片空地，老板想在这里栽些树，绿化一下以吸引顾客，但资金不足，力不从心。有人给老板出了一个好主意。于是，旅店老板推出一则别出心裁的广告：“亲爱的旅客，你好！本店后山有空地，宽阔而幽静，专门为旅客植纪念树之用。如你有兴趣，不妨种下小树一棵，本店派专人为你拍照纪念。树上可留下木牌，刻下你的尊姓大名和植树日期……”广告发出后，响应的人络绎不绝。没过多久，旅店后山上的树，已是林木葱郁。那些在此种过树的人，经常来这里看望。从此，这家旅店变得顾客盈门，生意兴隆。

6. 请指出下面的广告有什么错误。

新型广告媒体招商

具有世界先进水平的我国第一套高亮度户外大屏幕新闻发布系统在北京建成并试播。该系统由电子计算机控制，其屏幕面积为41.6平方米，能同时显示文字和图像，并伴音、配乐。大屏幕设在北京火车站广场东侧，在整个广场任何位置均可得到满意的视觉效果。北京站是北京的主要门户，每天客流量达30万人之多，因此大屏幕收视率较高。该大屏幕每天播发新华社新闻并转播中央电视台新闻联播节目，同时还播放经济信息和广告。该大屏幕的经济信息和广告节目由中国环球广告公司独家承办。每条广告可分为15秒、30秒、60秒三个规格，文字、图片和录像均可。收费标准为每分钟35元，长期播映有优惠。欲刊登经济信息与广告者，请与该公司联系。

××广告公司

地址：北京××大街××号广告部　电话：×××××××。

7. 请根据下列材料，拟写一份广告。要求格式完整，内容齐全，语言通俗，有感染力，不足内容可虚构。

××牌牛奶，含有丰富的蛋白质、脂肪酸、维生素、矿物质、乳糖等营养成分，可改善微循环，促进消化和吸收，防止动脉血管硬化，骨质疏松，具有护肤养颜之功效，品质优良，口味纯正，营养丰富，老少皆宜。

8. 写作题：根据下列文字材料的内容，为青岛啤酒拟写一份报纸广告的文案。

青岛啤酒是历史悠久的名牌产品，1963 年和 1979 年曾经被评为全国名酒，1980 年又获金质奖章，1989 年获出口产品金质奖。青岛啤酒含有充足的二氧化碳，注入杯内，即见细腻洁白的泡沫泛起，细小如珠的气泡一串串不断从杯底上升，泡沫浓厚，挂杯持久，入口苦味适中，清爽甘洌，具有独特风格，是啤酒中的佳品，在海外市场上名列前茅。青岛啤酒的主要原料崂山矿泉水，是非常适宜于酿造啤酒的软水，它含杂质极少，经过过滤加工，对啤酒味道的柔和起了决定性的作用，这是青岛啤酒厂独有的原料。其次，酿制青岛啤酒所用的大麦是从大麦产区调拨来的优质大麦，把这种大麦加工成麦芽，酿出的啤酒富有光泽，并有浓厚的麦芽香。此外，青岛啤酒所用各种酒花等原料多属优质产品，生产出的啤酒晶莹澄澈，有爽口微苦味和酒花香，并能延长啤酒的保存期。

任务 3　介绍推销产品

情境导入

一位农村老大娘去布料专卖店买布料，女售货员迎上前去热情地打招呼："大娘，买布呀？您看这布多结实，颜色还好。"谁知那位老大娘听了不冷不热地说："要这么结实的布有啥用，穿不坏就该进火葬场了。"

任务描述

通过女售货员与老大娘一问一答的简单对话，不难看出两个问题：一是女售货员急于推销，可急于推销就能推销成功吗？想办法实现的推销才叫真正的营销，不想办法是难以实现推销目的的。二是老大娘表现出极度的悲观情绪。面对这两个问题，售货员很难接老大娘的话茬。一般情况下，售货员只有翻两下惊异和不满意的眼皮不说话，买方与卖方在尴尬中"默默无语"了事。可是对有营销素质的售货员来讲，再难接的话茬也能接下去，将尴尬化解。那么如何在推销过程中更好地沟通，是我们这个任务要解决的问题。

案例导引

案　例　1

一位推销员在向一位客户推销汽车。

推销员：你们平常运货平均重量是多少？（探寻基本需求）

客户：很难说，一般也就 2 吨左右吧。

推销员：有时候多，有时候少，对吧？（通过纵深提问挖掘需求）

客户：是的。

推销员：究竟需要多少吨位的卡车，一方面要看你运什么货，另一方面也要看你的车在

什么路上行驶，你说对吗？

客户：对，不过……

推销员：据我了解，你们的车可能经常要在路况很差的农村地区行驶吧？而且贵地好像冬季比较漫长，而你们似乎又主要在冬季出车，次数远远超出夏季是吧？（激发出客户需求）

客户：是这样的。

推销员：如果是这样的话，那么汽车的很多部件以及车身所承受的压力是不是比正常情况下要大不少？（引导客户解决问题）

客户：是的。

推销员：所以我觉得你们在买车的时候应该考虑留有余地。

客户：你的意思是……

推销员：从长远利益来看，一辆车买得值不值得主要看什么呢？（抛出解决方案）

客户：当然是它的使用寿命了。

推销员：一辆车总是满负荷甚至超负荷使用，另一辆则从不过载，您觉得哪一辆使用寿命会更长？

客户：当然是马力大、载重多的。

推销员：那就对了，所以我建议你们买4吨位的卡车……

思考讨论

这位推销员为什么能取得成功？

案 例 2

2004年圣诞之前，美国哈佛大学对全校学生布置了一道考题，向美国共和党连任总统布什推销一把已经过时的砍甘蔗的刀，但是不能赠送给布什总统，要叫布什总统自费购买。这是一道很有难度的推销题，砍刀对美国普通家庭已经用不着，不需要了，更何况是美国第一家庭，正因为推销的难度很大，所以需要大智慧，具有这样大智慧者，将获得哈佛大学第一奖学金——每年奖金额达到428000美元的哈佛大学校长奖学金。三天以后，哈佛大学一个学生收到了布什寄来的18美元，他走上领奖台的同时，向全校同学报告了推销的经过。他说，我给布什写了一封信，祝贺他连任美利坚合众国总统，我告诉他，总统竞选，连任喜讯传来，我们家三代人为你奔走相告。作为社会的人，你是国家元首，你的家庭是美国第一家庭；作为自然的人，你曾经是一位杰出的农场主，你的农场能有今天，跟200年前你的祖先漂洋过海远离英伦三岛来到北美大陆艰苦创业是分不开的，你需要弘扬你的祖先那种艰苦卓绝的创业精神（请注意，跟砍刀要沾边了）。后边写到，我家里有一把祖传的砍刀，它可以让你睹物思情，回忆起不该遗忘的年代，我本来想把这把砍刀作为总统竞选礼物赠送给你，但是我注意到，国家公务员廉政公约里明明白白规定着，任何在职公务员收受价值7美元以上的礼品如果不上交的话，视为受贿行为（请注意要掏钱了）。总统先生，如果你需要，并且愿意慷慨解囊的话，请你寄上18美元。

这是一封推销信，哈佛的这个学生运用大智慧，完成了难题。这个智慧价值400 000以

上的美金。“没有推销就没有企业”，在目前市场经济的条件下，各行各业的竞争异常激烈，因此每个企业都热切期待能有一批具有较强推销能力的员工。

知识平台

一、进行产品介绍的前提条件

1. 充分地了解产品

首先应该能准确地对客户阐述明白这个产品有什么用处，与其他同类产品相比的优势。

销售人员要对自己所销售的产品做全面、深入、细致的了解，达到专业的程度。要知道，客户是长期关注此类产品的，销售人员对这个产品应该有非常详尽的认识，千万别低估客户的智力、知识和经验，那样很容易自讨没趣。但是俗话说：买家没有卖家精，这就对业务人员的专业水准提出了更高要求。如果你的产品知识与客户相近，那么，你很难帮助和提升该客户。如果你的产品知识甚至还不如他，那你最好趁早走人，没有一个客户会尊重一个不专业的业务员。

除了从宏观上了解自己产品的性能、结构、特点、优势之外，最好还能从细节上多了解一些该产品易发生的问题点，以及各种可能或实用的解决办法。这样，你就能从细微处比客户略胜一筹，客户自然对你心服口服。

2. 喜欢自己销售的产品

只有当销售人员对所销售的产品真正喜欢、认可的时候，才能感染到自己的买家，如果销售人员表现不出自己对该产品的喜爱，那么凭什么让人家喜欢，又凭什么让人家掏钱购买呢?

3. 觉得自己销售的产品物有所值

一个合格的销售人员大多都不会直接跟客户讨论价格，而是从产品的性能、实用性等各个方面介绍产品的优越性，让买家觉得，“嗯，这个东西掏这点钱买，值!”而要说服所面对的客户，觉得你所销售的产品物有所值，前提就是你要觉得你所销售的产品卖的价格是与它所带给使用者的价值是相符合的，让你的客户通过你的介绍，觉得你推荐给他的产品的确物有所值，这样人家才会购买。

二、取得产品介绍成功的要点

1. 保持简短扼要

销售人员要尽可能清楚、简要地表达自己的思想。尽可能避免使用一些行业术语以及一连串的由首字母构成的词。这些术语和词往往只有销售人员自己及其同伴能懂，而对于其他大多数的人来说则是毫无意义的。

购买者并不总是像销售人员一样熟悉那些行业术语，而且即使他们听不懂销售人员在说些什么，通常也不会告诉销售人员。这时销售人员所面临的主要风险是人们通常不会购买他们所不了解的产品。销售人员是否可以使用这些术语得视购买者而定，否则就将它们留在自己的办公室吧。

最后，每次只宜解决一个问题，并需要不断得到客户的反馈。只有这样才能极大地增加销售人员被理解的可能性，并进而增加销售人员得到订单的可能性。

注意：滔滔不绝并非销售，销售人员要用最简要、清晰、易懂的语言与客户沟通。

2. 对特征、功能、用途进行说明

专业销售人员可以使用的另一个极为重要的工具是向客户做（产品/服务的）特征、功能、用途介绍，这是一个最少为客户所理解的，因此也是最少为销售人员所使用的技巧。我们可以从某一具体客户的需求开始。

（1）特征　介绍的“是什么”，即针对的是客户需要的是什么产品。

（2）功能　介绍的是该产品能做什么。

（3）用途　介绍的是该产品可以满足客户的什么需求。

大多数销售人员存在的主要问题是不知如何区别功能与用途，除非他们能够学着去做，否则他们将面临只注重介绍自己的产品或服务能做什么，而忽视了介绍它们能满足客户的什么需求或解决客户的什么问题的境地。

例如，有一款新型电压力锅，它的特点是安全、省电、环保。销售人员就讲解得非常有特点，先是跟顾客唠家常，现在用煤气怎么贵啦，用电则速度慢啊等，取得了顾客的共鸣，接着话锋一转，介绍到自己要推荐的产品，给顾客算了一笔经济账，用了这款产品，怎么省时，一个月又可以帮他省多少钱。最后，顾客欢天喜地地买了产品走了。

在把各要点介绍完后，销售人员必须花些时间去确认客户是否赞同自己的介绍。这种反馈告诉销售人员该客户是否会“购买我们解决问题的方案”，是否对自己的产品或服务能够解决他的问题或满足他的需要抱有信心。没有这种反馈，销售人员就会发现自己所要解决的问题并不是客户所最关心的。此时销售人员最常用的技巧是用封闭式的问题提问，比如：“对你来说节省时间是很重要的，对吗？”“品质的优劣是很重要的，是吗？”如果客户对销售人员表示赞同的话，表明销售人员已瞄准了方向，并使销售人员有机会达到自己的目标。

所以，在产品销售中，销售人员是不是一味地向客户讲解产品优点呢？是不是一味地把这些优点认为是自己产品的卖点呢？如果这样，销售人员讲的优点在客户眼里可能一文不值。只有客户关注的产品特点才能成为自己产品的卖点。所以在产品销售中，销售人员一定要先了解客户的关注点并排列次序，然后再有针对性地讲解，这样成功的可能性才会大。

三、推荐产品的要点

顾客熟悉和观看商品时，要趁机积极推荐。作为一个专业的销售人员，应当充分地运用自己所掌握的全部商品知识和生活知识，满怀信心地从商品的原材料、设计、花色、性能及用途等各个角度向顾客说明其优越性，在听取反应的同时，积极向顾客推荐。

当顾客拿几个商品对比挑选时，要从顾客的谈话中推测顾客喜欢什么样的商品，选择最适合顾客需要的商品，热情介绍其优异性，积极向顾客推荐。

向顾客推荐别的商品。为了在顾客自己已经选好的商品里再增加点商品，可以向顾客推荐观看其他的商品，并听取反应。

顾客已经选好合适的商品时，由于实在太合适了，可以赞美的口气对顾客说：“非常合适，非常好！”表示除此以外，没有更好的商品向顾客推荐了。

揭示顾客价格便宜。顾客对商品表示不放心时，可以加以解释，如：“我们努力把好的商品价格稍微降低一点，所以说是价格便宜，但是质量未变。这里的商品很受顾客欢迎。”

由于价格高，顾客在考虑时，开始不要以“不贵”来否定顾客的意见，可就商品的材料、设计、色彩、性能等方面，说明其价值在价格之上。先说明价格是贵了些，再说明质量

和设计的高超，这样能给顾客留下好的印象。

为有特别想推荐的商品时，必须满怀信心地详细说明并积极推荐。这就要求平时充分掌握商品知识，对超市的专用商标商品、直接进口的商品以及只有超市才出售的商品，都要好好记住。

顾客沉默考虑时，应注意不要妨碍顾客的思考，同时要有信心地推荐。

顾客征求意见时，应抱着促使顾客下决心的诚意对他讲："是像您说的那样，特别合适。"同时加上一句起作用的话。

顾客迟迟下不了决心时，应体察顾客对那个商品想知道点什么，在做了充分说明之后，满怀信心地加上一句推荐的话。特别是将顾客关心的事项（颜色、原材料）有重点地介绍，是一种好方法。

顾客决定购买商品时，应将顾客决定购买的商品双手拿着说："是这个吧，实在感谢。"核实无误，以感谢的心情，轻轻地点头行礼致谢。

推荐有关联的商品。对相互有关联的商品的知识要广泛学习，尽可能地推销有关联的商品。如："与这里的短外套相配的统一花样的围巾，您看怎么样？"

询问有无其他事情时，态度上不要勉强，要顺着顾客的心情，问一问其有没有忘记什么。如："另外，还有什么事没有？"

禁止动作如下。

1）不好好地回答。

2）勉勉强强地介绍，好像被谁强迫着似的。

3）说什么"人各有所好"，不搭理顾客。

4）中途放弃顾客，中断介绍。

5）时间一长就表现出不耐烦的态度。

6）与顾客吵嘴。

7）不分对象地介绍高档商品。

8）介绍商品时，不能使顾客听明白。

9）尽管不知道却随便答复。

综上所述，任何一种方法，运用得越好，成功的机会也就越大，哪怕有时仅对其中一两种方法运用较多，也会取得令人意想不到的成绩。销售人员导购，化解了顾客的重大异议后，就可以提出交易，因为重大的异议是顾客决定是否购买的重要障碍，解决异议时实际上顾客已经承认了产品的价值。为他的购买扫除了障碍，为什么不赶紧用合适的语气说："您看，现在基本上没有什么问题了，那我们就马上下单吧。"

相关资讯

一、销售人员应具备的能力

（一）推销人员的类型

推销人员可分为多种类型，推销学家麦克墨里（Mcmurry）将推销人员分为下列 7 种类型。

1. 一般产品推销者

主要是指一般日用消费品的推销人员。他们一般是在固定的地点，向固定的消费者进行推销，如零售商店的营业员等。

2. 室内接收订单者

他们的主要任务是在办公室内接待顾客、接收订单，或以电信、函件等形式与顾客联系，取得订单。

3. 外务订单获取者

通过走访顾客、上门推销，与顾客达成交易，取得订单。

4. 信息传递者

他们的主要任务不是接收订单、直接销售商品，而是通过交往、宣传，与现有顾客及潜在顾客建立良好的关系，了解顾客的潜在需求，帮助顾客认识、了解产品和企业，以促进产品的销售。

5. 技术知识推销者

他们主要是参与一些技术性较强的商品的推销，向顾客传授有关技术知识，为用户解决产品的使用、安装、维修方面的技术问题，充当顾客的技术顾问。

6. 某些特色产品的创造性销售者

对于具有一定特色的产品的推销，采用一定的推销技巧，使消费者了解其特色，从而促进销售。

7. 无形产品的创造性销售者

对保险、广告服务、信息情报、技术成果等产品的推销、宣传者。

推销人员作为企业与顾客间的纽带与桥梁，肩负着为企业销售商品、为顾客提供服务的双重任务。企业的营销离不开推销人员，顾客的购买也离不开推销人员。

（二）明确推销人员的职责

推销人员是商品推销活动中的主要角色，在推销活动中发挥着重要作用。为保证推销活动的顺利进行，作为推销人员必须要明确自身的职责。

1. 销售产品

推销产品是推销工作的核心，也是推销人员的主要职责。这项职责要求推销人员通过寻找潜在顾客、接近顾客、推销洽谈、处理异议、签订合同等一系列活动，最终达成交易。

2. 收集资料

为了更好地推销产品，推销人员需要及时收集与此有关的各种资料。这些资料包括有关产品、顾客、市场等方面的信息资料。一是收集有关产品的全部知识，如产品的性能、结构、使用方法、售后服务、销售状况等。二是收集有关顾客的资料，如顾客对产品的评价和意见，顾客的年龄特征、结构，顾客需求的现状及变化趋势以及顾客对企业销售政策、售后服务等的反应等。三是收集有关市场的资料，如同类产品的竞争状况、市场的供求现状及发展趋势、竞争对手的市场营销战略和战术等。

3. 提供服务

推销人员为顾客提供优良的服务是提高产品竞争力的重要手段之一。提供的服务包括售前服务、售中服务和售后服务。售前服务包括：帮助顾客确认需求或要解决的问题；为顾客提供尽可能多的选择；为顾客的购买决策提供必要的咨询，这些工作为成交奠定了基础。售

中服务主要包括：为顾客提供运输、保管、装卸以及融资、保险、办理各种手续方面的帮助，这些能为顾客带来额外利益的服务项目常常成为决定成交的主要因素，尤其是在商品本身的特征和价格差别不大的情况下，顾客总是选择那些能提供额外服务的厂家。售后服务一般包括：产品的安装、调试、维修、保养，人员培训，技术咨询，零配件的供应，以及各种保证或许诺的兑现等，这些服务不仅能够消除顾客的抱怨、增强顾客的满足感，而且有助于树立良好的企业形象，巩固与客户的关系。

4. 沟通信息

商品的推销过程也是一个信息的传递和反馈的过程。由于销售任务是长期的，信息沟通的目的就是为了促进长期销售。推销活动实际上就是推销人员将企业与顾客双方信息进行双向沟通的过程。一方面推销人员要将企业的相关情况、产品的相关知识传递给顾客，引起顾客兴趣，引导顾客购买，促进产品的销售。另一方面推销人员也要将顾客的意见、市场的需求变化反馈给企业，为企业生产、销售决策的制订提供依据。

5. 树立形象

推销人员在推销过程中代表的不仅仅是个人形象，他的一举一动都代表着产品形象和企业形象。在顾客面前，推销人员就是企业的化身，推销人员的素质和专业水平如何是顾客判断企业形象的最直接的标准和依据。所以，一名合格的推销人员要时刻注意自己的一言一行，通过塑造良好的自身形象，使顾客了解、信任企业，从而促进产品的销售。

（三）具备良好的推销职业能力

从推销职业能力方面讲，推销人员应具有敏锐的观察能力、良好的语言表达能力、较强的创造能力、较强的社交能力和快捷的应变能力等。

1. 敏锐的观察能力

敏锐的观察能力就是善于洞察顾客的种种反应并迅速做出判断的能力。推销人员在与顾客的接触中，需要对顾客细致地观察与分析，要善于抓住一些细枝末节，从顾客的谈话用词、语气、动作、神态等微妙的变化去洞察对方的心理过程。曾经有一位颇有经验的推销员，当别人问到他是怎样去把握对方沉默不语时的思想时，他回答道："只要你留心观察，你就会发现对手虽然沉默不语，但你从他的神态和表情变化中能够发现内心思想感情的变化。比如在正常情况下，顾客坐着的时候总是脚尖着地的，并且静止不动；但到心情紧张的时候，对方的脚尖就会不由自主地抬高起来，因此，我只要看到对方脚尖是着地还是抬高，就可以判断他的内心世界是平静的还是紧张的。又如，在正常状态中，吸烟的人熄灭烟蒂大都保留一定的长度，可是一到非正常的情况下，放下的烟蒂就可能很长。所以，如果你发现对方手中的烟蒂还很长，却已放下熄灭了，你就要有所准备，对手可能打算告辞了。"由此可见，这位推销员具有相当敏锐的观察能力，这成为他取得成功销售业绩的保障。

2. 良好的语言表达能力

语言表达能力体现在三个方面：口头语言表达能力、体态语言表达能力以及书面语言表达能力。一个优秀的推销人员应该具备这三种语言表达能力。推销员天天都要接触不同的顾客，在推销活动中主要是借助语言来推介产品，激发顾客的欲望，最终促成交易，语言能力强是推销成功的基本要素。第一，推销人员应该讲究口头语言表达艺术，表达要准确、清晰、言简意赅，并学会倾听。第二，推销人员应该具备体态语言知识，不仅要关注顾客的体

态动作，也要自觉注意自己的体态动作，虽然这种信息是无声的，但又可以明确地表达出一个人的思想感情和意见要求。第三，推销人员应该具备基本的写作常识，能够在日常推销活动中撰写企业的产品介绍，草拟用户说明书，编辑企业宣传刊物等。

3. 较强的创造能力

市场是喜新厌旧、优胜劣汰的，推销工作是一项富有挑战性的工作，每一次推销都可能会出现新情况、面对新问题，这就要求推销人员要不断创新。较强的创新能力包括推销观念的创新、推销手段的创新、推销市场的开拓等。

4. 较强的社交能力

推销产品的过程，也是一种人际交往的过程。社交能力是衡量一个推销员能否适应现代开放社会和做好本职工作的一条重要标准。推销人员必须具备较强的社会交往能力，在任何场合都能应付自如，与任何人接触都能愉快合作。推销人员较强的社交能力体现在以下方面：对人友善、热情诚恳；能设身处地地为顾客着想，体谅顾客的难处；有自制能力，能冷静、客观地处理问题。

5. 快捷的应变能力

应变能力是指对突发情况和尚未预料到的情况的适应、应付能力。推销员在推销过程中，会遇到形形色色的顾客和复杂多变的事情，经常会碰到各种意想不到的问题。对于这种突然的状况，推销人员就要理智、沉着地分析和处理，随机应变，并对推销策略进行适时地调整，妥善快速地解决出现的问题。

（四）推销口才是这样练成的

推销活动的核心是“说服”，推销人员的核心任务就是说服顾客接受自己推销的产品。高效率的推销活动源于推销人员多方面的修养，而拥有极佳的口才是成功推销的必备条件。“一言之辩重于九鼎之宝，三寸之舌强于百万之师。”可见，口才是推销员创造推销业绩的锐利武器。成功的推销员都特别注重提高自己的口语表达能力，完善自己的口才。推销人员练就极佳的推销口才，实际上就是要解决在推销过程中究竟应该说什么、怎么说的问题。

1. 动听的语言

优秀的推销人员懂得如何掌握语言艺术，用动听的语言与顾客交流，取得顾客的好感和信任，从而达到说服顾客、顺利成交的目的。

（1）善用请求式语句　在推销过程中，推销人员要注意多用请求式语句，尽量避免命令式语句。

例如，顾客询问还有没有货物供应，若推销员回答“没有了，这个问题下个月再谈”，这样会令顾客不舒服而转向别厂。面对这样的问题可以回答“目前的货物都预定出去了，不过我们已经在加班生产，您愿意等几天吗？”

再如，一次一位推销员到一家大商场推销。经理说：“你的产品在这儿没市场。我们从来不卖。”对于这样断然地拒绝，这位推销员说：“我们在几家小商店试销走势都很好，你们能不能试销一下？如果效果好，就继续，如果效果不好，就中止。你看如何？我们不蒙你们，大商场资金雄厚，能不能你们先付70%款项？若滞销，退货时，我们退款。”最后几经协商，这位经理按推销员的条件订购了一批产品。

（2）巧用肯定语句　在推销过程中，推销人员应该尽量避免使用否定语句，应该学会用肯定语句代替否定语句。

例如，有顾客问："这个皮包有黑色的吗？"如果此时确已无黑色皮包，推销人员也不要直接回答"没有"，而应该回答"目前这款包只剩下红色和黄色的了，这两种颜色都很好看，您可以试试看。"

特别是当遇到顾客的异议时，推销员要巧用肯定语句，化解矛盾，既能维护顾客的自尊，又能婉转地否认异议。例如，一位推销员在向一位中年妇女推荐一件时装。

顾客异议："这件衣服太时髦了，我这年纪怎么穿得出去？不要！不要！"

售货员答："是的，这件衣服颜色鲜艳，款式新颖，年轻人买得很多。不过，人到中年更需要打扮，人靠衣装嘛，这件衣服您穿上绝对合适，有不少您这个年纪的人买过，穿上起码年轻 10 岁。"

推销员肯定性的语言能够促使顾客说出"是""是的"，从正面明确向顾客表示购买商品会给他带来哪些好处。肯定性的常用语句如：您会高兴；您能够了解；能够相信；可靠性高；放心吧！可以放心；这样是安全的；可以获得好处；我们的态度是积极的；有价值；这是对的，正确的；这值得接受；这个挺生动的；前景比较乐观，等等。

（3）讲究语言的艺术性　推销语言的艺术性主要表现在语言表达的灵活性、创造性和情境适用性上。

例如，高尔基的名著《在人间》里描写了两个店铺推销圣像的情节：一家店铺的小学徒没有什么经验，只是反复向人们说："各种都有，请随便看看。圣像价钱贵贱都有，货色地道，颜色深暗，要定做也可以，各种圣人圣母都可以画……"尽管这个小学徒喊得声嘶力竭，可仍很少有人问津。另一家店铺的广告则不同："我们的买卖不比卖羊皮靴子，我们是替上帝当差，这比金银还宝贵，当然是没有任何价钱的……"结果，许多人都情不自禁地被吸引了过来。同是推销圣像，为什么效果不同呢？原因就在于前者用语冗长，平淡刻板，而后者则针对基督徒的心理，创设了情景，将自己说成是"为上帝当差"的，用心独到，言简意赅。

2. 入耳的话题

著名的销售大师廉·丹弗说："首先要引起客户的兴趣，而不是一开始就和客户谈生意。"推销过程中，一般不能直接切入销售主题，推销人员首先需要选择适当的话题，缩短与客户的距离，使自己逐渐被客户接受，然后把话题引向自己的商品。推销人员在同客户沟通的时候，能够激起他兴趣的最好办法莫过于谈论他最感兴趣、最在意的事情。

有人专门统计过推销人员常用的引入话题是：提起对方的嗜好（72%）；提起对方的工作（56%）；提起时事问题（36%）；提起孩子等家庭之事（34%）；提起演艺活动（25%）；提起对方的故乡及所就读的学校（18%）；提起健康（17%）；提起理财技术及街谈巷议（14%）。

3. 生动的表达

销售口才的动听入耳，不仅要考虑场合及说话的技巧，说话声调的抑扬顿挫也会对说话的内容产生影响，从而影响听者的感受，影响推销的效果。

下面举一个简单的例子来说明声调的高低轻重对于说话的内容及含义的影响。每句话下面加点的字为强调的部分。

"我没有说冰箱可以保修！"

没有强调任何部分，仅仅说明事实。

“我没有说冰箱可以保修!”

强调“我”，显然是别人说的。

“我没有说冰箱可以保修!”

否认自己说过。

“我没有说冰箱可以保修!”

给人的感觉是想说但没有说出。

“我没有说冰箱可以保修!”

表示不是冰箱，而是其他产品。

通过上面的例子，可以看出语气重点的不同会导致语义的差别如此之大。因此，真正要做到推销口才的入耳与动听，必须要学会生动的语言表达方式。

4. 耐心的倾听

推销的过程是推销人员和顾客语言沟通、展开对话的过程，是两者互动的过程。推销人员与顾客的良性互动，就不仅仅需要推销人员口齿伶俐的表达，更需要耐心的倾听。通过倾听，了解顾客的真正需求。根据 Sellraise 销售研究机构的对 2000 例销售谈话的调查，顶尖的销售人士通常花 60% ~70% 的时间在倾听上，听是对话中所占比重最大的部分。

耐心倾听顾客说话，就是要全神贯注地听。要放下手中的工作，双手交叉放在膝盖上，身子稍微前倾些，好像全身心置于与对方的谈话之中。在倾听中注意捕捉顾客话中的关键语句，理解其真实想法，较重要的则做好记录，要注意与对方目光交流。不要任意打断顾客谈话，不要试着加入话题或纠正他。不能让顾客认为你对他的话题不感兴趣。有疑问时，可打断对方，可重申或用自己的话说，问对方对否，要心平气和地听顾客讲话，不可带有敌意，不带任何偏见；要注意总结、概括或重申对方讲话中对自己有利的一面。

5. 有效的提问

销售人员在和客户沟通过程中，一定要让客户发表自己的观点和看法，避免销售人员自己滔滔不绝地讲、客户却沉默不语的现象发生。有效地提问是打破对话僵局的重要手段，推销人员通过直截了当的提问，可以提出自己的疑问、发现顾客的需要，从而征求顾客的意见。例如以下案例：

小李是 M 品牌冰箱的导购小姐。一天，一对夫妇走进该品牌的展厅，打算看看冰箱。

“先生，家里几口人?”丈夫回答五口人。

小李又看着太太问：“你是喜欢隔日买菜，还是每天都上菜市场?”太太笑而未答。

小李并未放弃，采用选择式提问，刺激太太回答。

“听说有人一星期买一次菜，有人 3 天买一次。假如 3 天买一次，菜色、菜味儿不会变化，太太你喜欢哪一种买法?”

太太终于回答了：“3 天买一次。”

小李：“在冰箱里储存食品、菜肉，既可以保鲜，又可以节省时间，还可以随时享用自己最喜欢的饮料和啤酒……”

在这段简短的对话中，可以看出一个推销高手不停地用摆事实和提问的方法，来刺激顾客购买冰箱的欲望，避免自己一味向顾客介绍产品，而顾客却没有听懂或者听进去，造成销售的失败。

二、原一平的语言魅力技巧

原一平是日本的推销大师，他36岁加入美国百万圆桌协会（该协会代表了全球最顶尖的少量寿险从业人员），43岁时已经15年蝉联全国推销冠军，连续17年年推销额达到百万美元。1962年，日本政府授予他“四等旭日小绶章”。有许多推销界的朋友曾向他询问：“怎样才能让声音充满魅力呢？”原一平总结出这么几个技巧。

1. 语调低沉明朗

明朗、低沉、愉快的语调是吸引人的最大魅力所在。如果你说话的语调偏高，就要练习让语调变得低沉一点，这样你的声音才能迷人。

2. 吐字清晰、层次分明

吐字不清、层次不明是谈话成功的最大敌人。假如别人无法了解你的意思，你就不可能说服他。要克服这种缺点，最好的方法就是在公众场合练习大声朗诵。

3. 注意说话的节奏

这就如同开车有低速、中速与高速，必须依实际路况的不同而有所调整，在说话时也是一样。另外，音调的高低也要妥善安排，任何一次的谈话，速度的变化与音调的高低，必须搭配得当。只有这样，你的谈话才能有出奇的效果。

4. 停顿的奥妙

“停顿”在交谈中非常重要，但要运用得恰到好处，既不能太长，也不能太短，这需要靠自己去揣摩。“停顿”具有可整理自己的思维、引起对方注意、观察对方的反应、促使对方回话、强迫对方下决定等作用。

5. 声音的大小要适中

在一个人少的房间里，如果音量太大，就会成为噪声；如果音量太小，使对方身体前倾才听得到，对方听起来就会感到很吃力。其实最恰当的做法就是，两个人能够相互听到彼此的声音就可以了。

6. 语言与表情相配合

这样做能让你的谈话更具感染力。一个人在交谈时的措辞，如同他的仪表，对谈话的效果起着决定性的影响。对于发音困难的字词，要力求正确，因为这无形中会表现出你的博学与教养。

三、乔·吉拉德自我推销的成功经验

乔·吉拉德被誉为“世界最伟大的销售员”，他连续12年荣登《吉斯尼世界纪录大全》世界销售第一的宝座。他所保持的世界汽车销售纪录：连续12年平均每天销售6辆车，至今无人能破。乔·吉拉德曾一语道破自己成功的秘诀：“推销的要点是，不是在推销商品，而是在推销自己”。如何更好地推销自己，可以借鉴以下的经验。

1. 树立可靠的形象

乔·吉拉德努力改变推销人员在公众心目中的精神形象，不但有儒雅得体的言谈举止，而且有对顾客发自内心的真诚和爱心。他总是衣着整洁，朴实谦和，脸上挂着迷人的微笑，出现在顾客的面前。而且对自己所推销的产品的型号、外观、性能、价格、保养期等烂熟于心，保证对顾客有问必答，一清二楚。他乐于做顾客的参谋，根据顾客的财力、气质、爱好、用场，向他们推荐各种适宜的小汽车，并灵活地加以比较，举出令人信服或易于忽略的理由来坚定买主的信心，主动热情、认真地代顾客进行挑选。年复一年，乔·吉拉德就这样用自己老成、持重、温厚、热情的态度，真心实意地为顾客提供周到、及时的服务，帮助顾客正确决策，与顾客自然地形成了一种相互信赖、友好合作的关系。顾客都把他当作一个值得信赖的朋友，戒备心理烟消云散，高兴地接受他的种种建议。

2. 注意感情投入

乔·吉拉德深深懂得顾客的价值，他明白推销员竞争就是对顾客的竞争，而顾客都是活生生的人，人总是有感情并且重感情的。所以，他标榜自己的工作准则是："服务，服务，再服务！"他豪迈地说："我坚信每个人都可能成为潜在的买主，所以我对我所见到的每一个顾客都热情接待，以期培养他们的购买热情。请相信热情总是会传染的。"

乔·吉拉德感情投入的第一步是以礼待客，以情相通。顾客一进门，他就像老朋友一样地迎接，常常不失时机地奉上坐具和饮料；顾客的每一项要求，他总是耐心倾听，尽可能做出详细的解释或者示范；凡是自己能够解决的问题则立即解决，从不拖拉。在这种情况下，绝大多数顾客都不得不对是否买车做出积极的反应了，否则，心中就可能产生对不起推销员的内疚感。

乔·吉拉德感情投入的第二步是坚持永久服务。他坚信："销售给某个人的第一辆汽车就是跟这个人长期关系的开始。"他把建立这种与"老主顾"的关系作为自己工作的绝招。顾客从把订单交给乔·吉拉德时起，每一年的每一个月都会收到乔·吉拉德的一封信，绝对准确。一月份祝贺新年，二月份纪念华盛顿诞辰日，三月份祝贺圣帕特里克日……凡是在乔那里买了汽车的人，都收到了他的贺卡，也就记住了乔·吉拉德。乔·吉拉德的种种服务使他的顾客备受感动，第二次、第三次买车时自然就忘不了他。据估算，乔·吉拉德的销售业务额中有80%来自原有的顾客。有位顾客亲昵地开玩笑说："除非你离开这个国家，否则你就摆脱不了乔·吉拉德这个家伙。"乔·吉拉德感动地说："这是顾客对我的莫大恭维！"

3. 名片满天飞

每一个人都使用名片，但乔·吉拉德的做法与众不同，他有一个习惯：只要碰到一个人，他马上会把名片递过去，不管是在街上还是在商店。他认为生意的机会遍布于每一个细节。

他到处递送名片，在餐馆就餐付账时，他要把名片夹在账单中；在运动场上，他把名片大把大把地抛向空中。名片漫天飞舞，就像雪花一样，飘散在运动场的每一个角落。乔·吉拉德认为，每一位推销员都应设法让更多的人知道他是干什么的，销售的是什么商品。这样，当他们需要他的商品时，就会想到他。乔·吉拉德抛撒名片是一件非同寻常的事，人们不会忘记这种事。当人们买汽车时，自然会想起那个抛撒名片的推销员，想起名片上的名字：乔·吉拉德。同时，要点还在于，有人就有顾客。如果你让他们知道你在哪里，你卖的是什么，你就有可能得到更多生意的机会。

实践演练

销售人员促销过程技能训练

训练名称：模拟某服装店销售人员销售过程服务情境

训练内容：根据“服装销售过程模拟练习”脚本，进行角色扮演现场模拟演示。

阅读“服装销售过程模拟练习”脚本，讨论、分析那位“导购员”为何能够成功销售出产品，总结其推销产品的思路和步骤。

训练说明：每组推选或自荐2名同学参与，分别扮演“导购员”和“顾客”，其余同学做观察者和协助记录。

训练结束后，参与者与观察者交流体验或观察心得。

“服装销售过程模拟练习”脚本

人物：导购员、顾客

地点：某服装公司门店

当顾客进门，导购员微笑地对顾客说：“欢迎光临，请随便看看！”

提示：跟顾客简单地打招呼，让顾客有被重视的感觉，但不可太急切，让顾客有一定的空间去选择喜欢的产品，而此时，导购员并非对顾客不理，而是在一旁暗地里观察顾客，等待接近顾客的机会。

（1）当顾客驻足注意商品（如一款上衣）时，导购员赶紧迎上去：“请问有什么可以帮您的？”

提示：抓住接近的机会，为顾客介绍他/她所看重的产品。

当顾客产生购买欲望时，导购员使用带有专业的语气：“能让我帮您量一下尺寸吗？我们公司提供试穿服务，如果您需要，可随时让我帮助您！”

提示：在顾客试衣时要根据客户身材、穿着的品位为其多准备两到三件。

（2）当顾客决定购买时，导购员可推荐连带产品：“您看这条裤子，公司考虑到能有更好的穿着效果，进行了配套设计，您要选购一条吗？”

提示：这样既可增加销量，又体现出品牌的专业性。

当顾客购买行为结束时，导购员赞美：“您选择这件衣服的款式十分适合您，欢迎您下次再来购买！”

提示：适当的赞美，礼貌的送客，会让客户感到温暖，下次还会光顾。

学习情境五 了解协议合同

任务1 撰写经济合同

情境导入

作为一名大学毕业新生，你已经在某物流公司采购部门实习半年了，熟悉采购工作业务流程，取得了一定的业绩，获得领导和同事的信任，现公司经理派你去与供货商签订一份采购合同。

签订合同前，你该做哪些准备？请分角色扮演，模拟一下这次签约。

任务描述

根据上述情境，作为公司代表在与供应商进行交易磋商前，首先要了解订立合同的程序，准备采购合同文案；其次通过物流货物采购市场、登录物流采购网站、企业网站收集物流采购合同信息；第三，在订立合同前，应了解供应商的货源与市场价格、合同主要条款和经济合同法的内容。通过案例分析，使学生掌握物流采购合同的写作方法和要求，通过学生互评，教师点评，帮助学生修改采购合同习作。

案例导引

案 例 1

前不久，某物流公司张经理与外地某货物供应商赵总经理签订一份金额达500万元的采购合同。合同规定：两个月内交货，由物流公司交付10万元作为保证合同履行的定金。期间赵总接到一宗更大的生意，无法按期履行合同，便电告张经理，经多次协商未果，张经理只好要求赵总退还定金，另找合作伙伴。

张经理要求赵总双倍返还定金，不料对方却只退还10万元，张经理拿出合同一看，自己错把“定金”写成了“订金”，追悔莫及。

【评析】

根据《经济合同法》中的定金法则，当交纳定金者不履行协议时，无权请求返还定金，接受定金方不履行协议时，要双倍返还定金。订金则有预约之意，当不想履约时，可申请原额退还。

思考讨论

1. 合同应具备哪些主要条款？
2. 签订合同之前可以采取哪些防范措施？
3. 一旦引起合同纠纷后有哪些解决途径？

知识平台

一、经济合同的定义和特点

（一）定义

根据《中华人民共和国经济合同法》规定，“经济合同是法人之间为实现一定经济目的，明确相互权利义务关系的协议。”

（二）特点

经济合同是调整横向经济协作关系的重要法律形式，是管理经济的有效手段。签订经济合同是一种经济活动，也是一种法律行为。它具有以下四个特点。

1. 经济合同是一种法律行为

必须依法签订，当事人的权利义务关系才能受到国家法律的保护和监督，经济合同才具有法律效力。经济合同一经确立，就具有法律约束力。双方必须认真履行合同，任何一方不得违反，否则按《经济合同法》的有关规定，违约方需承担由此而引起的经济、法律的责任。

2. 经济合同的当事人必须是法人或具备法人资格

《经济合同法》规定，经济合同是法人之间的协议。法人，指的是依法组成，受法律保护和监督，享有独立的财产或进行独立的经济核算，能够承担相应的法律义务的社会单位。随着我国商品经济的日益发展，经济体制进一步改革等，生产流通领域内经济关系不断变化，城乡的生产、经营方式更加多种多样，大量的个体经营户成了独立的经济实体，它们之间签订的合同也具有经济合同的性质。因此，《经济合同法》规定：具备经济实体条件的个体经营户和农户等自然人，同法人之间签订的合同也属经济合同。故个体经营户、农户也可以是经济合同的当事人。

3. 经济合同当事人法律地位平等

在经济合同关系中，当事人处于平等地位，享有平等权利，进行平等协商，履行各自的义务，没有上下，隶属，贵贱之分。任何一方不得把自己的意志强加给对方，任何组织和个人均不得非法干预。

4. 经济合同的当事人必须贯彻平等互利、协商一致、等价有偿的原则

经济合同是当事人合法的法律行为。在经济合同关系中，当事人必须协商一致，这是合同成立的前提。在履行经济合同中，如果发生意见分歧，要及时协商解决。协商解决不成，可向经济法庭提起诉讼。

二、经济合同的作用和种类

（一）作用

1. 有利于保护经济合同当事人的合法权益

经济合同一经订立，就产生了法律约束力。对不履行合同或故意违约而造成经济损失的一方，要依法予以经济制裁。从而有效地保护了当事人合法权益。

2. 有利于保证国民经济的顺利完成

在我国，国民经济的发展是由中央统筹部署，并按照一定的计划比例关系领导国民经济各部门协调有序地发展生产。所以基层企业的生产、流通、分配各个环节为完成上级下达的计划指标，往往要通过合同形式使之具体化、精确化；同时，通过合同形式，可明确中央部门、地方、企业和劳动者个人在经济上应尽的责任，有利于互相监督。合同的有效履行，也保证了国家计划的实现，促进国民经济的健康、快速发展。

3. 有利于加强企业间的专业化生产和经济协作

科技的发展促使社会化大生产专业化程度日益提高，经济协作关系日益密切。所以，合同作为一种契约，既可以约束各部门，保质、保量，按时完成各自的专业生产任务，同时，又把各企业、各部门之间有机地联系起来，使得供应、生产、运输和销售各个环节有机地衔接起来，避免各环节之间的脱节现象，从而形成完整的社会主义经济体系。

4. 有利于加强企业的经济核算，提高经济效益

经济合同是建立在双方当事人平等磋商，自愿订立的基础上。当事人在签订合同时，一般都对自身的经济利益考虑得比较周到，合同一经签订，双方都要有履行合同的责任，这样，就为索取较大的经济效益提供了保障。同时也促使各单位必须加强经济核算，克服经营管理中的薄弱环节，全面完成各项经济技术指标，才能确保本企业盈利。

5. 有利于加强领导部门对企业的管理和监督

对于财政、银行部门来说，实行经济合同制，有利于发挥监督职能。财政部门可以把经济合同作为财政监督的依据，还可以运用合同来促进企业改善经营管理。经济合同也是银行部门运用经济办法管理经济的一种重要手段。在业务活动中，银行可以通过经济合同来促进和监督企业管理，用好资金，以期发挥更大的效用。

6. 有利于发展对外经济合作

随着我国经济建设的不断发展，对外贸易规模的日益扩大，经济合同有利于我国在平等互利的原则基础上开展对外贸易，利用外资，发展国际经济技术协作，加强国际经济往来，促进我国的经济建设。

（二）种类

1. 按业务性质划分

按业务性质划分，有购销（包括供应、采购、购销、结合、协作、调剂等）、建设工程承包、加工承揽、货物运输、供用电、仓储保管、财产租赁、借贷、财产保险、科技协作等10种合同。这10种经济合同基本上概括了我国目前所推行的各种常用经济合同。

2. 按有限期限划分

按有限期限划分，有长期合同（一年以上）和短期合同（半年）。

3. 按经济合同与国家计划的关系划分

按经济合同与国家计划的关系划分，有指令性计划合同、指导性计划合同和非计划性质合同。

4. 按合同的标的划分

按合同的标的划分，有转移财产的经济合同和提供劳务的经济合同。

5. 按合同当事人的国际关系划分

按合同当事人的国际关系划分，有国内经济合同和涉外经济合同。

三、经济合同的写作要求

经济合同一经签订，对双方都具有法律效力。因此，在拟订经济合同时，要求做到以下几点。

1. 必须遵守国家法律

合法的经济合同要求合同当事人、合同内容、签订程序、合同形式、履行方式等都必须合乎法律规定。

2. 内容必须符合公共利益和社会道德准则

一切损害人民利益，隐瞒、欺骗、有害于公民身心健康的行为，都是悖于社会公德的，且签订的经济合同也是没有法律效力的。因此，经济合同的内容必须符合社会公共利益和社会主义道德准则。

3. 实行平等协商、等价有偿的原则

经济合同当事人的法律地位一律平等，当事人的权力义务也是对等的。订立合同应当本着自愿互利、平等协商、等价有偿的原则。当事人任何一方都不得违反上述原则，损害对方或第三人利益。

4. 合同的条款要齐全、完备

在经济合同中，当事人的权利和义务是通过各项条款体现出来的。所以，为保证当事人享受合同规定的权利，合同条款必须完备、具体，当事人的责任必须明确。

5. 合同的规定要具体，且不得随意涂改

经济合同具有法律效力，一经制定就产生法律约束力，是执行的依据。因此，合同条款的规定必须做到具体、明确。如在购销合同中，产品是按日、按旬还是按月、按季交货；只计毛重还是净重；是自提、包送还是代运；按什么比例标准检验货物；是否要封存货样对照；供货方负责日后维修，则人员的旅费、工资该谁负责等，都要在合同中具体地规定清楚。

6. 合同的措辞要准确、严密、简练

合同中表述的语言必须明白无误，没有歧义，类似“大概”“估计”“尽量”之类的字眼在合同中一般是不能使用的，防止由于措辞含糊，语义不明造成纠纷。应当做到合同书上没有一句不清楚的或有歧义的话，没有一个错别字，没有一句废话。专业术语要规范化，用语要前后一致。

四、经济合同的写作方法

经济合同的书写形式有条文式和表格式两种，下面主要介绍条文式合同的写法。

条文式合同的写作结构：由标题、订立合同双方、正文和落款四个部分组成。

（一）标题

合同的标题要明确，性质不能混淆，主要有两种类型。

1）明确标出合同的性质，如购销合同、预购合同、供应合同等。

2）将产品类别和合同发行日期写入标题，如《哈密瓜预购合同》《轻工产品供应合同》《一九九八年第二季度订货合同》。

（二）订立合同双方

在合同标题左下方，顶格写明合同双方当事人的名称（全称），然后用括号分别标明甲方、乙方。如：

轻工产品供应合同

××商场（甲方）：

订立合同单位××工厂（乙方）：或，

供方：——

需方：——

（三）正文

正文由开头、主体、结尾三部分组成。

1. 开头

开头写合同的目的或依据。

2. 主体

逐条写明双方的协议一致的条款。根据《中华人民共和国经济法》规定，经济合同必须具备以下九项主要条款。

（1）标的　标的是经济合同中确定当事人权利和义务共同指向的对象，也是经济合同所要达到的主要经济目的。标的可以是商品货物如购销合同；也可以是劳务，如货物运输合同；可以是科研成果，如科技合同（专利技术秘密）；可以是货币，如借贷合同；还可以是工程项目，如建设工程承包合同等。其中，商品货物的标的包括商品的名称、规格、型号或代号、牌号、商标等。

任何合同都必须有标的，没有标的，双方的权利和义务就不能落实，合同就无法履行。

（2）数量和计量单位　经济合同的数量指的是标的数量，是合同的要件。数量要使用通用的标准计量单位，而且要规定得准确、具体，如购销合同，不仅应写明总的数量，还要写明按季、按月直至按日分批提交的数量。

要写明计量方法和计量单位，写明交货数量的尺度或者正负尾差（溢短装条款）和合理磅差。

标的以物为内容的，计量方法一般用度量衡来计算；标的以劳务为内容的，计量方法一般用工作量或劳务量来计量（计件、计时）；标的以货币为内容的，计量方法一般用货币单位来计量。

（3）质量　质量是指合同标的产品或劳务的优劣程度，是确定经济合同要件之一。质量有两方面要求：一方面是指产品的外观形态，如造型、结构、色泽、味觉等。另一方面是指产品的内在成分、物理和力学性能、生物的特征等。合同标的质量的技术要求标准，力求

规定详细、具体、明确。

一般的要求是国家或部颁标准，按国家或部规定的标准签约；国家、部没有规定标准的，由双方协议定一个标准；有的质量定不了的，可以拿样品，交货时按样品验收。上述内容在合同中都要写清楚。样品必须在订立合同时由双方封存，以作为今后验收的依据。

国家标准化管理条例规定，产品质量标准分为国家标准、部颁标准和企业标准，每种标准都用代号表示。在签订合同时，要写明按哪级和哪年颁布的标准。订合同时，表示质量的方法有：说明书和图样；货样；牌号、商标；产地名称；规定标的规格；检验标准。

（4）价款或酬金　价款或酬金是取得合同标的一方用货币形式，向对方所支付的代价。其中，以货物和工程为标的的经济合同，这种代价称为价款；在以劳务为标的的经济合同中，这种代价称为酬金。价款以货币数量表示，是经济合同有偿交换经济关系的标志。价款条款一般包括产品的价格组成、作价方法、作价标准，调价处理办法等。确定条款时，凡国家定了价格或作价办法的商品，应遵守国家的规定；国家没有规定价格的商品，双方可以议价商定。

（5）期限　经济合同履行的期限，即合同议定的履行时间，是负有义务的双方按议定的时间履行合同的条款。交货日期的计算：送货制以需方收货戳记为准；提货制以供方通知提货日期为准，代运制以发运产品时承运部门的戳记为准。期限可按季、月、日计算。分批供货的可按生产周期计算。

（6）地点　地点指发行合同的具体地点。它是分清双方责任的依据。书写这一条款时，必须写明交（提）货、付款、验收或劳务的具体地点，注意表述确切。

（7）履行方式　履行方式指采用什么方法来实现合同所规定的当事人双方的义务。如运输合同中的运输方式，购销合同中的提货方式，借贷合同中的还贷方式等。

（8）结算　经济合同用货币履行义务时，除法律另有规定外，必须用人民币计算并通过银行转账结算。允许预付货款的商品，订立合同时，必须注明先付款后交货，还是先交货后付款。要注意写明开户银行、账号以及结算日期、结算方式。

（9）违约责任　违约责任是对不履行合同规定的义务的一方的制裁措施。它是督促当事人自觉履行合同的一种手段，是实现合同的一种担保形式。合同中的违约责任是通过违约金反映的。违约金的数量可依据法律规定，也可以由当事人双方依法商定，并要在合同中具体写明。

除上述主要条款外，产品包装方法，要求产品的验收方法，签约的时间、地点等也要在合同中写明。合同签订地是发生纠纷后确定管辖法院、仲裁机构的重要依据。

3. 结尾

结尾有三项内容。

1）注明合同附件。

2）注明合同有效期限。

3）注明合同一式几份，交由谁保管。

（四）落款

由订立合同的人签名盖章并写上订立的年、月、日。

五、例文评析

【例文1】

××商品订购合同

甲方（买方）：　　　　　　　　乙方（卖方）：
地址：　　　　　　　　　　　　地址：
电话：　　　　　　　　　　　　电话：
联系人：　　　　　　　　　　　联系人：

甲乙双方根据平等互利，协商一致的原则，同意签订本合同，共同信守。

1. 货物名称、型号规格、基本配置、单位、数量、单价、金额及合计价（见下表）

序号	货物名称	型号	规格	单位	数量	单价	金额（元）
1							
2							
3							
合计：人民币（大写）							

2. 技术资料

乙方应随货物以书面形式提供下列资料：产品简介、使用手册、产品合格证、产品保修卡给甲方。

3. 付款方式

3.1　本合同以（币种）______，____（现金或银行转账）方式付款，并预付____定金。

3.2　货物经验收合格后，在____个工作日开始付款，分别付款。

4. 付货方式：分____次付货，分别付货____________________。

5. 交货地点____________。

6. 运输方式为________，由甲方承担____，乙方承担____费用。

7. 货物验收

7.1　本合同的货物验收期为货物正式运至交货地点七天内。

7.2　货物检验比例为____，由甲方承担____，乙方承担____费用。

7.3　货物检验方为________。

8. 质量保证：____包换，____包退，____包修。

9. 贸易保险：投保________________险种，由甲方承担____，乙方承担____费用；若发生事故，险金利益分配甲方占____，乙方占____。

10. 合同生效

10.1　本合同在甲、乙双方法定代表人或授权代表签字盖章后生效。

10.2　本合同一式两份，以中文书就，甲、乙双方各执一份。

11. 双方需要说明的其他事项

签约方：　　　　　　　　　　　　签约方：

甲方单位（盖章）：　　　　　　　　　乙方单位（盖章）：

甲方法定代表人（签章）：　　　　　　乙方法定代表人（签章）：

年　　月　　日　　　　　　　　　　年　　月　　日

【评析】

这是一份经济合同样本，该合同写作采用条款式结构。标题交代了合同性质，合同要件条理清晰，内容完备，语言简洁，意思表达明确，合同文本写作格式规范，是一份标准的合同范文。

【例文2】

建材采购合同

需方单位（甲方）：　　　　　　　　　　　　　　　　合同编号：

供方单位（乙方）：

根据《中华人民共和国合同法》及有关法律、法规，遵循平等、自愿、公平和诚实信用的原则，为规范合同当事人的交易行为，保护合同双方的合法权益，保证产品质量和工程建设正常进行，经甲、乙双方协商一致，订立本合同。

第一条　材料标的、数量、价款（见下表）

标的名称	牌号商标	规格型号	数量	单价	金额	备注
合计						
税率4%						
总计						

注：

(1) 上述单价不得因市场行情波动而变化，上述单价已包括到交货地点的运输费用、运输中的损耗费用、装卸费、材料检测费；运输费、运输损耗费、装卸费、材料检测费等不可另行追加计算。

(2) 最终结算数量按甲方实际签收到的数量为准。

第二条　材料遵循的质量和技术标准要求

1. 乙方应严格按照双方约定的质量和技术标准要求供应材料。

2. 甲、乙双方约定材料验收遵循的质量和技术标准：国家现行规范。

3. 乙方应按现行的国家标准或甲乙双方约定的标准规定，随每批产品提供《产品合格证明》《质量检验报告》《产品质量保证书》材料发票和其他相关技术质量资料。

第三条　验收标准、方法及提出异议期限

1. 乙方应在交货同时向甲方提交该批产品的《产品合格证明》《质量检验报告》《产品质量保证书》、材料发票和其他相关技术质量资料。

2. 验收标准按甲、乙双方上述第二条约定的该材料现行的国家或行业标准验收。

3. 甲方有权于材料出厂前对材料进行测试检验，乙方须在各批材料出厂前5天通知甲

方。

4. 材料数量以甲方书面签收为准。材料外观质量甲方应及时验收，必要时须经过业主和监理的验收通过，甲方、监理或业主发现质量问题应及时向乙方提出，在问题未查清之前该批产品必须封存，不能使用。

5. 经核查该批产品确实不符合规定要求的，甲方由此受到的经济损失，包括工期损失均由乙方按违约责任承担。

6. 甲方在材料到场验收时未发现质量问题，但在使用时或使用后发现确实因该批材料质量未达到规定要求而引起的工程质量问题，如返工、工期延长等经济和工期损失均由乙方承担。

7. 乙方在材料运抵交货前5天通知甲方，甲方应提供堆放场地或堆放仓库。

8. 乙方须负责材料正式交货前的安全、保卫、防火、防盗工作，包括运输途中、卸货中的人身和材料的安全，在正式交货前，包括运输途中、卸货中如有人身伤害或材料受损失均由乙方负责。

第四条　交货时间、地点及方式

1. 交货时间：

2. 交货地点：

3. 交货方式：乙方送货。

4. 乙方在产品运抵交货地点后，甲、乙双方应及时做好验收工作，书面交验签字记录，必要时须得到业主和监理的书面验收确认。

第五条　结算方式：网银支付。

第六条　付款方式

材料付款方式：滚动付款。

第七条　违约责任

1. 甲、乙双方应严格履行合同规定的各项条款，如合同一方违约，由违约方承担责任，并参照合同法及双方商定的有关条款赔偿经济损失。

2. 因质量不符合约定，甲方可要求更换或退货，更换视作逾期交货，退货视作不能交货，并承担违约责任。

3. 材料交货时间延误或材料质量达不到规定要求，而乙方又无积极措施确保按合同约定时间交货，或无力按约定质量标准交货的，乙方应承担违约责任，甲方有权单方面终止合同，乙方须负责赔偿由此造成的甲方全部经济损失。

4. 乙方不能全部或不能部分交货的属违约，乙方应向甲方赔偿按不能交货部分的价值的双倍金额作为违约金。

5. 由于乙方原因，造成材料交货时间延误时，乙方须向甲方支付违约金，违约金为每延误一天，按本合约总价的1%计算，按天累计。同时，甲方有权单方面终止合同，乙方承担赔偿责任。

6. 乙方在交货时间、材料质量、安全文明措施方面不能满足甲方要求时，甲方有权对由此造成的经济损失要求乙方赔偿。

7. 乙方由于非甲方的其他原因使合同无法履行的行为，属于违约，乙方应承担违约给甲方造成的损失。

8. 乙方违约后，甲方要求乙方继续履行合同时，乙方承担上述违约责任后仍应继续履行合同。

第八条　解除合同的条件

1. 甲、乙双方协商一致。

2. 因不可抗力致使不能实现合同目的的。

3. 在履行期限届满之前，乙方明确表示或以自己的行为表明不履行或延迟履行主要义务的，除赔偿违约损失外还可解除合同。

4. 乙方其他违约行为致使不能实现合同目的的。

5. 乙方其他违法行为已影响合同履约的。

第九条　解决争议的方式

本合同纠纷解决方式：甲、乙双方协商解决，双方协商不能达成一致，向合同签约地（南阳市）有管辖权的人民法院提出诉讼。

第十条　其他条款

1. 乙方车辆及材料在运输途中及到达甲方现场后应遵守国家和地方现行的有关环境保护、职业健康和安全的法律、法规。

2. 本合同的未尽事项，必要时由甲、乙双方另订补充合同，经签字盖章后与本合同具有同等法律效力。

3. 本合同自双方代表签字，加盖双方公章或合同专用章后生效。

4. 本合同一式<u> 6 </u>份，双方各执正本<u> 1 </u>份，副本<u> 2 </u>份。

5. 其他约定：<u>购买数量有增减不影响本合同执行</u>。

合同签订单位：

甲方（盖章）	乙方（盖章）
法人签字：	法人签字：
签约日期：	签约日期：

【评析】

这篇“采购合同”，属于合同中的经济合同类。该合同采用条文与表格相结合的结构，条款完备，内容具体。双方权利、义务关系明确；语言准确、周密，行文符合规范。注意，合同关系是一种法律关系，具有强制性质，一经签订，各方当事人都要严格遵守，认真执行，不能单方面修改或终止。

相关资讯

一份有效经济合同需具备以下要件。

1）当事人必须依据法律规定具备经济关系的主体资格。我国法律规定可以作为经济合同关系主体的有法人和公民，此外私营企业、个体工商户、农村承包经营户、联营组织等也可以成为经济合同关系的主体。

2）合同条款内容必须合法，意思表示真实。经济合同是当事人之间意思表示一致的结果，即签订合同当事人就同一问题达成一致协议，不得把自己的意思强加给对方。而且符合国家法律、法规或者国家核准、登记的业务范围内开展活动，并承担对国家和社会应尽的义务。

3）签订经济合同必须符合现行法律规定的形式和手续。

4）如果签订合同当事人在合同中约定要办理签证或者公证的合同，只有当事人申请办理了签证或者公证手续，合同才能有效成立。

实践演练

一、讨论思考题

1. 合同需拟订哪些主要条款？
2. 合同签订后，一旦引起纠纷，有哪些解决途径？
3. 签订采购合同的流程是怎样的？
4. 签订采购合同之前可以采取哪些防范措施？
5. 采购合同的写作格式和要求是怎样的？
6. 经济合同条款中，价款与酬金的区别是什么？
7. 一旦发生合同纠纷后，有哪些解决途径？事前可以采取哪些防范措施？

二、根据下面的资料，撰写一份采购合同

王林同学是××职业技术学院物流管理专业的应届毕业生。到××物流公司工作一年了，负责货物采购，经理派他与货物供应商拟订一份采购合同。

要求：

小组讨论、团结协作共同制订合同；分组实施，小组成员合作，进行写作实践。任务完成后，通过学生互评，教师点评，帮助学生修改采购合同。

三、模拟签订一份索赔合同

背景资料：服装布料延期交货索赔谈判记录

2003 年初，在 NM 布料供应最紧缺的时候，红牡丹公司与国内生产 NM 布料的白玫瑰公司签订了购货合同。按照合同，白玫瑰公司向红牡丹公司提供 30 万米不同季节穿着的符合质量标准的布料，平均分三批分别于当年 4 月 30 日以前、8 月 31 日以前和 10 月 31 日以前交货，若延期交货，白玫瑰公司将赔偿对方损失，赔偿事宜到时再商议。

2003 年春季，国内很多地方出现了非典型肺炎疫情，白玫瑰公司印染车间有 2 名高级技术人员被诊断为非典疑似病例，该车间大多数人被隔离 20 余天，生产几乎处于停顿状态。虽然 4 月底很快恢复正常生产，但白玫瑰公司已经无法按合同规定日期向红牡丹公司交货，至 5 月 5 日也只能交货 2 万米，全部交完至少要到 5 月 20 日。因此，红牡丹公司也不能按期生产服装，影响公司服装合同的履行，遭受巨大损失。5 月 10 日，红牡丹公司决定实施索赔条款，并正式向白玫瑰公司提出 600 万元的索赔要求。

一周后，白玫瑰公司派出由主管生产的副总经理到红牡丹公司就索赔问题进行交涉。

原有合同中的商品名称、规格、数量、单价与总价

商品品名	规格（纱支数）	数量（万米）	单价（元人民币/米）	总价（万元）
NM1	夏布 60	10	130	1300

（续）

商品品名	规格（纱支数）	数量（万米）	单价（元人民币/米）	总价（万元）
NM2	秋布45	10	150	1500
NM3	冬布35	10	200	2000

以下是本次双方谈判的原始记录。

1. 通过两天的谈判，双方最终达成一致协议，愿意继续合作。

2. 双方都认同非典属于不可抗力事件，双方同意按不可抗力事件进行处理。

3. 卖方承认非典期间没有及时通知买方，给买方带来了损失，但没有通知并非主观因素，而是当时情况，不能与外界接触，愿意承担20%损失赔偿责任。

4. 按实际情况计算，双方认可，买方本次由于延期交货，带来的直接经济损失和信誉影响，折合人民币400万元，而不是当初报价600万元，这已经双方确认。

5. 卖方愿意第一批货在5月20日前交货，对于这批货延期交货带来的损失400万元，承担20%，折合赔偿80万元。

6. 鉴于双方要继续合作，且NM布料市场紧俏，卖方愿意以布抵偿对方的赔偿金80万。

7. 鉴于双方合作关系的改善，卖方愿意5月20日前除交清第一批货数额外，另外多交夏布60支的0.62万米，折合现金80万元。

8. 双方协议，8月31日和10月31日应交的两批货按原合同执行，如果违反合同，按原合同条款进行处理。

9. 本次合同签订日期：2003年5月8日

模拟演练：学生分小组，根据提供的背景资料和谈判的原始记录，按合同的基本格式和法律规定，各组拟订一份完整的索赔合同。

实践演练拓展

【拓展1】

错加一个字，赔偿五万五

一场本来可以打赢的“官司”，只因为在合同上错加了一个字，却赔偿了对方的损失费5.5万元，直接责任人员也因此以玩忽职守罪被判刑。

2009年12月22日，广济县田镇麻纺厂购买南昌市华西五交化商店苎麻100吨，货款42万元。合同上标的是“购苎（线）麻100吨”的字样。麻纺厂的采购员郑某对括号里的“线”字曾提出异议，南昌市华西五交化商店的法定代表人解释说：“在我们这里线麻就是苎线。”郑某也就没有再坚持了。合同订好后，郑某电告了广济县田镇麻纺厂。麻纺厂的党支部副书记桂某亲自将货款送到南昌市，对合同又不加审查，就轻率地将42万元汇票划进了华西五交化商店的账号。

2010年2月，华西五交化商店给田镇麻纺厂运送了31吨线麻。郑某一看，发现不是苎麻，拒不验收，并要求对方退回货款和付给违约金。而对方以合同上写有：“苎（线）麻”为由，要田镇麻纺厂赔偿其损失费。双方各执一词，相争不下，于是“官司”打到了南昌市中级人民法院。法院根据合同的条款，调解结案是：由广济县田镇麻纺厂赔偿对方损失费5.5万元。由于华西五交化商店将钱汇往外地购线麻了，货款至2010年4月还有28万元无

法追回。

对此，桂某、郑某后悔莫及，怪自己不慎重，草率行事，给集体造成了巨大损失，自己也因此触犯了法律，受到了应有的惩罚。

思考讨论

谈谈拟订经济合同文本与写作其他应用文有何不同？

【拓展2】

一字之差被罚款

河北高阳县陶口店村五家棉毛毡厂，2011 年曾与甘肃武威市某单位签订一份棉毛毡供货合同，在签订合同时，将棉毛毡写成了毛毡。货发出后，对方见不是毛毡，找到市工商局，按掺杂使假处理，罚款 4 万元。这批合同供货 2115 条，价值 5 万元，可获利 2 万元。没想到一字之差，反倒赔了 4 万元。

按说他们交的棉毛毡，从质量、规格上完全符合合同要求，并按期交货，货真价实，但法律无情，本县工商局也觉得他们吃了亏，但爱莫能助。

思考讨论

合同已经签订，允许涂改吗？

回答：合同一经签订，就具有法律的约束力，双方（或多方）都应维护合同的严肃性，任何一方都不能各取所需，任意取舍或涂改，任意中止合同。如需变更修改或中止合同，必须经双方（或多方）协商同意。凡修改之处，应加盖印章。凡需主管部门和有关签证、公证机关同意的，须经其同意、备案才有效。

【拓展3】

一场特殊的“官司”

合同具有法律作用，一经签订，双方都得信守，否则就要吃“官司”。然而公安县玉湖区双庙台渔场张学武不守合同，引出的却是一场特殊的“官司”。

事情是这样的：1998 年前，拥有万亩水面的玉湖区双庙台渔场连年亏损，负债累累。为此，渔场张榜求贤，并规定超利润四六分成。年轻的共产党员张学武揭榜了。他大胆改革，科学养鱼，降低成本，一年下来，超利润十万元，应得超利润分成六万元。谁知，张学武却想单方“撕毁合同”，不接受应得的分成。

官司打到区多种经营办公室，张学武找主任评理：“这份合同不合理，应该修改；再说水面收成好，也并非我一人的功劳，这笔分成奖我怎能收！”办公室主任听后做出裁决：“政策应取信于民，合同应该兑现，至于完善合同，那是来年的事。”张学武又找到区委书记金长思评理，他话还没有说完，就被金书记打断了：“这事我早就知道了，按合同兑现！”

张学武一腔赤诚，心系集体，却打败了“官司”，此事从侧面说明了执行合同的严肃性。

思考讨论

合同签订后，能单方面反悔有效吗？

回答：合同已经签订，具有法律效力，不能单方面反悔。

任务 2 模拟商务谈判

情境导入

立新大学毕业，已经在某物流公司采购部门工作 1 年了，他工作勤奋，业务能力突出，语言表达思路敏捷，获得领导和同事的好评。该物流公司正准备与客户签订一项采购合同而进行采购谈判，公司经理让立新参加。请你代他拟一份采购谈判方案及采购合同。

为与客户签订采购合同，通知你前去参加谈判。你该做哪些准备？请分角色扮演，模拟一下这次谈判并拟订合同。

任务描述

根据上述情境，让学生了解合同签订流程；了解采购谈判方案程序，准备采购谈判方案文案；在物流采购市场、登录专业网站、企业网站、采购专家中了解收集物流采购谈判的信息；掌握采购谈判方案的写作方法；了解谈判前应做的准备，掌握获得谈判成功的技巧；模拟签订采购合同。

案例导引

一致式开局策略

1972 年 2 月，美国总统尼克松访华，中美双方将要展开一场具有重大历史意义的国际谈判。为了创造一种融洽、和谐的谈判环境和气氛，中国方面在周恩来总理的亲自领导下，对谈判过程中的各个环节都做了精心而又周密的准备和安排，甚至对宴会上要演奏的中美两国民间乐曲都进行了精心挑选。在欢迎尼克松一行的国宴上，当军乐队熟练地演奏起由周总理亲自选定的《美丽的亚美利加》时，尼克松总统简直听呆了。他绝没有想到能在中国的北京听到他如此熟悉的乐曲，因为，这是他平生最喜爱的并且指定在他的就职典礼上演奏的家乡乐曲。敬酒时，他特地到乐队前表示感谢。此时，国宴达到了高潮，而一种融洽、热烈的气氛也同时感染了美国客人。一个小小的精心安排，赢得了和谐、融洽的谈判气氛，这不能不说是一种高超的谈判艺术。美国总统杰弗逊曾经针对谈判环境说过这样一句意味深长的话：“在不舒适的环境下，人们可能会违背本意，言不由衷。”英国政界领袖欧内斯特·贝文则说，根据他平生参加的各种会谈的经验，他发现，在舒适明朗、色彩悦目的房间内举行的会谈，大多比较成功。日本首相田中角荣 20 世纪 70 年代为恢复中日邦交正常化到达北

京，他怀着等待中日间最高首脑会谈的紧张心情，在迎宾馆休息。迎宾馆内气温舒适，环境优雅，田中角荣的心情慢慢变得舒畅起来，与随从的陪同人员谈笑风生。他的秘书早饭茂三仔细看了一下房间的温度计，是17.8℃。这一田中角荣习惯的“17.8℃”使得他心情舒畅，这为谈判的顺利进行创造了条件。《美丽的亚美利加》乐曲、“17.8℃”的房间温度，都是人们针对特定的谈判对手，为了更好地实现谈判的目标而进行的一致式谈判策略的运用。

【评析】

一致式开局策略的目的在于创造取得谈判成功的条件。

运用一致式开局策略的方式还有很多。比如，在谈判开始时，以一种协商的口吻来征求谈判对手的意见，然后对其意见表示赞同和认可，并按照其意见开展工作。运用这种方式应该注意的是，拿来征求对手意见的问题应该是无关紧要的问题，对手对该问题的意见不会影响我方的利益。另外，在赞成对方意见时，态度不要过于献媚，要让对方感觉到自己是出于尊重，而不是奉承。

一致式开局策略还有一种重要途径，就是在谈判开始时以问询方式或者补充方式诱使对手走入你的既定安排，从而使双方达成一致和共识。所谓问询方式，是指将答案设计成问题来询问对方。例如，“你看我们把价格和付款方式问题放到后面讨论怎么样?”所谓补充方式，是指借以对对方意见的补充，使自己的意见变成对方的意见。

知识平台

一、经济合同签订与执行流程

经济合同签订与执行流程为项目申请→考察论证→填写合同申请表→草拟合同文本→合同洽谈→合同签订→合同履约→合同验收→合同结算，见表5-1、表5-2。

表5-1　经济合同流程表

序号	节点名称	管理标准	承办部门
1	前期准备	项目申请→考察论证→填写合同申请表	产品工程部管理部
2	拟订合同草稿	(1) 承办部门与客户沟通争取拟定第一稿 (2) 经营业务人员拟订合同草稿 (3) 如果属于招投标确定的项目，起草合同要充分结合招投标文件	
3	初审合同草稿	承办部门部长对合同文本进行审查修订严格把关	
4	与客户沟通洽商合同	对客户方提供的合同，承办部门对关键性实质条款要审核并提出修改意见，商请客户修订并完善合同文本	
5	参与与客户沟通洽商合同	客户对我方提供的合同提出修改意见后，进行研究确认并与客户沟通修改完善合同文本	生产技术部
6	确定合同内容	承办部门根据双方洽商结果，确定并制作合同文本	
7	审查签字	(1) 承办部门填写合同审批单并填上部门审核意见 (2) 报请副总经理（财务）和执行总经理分别签署意见 (3) 报请董事长审批	
8	送客户签字盖章	积极协调客户对合同签字盖章并及时取回合同	

（续）

序号	节点名称	管 理 标 准	承办部门
9	合同存档	承办部门经营业务人员将已签署的合同原件交管理部和财务留存，其余部门需要可以复印	
10	合同履约	执行合同部门按照合同要求认真履行	生产技术部
11	总结	执行合同部门的经营业务人员对合同执行情况要及时总结。对合同履行中出现的经验教训总结反思，不断提高合同洽谈、签订和履约水平	
备注			

表 5-2　采购合同会签单

合同名称	物流采购合同	合同编号	
合同方		承办部门意见	经办人签字： 年　月　日
合同款项		其他	
项目经理意见			项目经理签字： 年　月　日
预算部意见			主管签字： 年　月　日
业务部经理意见			业务经理签字： 年　月　日
财务主管意见			主管签字： 年　月　日
法律顾问意见			法律顾问签字： 年　月　日
副总经理意见			副总经理签字： 年　月　日
总经理意见			总经理签字： 年　月　日

注：如意见内容较多，可另做附件说明。

经济合同管理流程图如图 5-1 所示。

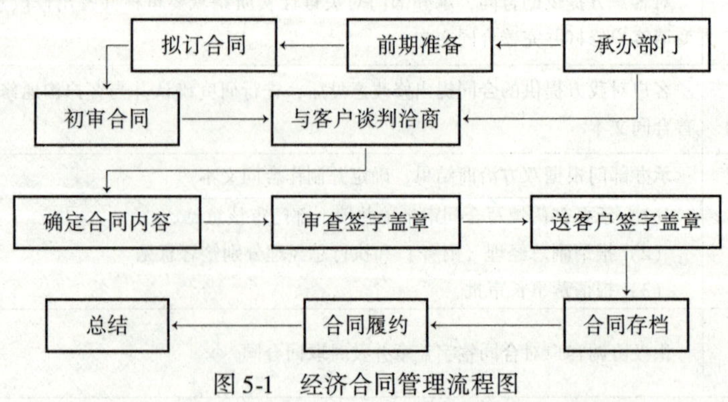

图 5-1　经济合同管理流程图

二、商务谈判

（一）定义

商务谈判是指不同的经济实体各方为了自身的经济利益和满足对方的需要，通过沟通、协商、妥协、合作、策略等各种方式，把可能的商机确定下来的活动过程。商务谈判是买卖双方为了促成交易而进行的活动，或是为了解决买卖双方的争端，并取得各自的经济利益的一种方法和手段，是合同签订的重要前提。

（二）原则

在社会主义市场经济条件下，进行商务谈判活动应遵循以下原则：①双赢原则；②平等原则；③合法原则；④时效性原则；⑤最低目标原则。

（三）重要性

商务谈判能帮助企业增加利润。对于一个企业来说，增加利润一般有以下三种方法。

1. 增加营业额

增加营业额最直接，但也最难。因为在市场竞争日趋激烈的今天，争夺市场份额本身就是一件很难的事情；而且增加营业额往往也会增加费用，比如员工工资、广告费、业务员提成等。所以，可能企业的营业额增加很多，但扣除费用以后发现，利润却没增加。

2. 降低成本

一般来说，企业降低成本的空间是有限的，降到一定程度就再也没法降了；而且降低成本还有可能降低产品的品质，反而损害了公司长远利益。

3. 谈判

通过谈判，尽量以低价买进，高价卖出，一买一卖之间，利润增加了。它是增加利润最有效也是最快的办法，因为谈判争取到的每一分钱都是净利润。

例如，企业的某产品通常售价是一万元，如果业务员谈判水平提高了，售价提高到一万一千元，则提高的一千元完全是净利润；同样，企业在采购时所节省的每一分钱也都是净利润！

又如，美国通用汽车是世界上最大的汽车公司之一，早期通用汽车曾经启用了一个叫罗培兹的采购部经理，他上任半年，就帮助通用汽车增加了净利润 20 亿美金。他是如何做到的呢？汽车是由许许多多的零部件组成的，其大多是外购件。罗培兹上任的半年时间里只做一件事，就是把所有的供应配件的厂商请来谈判。他说，我们公司信用这样好，用量这样大，所以我们认为，现在要重新评估价格，如果你们不能给出更好的价格的话，我们打算更换供应的厂商。这样的谈判下来之后，罗培兹在半年的时间里就为通用汽车省下了 20 亿美金！

（四）作用

1）商务谈判是企业实现经济目标的手段。

2）商务谈判是企业获取市场信息的重要途径。

3）商务谈判是企业开拓市场的重要力量。

（五）商务谈判的步骤

商务谈判的步骤应该为申明价值、创造价值和克服障碍三个进程，被称为“商务谈判三部曲”。

1. 申明价值

申明价值阶段为谈判的初级阶段，谈判双方彼此应充分沟通各自的利益需要，申明能够满足对方需要的方法与优势所在。此阶段的关键步骤是弄清对方的真正需求，因此其主要的技巧就是多向对方提出问题，探询对方的实际需要；与此同时，也要根据情况申明我方的利益所在。因为你越了解对方的真正实际需求，就越能够知道如何才能满足对方的需求；同时对方知道了你的利益所在，才能满足你的需求。

2. 创造价值

创造价值阶段为谈判的中级阶段，双方彼此沟通，往往申明了各自的利益所在，了解了对方的实际需要。但是，以此达成的协议并不一定对双方都是利益最大化。也就是，利益在此往往不能有效地达到平衡。即使达到了平衡，此协议也可能并不是最佳方案。因此，谈判中双方需要想方设法去寻求更佳的方案，为谈判双方找到最大的利益，这一步骤就是创造价值。创造价值的阶段，往往是商务谈判最容易忽略的阶段。

3. 克服障碍

克服障碍阶段是谈判的攻坚阶段。谈判的障碍一般有两个方面：一是谈判双方各自利益存在冲突；二是谈判者自身在决策程序上存在障碍。前者障碍需要双方按照公平合理的客观原则来协商利益；后者障碍需要谈判无障碍的一方主动去帮助对方解决困难，进行决策。

（六）商务谈判技巧

1. 明确谈判态度

在商业活动中面对的谈判对象不尽相同，谈判主体不能采取同一种态度对待所有的谈判。需要根据谈判对象与谈判结果的重要程度来决定谈判时各自所要采取的态度。如果谈判对象是企业的长期合作大客户，对企业发展很重要，而此次谈判的内容与结果对公司并非很重要，则可以采取让步的心态与对方谈判，即在企业没有太大损失与影响的情况下满足对方的需求，这样做有利于双方今后的长远合作。如果谈判对象对企业很重要，而谈判的结果对企业同样重要，则可以保持一种友好合作的心态，尽可能达到双赢，将双方的矛盾转向第三方；如果是区域市场定位出现矛盾，可以建议双方一起或协助对方去开发新的市场，扩大区域市场面积，将谈判的对立竞争转化为携手合作。如果谈判对象对企业无足轻重，谈判结果对企业也不重要，则可以轻松的心态上阵，或取消谈判。如果谈判对象对企业不重要，但谈判结果对企业非常重要，则可以采取积极竞争的态度参与谈判，谈判中不考虑谈判对手，而是以最佳谈判结果为目标。

2. 了解谈判对手

做到知己知彼，百战不殆，在商务谈判中这一点尤为重要。对对手的了解越全面，越能争取谈判过程的主动权，就好像我们预先知道了招标的底价一样，自然成本最低，成功的概率最高。了解对手时不仅要了解对方的谈判目的、价格底线，更要掌握对方公司的经营情况、在同行业中的竞争水平、参与谈判人员的风格、对方的企业文化理念、谈判对手的交锋习惯与禁忌等。通过了解，便可以避免很多因文化、习惯等方面的冲突，对谈判产生的不必要的障碍。还有一个非常重要的因素需要了解并掌握，那就是其他竞争对手的情况。比如，进行货物买卖谈判，作为供货商的甲方，要了解可能和自己谈判的采购商进行合作的其他供货商的情况，以及可能和自己合作的其他采购商的情况，这样就可以适时给出相较其他供货商略微优惠一些的合作方式，就会将很容易达成协议。如果对手提出了十分苛刻的条件，甲

方也可以把其他采购商的信息拿出来，让采购商乙方知道，作为供货商的甲方是知道底细的，同时暗示，甲方有很多合作方的选择。反之，作为采购商，也可以运用同样的谈判策略。

3. 备足多套谈判方案

谈判双方初期拿出的各自谈判方案都是对自己非常有利的，而双方又都希望通过谈判自身获得更多的利益，因此，谈判结果肯定不会是双方最初预期的那套方案，而是经过双方反复协商、妥协、变通后的结果。在双方讨价还价的过程中，常常容易放弃了最初的意愿，或被对方带入误区。此时最好的办法就是多备几套谈判方案，先拿出最有利的方案，协议达不成就拿出第二套方案，若还是没有达成协议，就拿出第三套甚至是第四套方案。即使各方不主动拿出预备方案，也要做到心中有数，知道向对方的妥协是否偏移最初自己设定的标准，这样谈判结束后，就不会出现自己的让步超过了预计承受的范围的情况。

4. 制造和谐的谈判氛围

在谈判之初，应先找到双方利益可以取得一致的节点并表达出来，给对方留下一种彼此更像合作伙伴的好印象。这样接下来的谈判就容易朝着一个达成共识的方向进展，而不是剑拔弩张的对抗。当遇到僵持时，也可以拿出双方的共识来增强彼此的信心，化解分歧。也可以提供一些对方感兴趣的商业信息，或对一些不是很重要的问题进行简单的探讨。达成共识后，双方的心理就会朝着利益一致趋同的方向改变。

5. 注意谈判禁区

谈判是一种利益敏感的交流，所以，语言要简练，避免出现不该说的话。但是在艰难的长时间谈判过程中难免会出错，最好的方法就是提前设定好那些是谈判中的禁语，哪些话题是危险的，哪些行为是不能做的，谈判的心理底线等。这样就可以最大限度地避免在谈判中落入对方设下的陷阱或误区中。

6. 语言表述简洁

在商务谈判中，最忌语言组织松散或中心意思含糊的表达方式，应尽可能让自己的语言变得简练，否则，你的关键词语很可能会被淹没在毫无意义的语言交谈中。就像一颗珍珠放在地上，我们可以轻易地发现它，但是如果混在碎石子中间，再寻找这颗珍珠就会很吃力。同样的道理，我们人类接收外来声音或视觉信息的特点是：一开始专注，注意力随着接受信息的增加，会越来越分散，如果是一些无关痛痒的信息，更将被忽略。因此，谈判时语言要做到简练，针对性强，争取在对方大脑处在最佳接收信息状态时表述清楚自己的信息。如果要表达的是内容很多的信息，比如合同书、计划书等，那么适合在讲述或者诵读时语气进行高、低、轻、重的变化。比如，重要的地方提高声音，放慢速度，也可以穿插一些问句，引起对方的主动思考，增加注意力。在重要的谈判前，应该进行一下模拟演练，训练语言的表述、突发问题的应对等。在谈判中切忌用模糊、啰唆的语言，这样不仅无法有效表达自己的意图，更可能使对方产生疑惑、反感情绪。在这里要区分清楚沉稳与拖沓的区别，前者是语言表述虽然缓慢，但字字经过推敲，没有废话，而这样的语速也有利于对方理解与消化信息内容。在谈判中想靠伶牙俐齿，以咄咄逼人的气势压住对方，往往事与愿违，多数结果不会很理想。

7. 柔中寓刚

商务谈判虽然不比政治与军事谈判，但是谈判的本质就是一种博弈，一种对抗，充满了

火药味。这个时候双方都很敏感，如果语言过于直率或强势，则很容易引起对方的本能对抗意识或招致反感。因此，商务谈判时，在双方遇到分歧时应面带笑容，语言委婉地与对手针锋相对，这样对方就不会启动头脑中本能的敌意，使接下来的谈判不容易陷入僵局。商务谈判中并非气势夺人就会占据主动，反而喜怒不形于色，情绪不被对方所引导，心思不被对方所洞悉的方式更能克制对手。致柔者长存，致刚者易损，想成为商务谈判的高手，就要柔中寓刚。

8. 曲线进攻

孙子曰："以迂为直"，克劳塞维斯将军也说过："到达目标的捷径就是那条最曲折的路"，由此可以看出，想达到目的就要迂回前行，否则直接奔向目标，只会引起对方的警觉与对抗。应该通过引导对方的思想，把对方的思维引导到自己的包围圈中。比如，通过提问的方式，让对方主动替你说出你想听到的答案。

9. 善于倾听

谈判是善听者胜，善说者败。在谈判中双方往往容易陷入一个误区，那就是一种主动进攻的思维意识，总是在不停地说，总想把对方的话压下去，总想多灌输给对方一些自己的思想，以为这样可以占据谈判主动，其实不然。在这种竞争性环境中，你说的话越多，对方会越排斥，能入耳的很少，能入心的更少，而且，你的话多了就挤占了总的谈话时间，对方也有许多话想说，被压抑下的结果则是很难妥协或达成协议。反之，让对方把想说的都说出来，当其把压抑心底的话都说出来后，就会像一个泄了气的皮球一样，锐气会减退，接下来你再反击，对手已经没有后招了。更为关键的是，善于倾听可以从对方的话语中发现对方的真正意图，甚至是破绽。

10. 掌控局势

谈判活动表面看来没有主持人，实则有一个隐形的主持人存在着，不是你就是你的对手。因此，要主动争取把握谈判节奏、方向，甚至是趋势。主持人所应该具备的特质是：语言虽不多，但是招招中的，直击要害；气势虽不凌人，但运筹帷幄，从容不迫；不是用语言把对手逼到悬崖边，而是用语言把对手引领到崖边。并且，想做谈判桌上的主持人就要体现出你的公平，即客观地面对问题，在谈判开始时尤为重要，慢慢对手会被你潜移默化地引导，局势将向对你有利的一边倾斜。

例如：春秋时期，宋国有一个饲养猴子的高手，他养了一大群猴子，他能理解猴子所表达的思想，猴子也懂得他的心意。这个人家境越来越贫困，已经买不起那么多的食物给猴子吃，于是，打算减少猴子每餐橡子的数量，但又怕猴子不顺从自己，就先欺骗猴子说："给你们早上三个橡子，晚上四个橡子，够吃了吗?"猴子一听，大声叫嚷，以示反对。过了一会儿，他又说："唉，没办法，早上给你们四个橡子，晚上三个橡子，这该够吃了吧?"猴子们一听，个个手舞足蹈，非常高兴。这个小故事大家应该非常熟悉，就是成语"朝三暮四"的典故。

这个故事看似荒唐可笑，其实，在谈判中却真实地存在着"朝三暮四"的现象。通常体现在双方在某个重要问题上僵持的时候，一方退后一步，抛出其他小利，作为补偿，把僵局打破，并用小利换来大利，或把整个方案调换一下顺序，蒙蔽对方的思维。这乍听起来觉得不可思议，但在实际谈判中经常会出现这样的情况。所以，首先要能跳出像脑筋急转弯一样的思维陷阱，而后要善于施小利，博大利，学会以退为进。在谈判中一个最大的学问就是

学会适时地让步，只有这样才可能使谈判顺利进行，毕竟谈判的结果是以双赢为最终目的。

11. 以退为进

在谈判中可以适时提出一两个很高的要求，对方必然无法同意，在经历一番讨价还价后可以进行让步，把要求降低或改为其他要求。这些高要求我们本来就没打算会达成协议，即使让步也没损失，但是却可以让对方有一种成就感，觉得自己占得了便宜。这时我们其他的，相较起这种高要求要低的要求就很容易被对方接受。但切忌提出太离谱、过分的要求，否则对方可能觉得我们没有诚意，甚至激怒对方。先抛出高要求也可以有效降低对手对于谈判利益的预期，挫伤对手的锐气。其实，谈判的关键就是如何达成谈判双方的心理平衡，达成协议的时候就是双方心里都达到平衡点的时候。也就是认为，自己在谈判中取得了满意或基本满意的结果，这种满意包括预期的达到、自己获得的利益、谈判对手的让步、自己获得了主动权、谈判时融洽的气氛等。有时谈判中的这种平衡和利益关系并不大。所以，正确的主张是在谈判中可以输掉谈判，只要赢得利益。即表面上做出让步，失掉一些利益，给对手一种攻城略地的快感，实则是洒了遍地的芝麻让对手高兴地去捡，自己偷偷抱走对手的西瓜。

三、合同签订

按照合同签订流程，贸易双方为维护各自经济利益，通过商务谈判，将合同各项主要条款进行平等协商，达成一致。最后，当事人在事先拟订好的合同文本上签字。合同生效。

四、例文评析

【例文 1】

商务谈判策划书

一、谈判主题

解决汽轮机转子毛坯延迟交货索赔问题，维护双方长期合作关系。

二、谈判团队人员组成（甲方：王 ×× 乙方：章 ××）

主谈：胡达，公司谈判全权代表

决策人：贺宇翔，负责重大问题的决策

技术顾问：陶佳，负责技术问题

法律顾问：张伟燕，负责法律问题

三、双方利益及优劣势分析

我方核心利益：

(1) 要求对方尽早交货。

(2) 维护双方长期合作关系。

(3) 要求对方赔偿，弥补我方损失。

对方利益：解决赔偿问题，维持双方长期合作关系。

我方优势：我公司占有国内电力市场 1/3 份额，对方与我方无法达成合作将对其造成巨大损失。

我方劣势：

(1) 在法律上有关罢工属于不可抗力范围这点上对对方极为有利，对方将据此拒绝赔偿。

(2) 对方延迟交货对我公司已带来利润、名誉上的损失。

(3) 我公司毛坯供应短缺，影响恶劣，迫切需要与对方合作，否则将可能造成更大损失。

对方优势：

(1) 法律优势：有关罢工属于不可抗力的规定。

(2) 对方根据合同，由不可抗力产生的延迟交货不适用处罚条例。

对方劣势：

属于违约方，面临与众多签约公司的相关谈判，达不成协议将可能陷入困境。

四、谈判目标

1. 战略目标

战略目标是体面务实地解决此次索赔问题，重在减小损失，并维护双方长期合作关系。

原因分析：让对方尽快交货比要求对方赔款重要，迫切需要维护与对方长期合作关系。

2. 索赔目标

报价：

①赔款：450 万美元。

②交货期：两个月后，即 11 月份。

③技术支持：要求对方派一技术顾问小组到我公司提供技术指导。

④优惠待遇：在同等条件下优先供货。

⑤价格目标：为弥补我方损失，向对方提出单价降 5% 的要求。

底线：

①获得对方象征性赔款，使对方承认错误，挽回我公司的名誉损失。

②尽快交货，以减小我方损失。

③对方与我方长期合作。

五、程序及具体策略

1. 开局阶段

方案一：感情交流式开局策略。通过谈及双方合作情况形成感情上的共鸣，把对方引入较融洽的谈判气氛中。

方案二：采取进攻式开局策略。营造低调谈判气氛，强硬地指出对方因延迟交货给我方带来巨大损失，开出 450 万美元的罚款，以制造心理优势，使我方处于主动地位。

对方提出有关罢工属于不可抗力的规定拒绝赔偿的对策如下。

(1) 借题发挥的策略　认真听取对方陈述，抓住对方问题点，进行攻击、突破。

(2) 法律与事实相结合原则　提出我方法律依据，对罢工事件进行剖析，对其进行反驳。

2. 中期阶段

(1) 红脸白脸策略　由两名谈判成员其中一名充当红脸，一名充当白脸辅助协议的谈成，适时将谈判话题从罢工事件的定位上转移交货期及长远利益上来，把握住谈判的节奏和进程，从而占据主动。

（2）层层推进，步步为营的策略　有技巧地提出我方预期利益，先易后难，步步为营地争取利益。

（3）把握让步原则　明确我方核心利益所在，实行以退为进策略，退一步进两步，做到迂回补偿，充分利用手中筹码，适当时机可以用退让赔款金额来换取其他更大利益。

（4）突出优势　以资料作支撑，以理服人，强调与我方协议成功给对方带来的利益，同时软硬兼施，暗示对方若与我方协议失败将会有巨大损失。

（5）打破僵局　合理利用暂停，首先冷静分析僵局原因，再可运用肯定对方形式，否定对方实质的方法解除僵局，适时用声东击西策略，打破僵局。

3. 休局阶段

如有必要，根据实际情况对原有方案进行调整。

4. 结局阶段

（1）把握底线　适时运用折中调和策略，严格把握最后让步的幅度，在适宜的时机提出最终报价，使用最后通牒策略。

（2）埋下契机　在谈判中形成一体化谈判，以期建立长期合作关系。

（3）达成协议　明确最终谈判结果，出示会议记录和合同范本，请对方确认，并确定正式签订合同时间。

六、准备谈判资料

相关法律资料：

《中华人民共和国合同法》《国际合同法》《国际货物买卖合同公约》《经济合同法》。

合同范本、背景资料、对方信息资料、技术资料、财务资料。（见附录和幻灯片资料，略）

备注：

《合同法》违约责任

第一百零七条　当事人一方不履行合同义务或者履行合同义务不符合约定的，应当承担继续履行、采取补救措施或者赔偿损失等违约责任。

联合国《国际货物买卖合同公约》规定：不可抗力是指不能预见、不能避免并不能克服的客观情况。

七、制订应急预案

双方第一次进行商务谈判，彼此不太了解。为了使谈判顺利进行，有必要制订应急预案。

（1）对方承认违约，愿意支付赔偿金，但对450万美元表示异议。

应对方案：就赔款金额进行价格谈判，运用妥协策略，换取在交货期、技术支持、优惠待遇等方面利益。

（2）对方使用权限策略，声称金额的限制，拒绝我方的提议。

应对方案：了解对方权限情况，“白脸”据理力争，适当运用制造僵局策略，“红脸”再以暗示的方式揭露对方的权限策略，并运用迂回补偿的技巧，来突破僵局；亦或用声东击西策略。

（3）对方使用借题发挥策略，对我方某一次要问题抓住不放。

应对方案：避免没必要的解释，可转移话题，必要时可指出对方的策略本质，并声明，

对方的策略影响谈判进程。

(4) 对方依据法律上有关罢工属于不可抗力从而按照合同坚决拒绝赔偿。

应对方案：应考虑到我方战略目标是减小损失，并维护双方长期合作关系，采取放弃赔偿要求，换取其他长远利益。

(5) 若对方坚持在“按照合同坚决拒绝赔偿”一点上，不做出任何让步，且在交货期上也不做出积极回应，则我方先突出对方与我方长期合作的重要性及暗示与我方未达成协议对其恶劣影响，然后做出最后通牒。

【评析】

这份商务谈判策划书，策划周密，主题明确，做到知己知彼，对策考虑周全，熟悉法律规定，是一篇优秀文案，可供借鉴。

【例文2】

坦诚式开局策略

北京某区一位党委书记在同外商谈判时，发现对方对自己的身份持有强烈的戒备心理。这种状态妨碍了谈判的进行。于是，这位党委书记当机立断，站起来对对方说道：“我是党委书记，但也懂经济、搞经济，并且拥有决策权。我们摊子小，并且实力不大，但人实在，愿意真诚与贵方合作。咱们谈得成也好，谈不成也好，至少你这个外来的‘洋’先生可以交一个我这样的‘土’朋友。”寥寥几句肺腑之言，打消了对方的疑惑，使谈判顺利向纵深发展。

【评析】

坦诚式开局策略是指以开诚布公的方式向谈判对手陈述自己的观点或想法，从而为谈判打开局面。坦诚式开局策略比较适合于有长期的合作关系的双方，以往的合作双方都比较满意，双方彼此比较了解，不用太多的客套，减少了很多外交辞令，节省时间，直接坦率地提出自己的观点、要求，反而更能使对方对己方产生信任感。采用这种策略时，要综合考虑多种因素，例如，自己的身份、与对方的关系、当时的谈判形势等。

坦诚式开局策略有时也可用于谈判力弱的一方。当我方的谈判力明显不如对方，并为双方所共知时，坦率地表明己方的弱点，让对方加以考虑，更表明己方对谈判的真诚，同时也表明对谈判的信心和能力。

思考讨论

1. 合同签订的流程是怎样的？
2. 什么样的谈判技巧可以帮助你赢得谈判？
3. 谈判方案的写作格式和要求是怎样的？与计划有何区别？
4. 通过谈判获得的利润与降低成本相比，哪种企业获利更大？
5. 为了获得谈判的成功，你该做哪些准备？

相关资讯

经济合同欺诈手段与防范方式

一、经济合同欺诈手段

利用合同进行欺诈，是不法分子赚钱的一种惯用手段，可谓花样繁多。手法其实并不高明，为避免上当，人们只需记住：天上是不会掉馅饼的。

（1）俏货引诱　利用紧缺畅销商品，诱人签订购销合同，骗取预付款或定金。

（2）鱼食诱饵　先履行几份小额合同，制造履约能力强、信誉好的假象，骗取信任后签订大额合同，骗取大量货物或大额货款，然后销声匿迹。

（3）移花接木　让对方看别人货物，一旦签约骗取对方货款或定金后，便再无踪影。

（4）假冒身份　私刻公章，伪造企业，然后与人签订合同，骗取货款或货物；通过关系或采取挂靠等方式，骗得集体企业、国有企业的营业执照，借此行骗；假冒具有一定知名度、信誉度企业的名称，骗取信任签订合同；骗取单位的空白介绍信、盖有合同章的空白合同，骗签合同。

（5）设置圈套　事先精心设计并诱人签订根本无法履行的加工承揽合同。被骗方落入圈套后，合同不但无法履行，而且事先支付给骗方的定金和原料也无法追回。

（6）设托骗卖　设托骗卖即“买方”是“卖方”的“托儿”。

（7）传真诈骗　骗签合同后，骗方利用汇款时间差，先通过银行向供方汇去少量货款，待取得盖有银行公章的汇款单后，用涂改液改为大额汇款，再用传真机发往供方，诱使供方发货，待提货后溜之大吉。

二、如何预防合同欺诈

（1）签订合同前认真审查对方的主体资格、资信情况、履约能力　签订合同前做到“三要”，即一要对方提供法定代表人身份证明、营业执照，委托代理人签订合同的，要求对方出具法定代表人授权委托书、代理人的身份证明等，杜绝凭关系或熟人的介绍草率签订合同的情况；二要通过各种方式对对方的资信情况进行调查；三要掌握与了解对方的履约能力。

（2）签订合同时严格审查合同条款　应严格审查合同内容，使权利与义务对等、条款规范、约定明确，以利履行。合同主要条款不能含糊不清或易产生歧义，以防止对方利用条款设置骗局，留下隐患。这项工作，应由法律顾问（律师）把关。

（3）建立健全必要的合同管理制度　根据具体情况，从合同签订到履行完毕，企业应制订一套切实可行的、完善而严密的合同管理制度。

（4）聘请法律顾问，降低经营风险　不法分子利用合同诈骗屡屡得手，加大了企业经营风险。事实上，合同中对方提出的，看似公平的条款，实际上很有可能是对方对某些法律问题的规避；己方提出的，在业务上很有利的条款，实际上很有可能存在重大的法律隐患。因此，企业除了提高人员素质，提高经营管理水平外，聘请有合同法律知识和业务能力的律师做法律顾问，尤为重要。

实践演练

一、课堂实训

小组讨论、分组实施，小组成员团结协作共同制订采购谈判方案，进行模拟合同签订实践演练。

根据下面的资料，撰写一份“采购谈判方案”。

王平同学是××职业技术学院物流管理专业的毕业生。在校期间，他学习了仓储、采购、市场开发，商务写作、公关礼仪等课程，学习成绩优秀，语言表达能力较强，曾在××演讲比赛中获得一等奖。在××物流公司采购部门工作期间受到领导和员工的一致好评。被公司推荐参加一项采购任务，为在采购中，对货物价格和质量问题进行交涉，请代他拟写一份采购谈判方案。

要求：

(1) 首先收集客户企业的相关信息，做到知己知彼。

(2) 分析企业对该客户的重要程度，以便选取有针对性的谈判技巧。

二、学生问卷调查

(1) 你是否喜欢这种上课方式？

(2) 与传统教学方式比较，你认为哪种方式学到的知识更有用？

(3) 做计划和决策感到困难吗？.

(4) 你对小组成员的合作是否满意？你认为工作任务对你将来的工作有帮助吗？

(5) 你学会写作谈判方案了吗？

(6) 谈判时应注意哪些技巧？

(7) 你认为自主学习知识扎实吗？

(8) 你知道谈判之前应准备哪些材料？

实践演练拓展

【拓展1】

关于悠然绿茶与木林森建材的谈判方案

一、谈判主题

保健品项目合资合作

二、谈判团队人员组成

主谈：胡达，公司谈判全权代表

决策人：贺宇翔，负责重大问题的决策

技术顾问：陶佳，负责技术问题

法律顾问：张伟燕，负责法律问题

三、双方利益及优劣势分析

我方核心利益：

(1) 吸引资金不少于50万。

(2) 扩大生产规模。

(3) 扩大宣传力度。

对方利益：闲置资金进行投资。

我方优势：已经拥有一套完备的策划、宣传战略。并已经初步形成了一系列较为顺畅的销售渠道，在全省某一知名连锁药房及其他大型超市、茶叶连锁店都有设点，销售状况良好且对方对保健品市场的行情不甚了解。

我方劣势：

(1) 品牌的知名度还不够。

(2) 缺乏足够的资金，需要吸引资金，达不成协议将可能陷入困境。

对方优势：准备用闲置资金进行投资，投资预算在150万人民币以内。

对方劣势：要求年收益达到20%以上。

四、谈判目标

1. 解决双方合资（合作）前的疑难问题

2. 达到合资（合作）目的

3. 合作目标

(1) 要求B方出资额度不低于50万元人民币。

(2) 保证控股。

(3) 对资产评估的300万元人民币进行合理的解释（包含：品牌、现有的茶叶及制成品、生产资料、宣传策划、营销渠道等）。

(4) 由A方负责进行生产、宣传以及销售。

五、程序及具体策略

1. 开局阶段

方案一：感情交流式开局策略。通过谈及双方合作情况形成感情上的共鸣，把对方引入较融洽的谈判气氛中。

方案二：采取进攻式开局策略。营造低调谈判气氛，指出本产品的优越及现在乐观的市场和高额的收益回报，以制造心理优势，使我方处于主动地位。

(1) 借题发挥的策略　认真听取对方陈述，抓住对方问题点，进行攻击、突破。

(2) 法律与事实相结合原则　提出我方法律依据，并对事件进行剖析，对其进行反驳。

2. 中期阶段

(1) 红脸白脸策略　由两名谈判成员其中一名充当红脸，一名充当白脸辅助协议的谈成，适时将谈判话题从闲置资金投资的定位上转移长远利益上来，把握住谈判的节奏和进程，从而占据主动。

(2) 层层推进，步步为营的策略　有技巧地提出我方预期利益，先易后难，步步为营地争取利益。

(3) 把握让步原则　明确我方核心利益所在，实行以退为进策略，退一步进两步，做到迂回补偿，充分利用手中筹码，适当时机可以答应部分要求来换取其他更大利益。

(4) 突出优势　以资料作支撑，以理服人，强调与我方协议成功给对方带来的利益，同时软硬兼施，暗示对方若与我方协议失败将会有巨大损失。

(5) 打破僵局　合理利用暂停，首先冷静分析僵局原因，再可运用肯定对方形式，否定对方实质的方法解除僵局，适时用声东击西策略，打破僵局。

3. 休局阶段

如有必要，根据实际情况对原有方案进行调整。

4. 结局阶段

(1) 把握底线　适时运用折中调和策略，严格把握最后让步的幅度，在适宜的时机提出最终报价，使用最后通牒策略。

(2) 埋下契机　在谈判中形成一体化谈判，以期建立长期合作关系。

(3) 达成协议　明确最终谈判结果，出示会议记录和合同范本，请对方确认，并确定正式签订合同时间。

六、准备谈判资料

相关法律资料：

《中华人民共和国合同法》《国际合同法》《国际货物买卖合同公约》《经济合同法》。

七、制订应急预案

双方是第一次进行商务谈判，彼此不太了解。为了使谈判顺利进行，有必要制订应急预案。

针对对方提出新的异议做应对方案：为了今后的长期合作，适当让步。

思考讨论

1. 谈谈该谈判方案给你的启发。
2. 制订成功的谈判方案，应注意哪些环节？

【拓展2】

让学生扮演角色，模拟下面商务谈判。

家用电器买卖商务谈判模拟实训

谈判议题：买方向卖方求购家用电器

甲：卖方代表海尔电器有限公司

乙：买方代表苏宁电器有限公司

角色介绍：

甲方：甲首（彭英明）、甲项（甲方项目经理）、甲财（甲方财务总监）、甲法（甲方法律顾问）

乙方：乙首（鲁记昌）、乙项（乙方项目经理）、乙财（乙方财务总监）、乙法（乙方法律顾问）

经过人员介绍谈判开始……

甲首：早上好，鲁总，很高兴见到你。

乙首：好啊，彭总，真心地希望我们合作愉快。

甲首：今天我们能坐在这里，说明我们双方都是很有诚意合作的，所以我希望我们的这次合作能够愉快并且能够达到我们真正的双赢，相信贵公司来这里之前也对我们公司有了相

当的了解。海尔集团是世界白色家电第一品牌，1984 年创立于中国青岛，截至 2009 年，海尔集团在全球建立了 29 个制造基地，8 个综合研发中心，19 个海外贸易公司，全球员工超过 6 万人。2009 年，海尔集团全球营业额实现 1243 亿元（182 亿美元），品牌价值 812 亿元，自 2002 年以来连续 8 年蝉联中国最有价值品牌榜首。相信这样的成绩贵公司也是看到的，不然也不会选中我们公司作为贵公司的供货商。

乙首：是，我们也是看到贵公司有这样的成绩才会很有诚意地来寻求合作，而且我们也相信贵公司也了解我们苏宁电器销售，所以也同样希望我们可以合作愉快，最好是可以达到双方的长期合作。

甲首：既然我们双方都有这样的一个目标，那现在就我们合作中的一个项目海尔空调的价格进行一个详谈，现在请我们的项目总经理介绍一下详细的情况。

甲项：您好，现在由我介绍一下我们这次合作的项目，我们合作的项目是关于海尔空调的销售，这个是我们这次合作项目详细介绍。（递上项目合作单，乙方接过）就像大家看到的，这次合作的项目是海尔空调的合作，贵公司要求按季度进货而且进货数目根据季度也有不同，最高期就是夏季的进货，而且数目巨大，所以我们给出了这样的一个项目合作方法，就是根据贵方的销售进行供货。

乙项：贵公司给出的供货条件我们也看了，从贵公司给出的项目合作方法上看出来，贵公司是给出了相当大的优惠，给我们一定程度上减少了库存量。对于贵公司给我们的这个优惠我们表示相当的感谢，只是这个数目上我们能不能再进行最大的优化，在夏季销售上再增加一成。

甲项：既然贵公司要求加货，我们当然表示感谢，不知道贵公司在其他方面有什么要求没有？

乙项：我们只是想在运输还有包装上面想让对方给我们一个优惠，也就是都由贵公司负责，不知道怎么样？

甲项：包装没有问题，这个本来就是我们应该做的，但是在运输方面我们希望还是由对方负责比较好，因为在这个上面，我们在以往的交易过程中都是没有过的。

乙项：您也看到了，我们这次进货的数目相当大，这么庞大的数额在运输上我们也不可能完全地承担啊！面对我们这样一个强大的进货商，相信贵公司也不想失去这样的一次合作机会吧！

甲项：我们也考虑到了我们这个合作，而且一开始我们就本着长期合作的目标进行的，所以请给我们些时间商讨一下好吗？

乙首：好！希望给我们一个满意的解决方案。

（经过 3 分钟的讨论）

甲首：经过我们的紧急讨论，我们同意贵公司的要求，运输我们来负责，只是在运输方式的选择上要由我们决定！而且在我们把货物运送到贵公司的仓库之后，如果出了相关的事故，将由贵公司负责，与我方将没有任何的责任，这是由我们法律顾问草拟的责任书，请看一下。（秘书递上责任书）

乙法：（接过责任书，相互传阅）这个按照法律没有问题，可以实施。

甲首：很高兴你能接受我们的建议，那接下来我们就谈谈这次购货的价格。我们也看了贵公司的购货清单，贵公司要求进货空调 3000 台、冰箱 1500 台、洗衣机 1000 台、液晶电

视500台。鉴于贵公司这么大的购货量，我们也会相对地给你们一个合理的价格，这个是我们的报价单。(递上报价单，乙方首席接过报价单)

乙首：我们看了贵公司的报价单，我觉得这其中还是会有相当大的空间，所以您看能不能在价格上在给我们一些优惠，尤其是在空调的价格上，这个是我们最大的购货量，相信您也看到了，市场上KFR-26GW/02S（R2DBPXF）-S1空调的价格是5999元，还有冰箱的价格，我们也调查过，尤其是我们订货的型号BCD-215KCF现在市场上的价格是3599元，所以希望贵公司在这两个上面可以给我们一个更合理的价格，您看怎么样？

甲首：我们首先感谢贵公司这么大的订货量，但是你也看到了我们是很有诚意的，我们刚才已经在运输方面做出了很大的让步，所以这个方面我们真的很难再做出更大的让步了。

乙首：您也知道我们这次要谈判的供应商不止只有您一家，我们发现您的价格比其他供应商所提供的高。这么高的价格我们真的无法接受，而且我们这次如果谈判成功了，贵公司以后将成为我方长期合作商。

甲首：你要知道，近年来生产成本上升，而我们的价格却基本不变。坦率地说，我们的商品总都是按照出口标准来设计包装的，所以我们的价格真的已经是很低了。

乙首：恐怕我不能同意您在这方面的报价。我想指出的是，您提供的报价比其他的供货商要高些。

甲首：既然这样，就让我们讨论一下再回复好吗？

(讨论几分钟)

甲首：刚才我们和财务讨论了一下，我们很珍惜我们这次的合作机会，所以我们也愿意在这个上面做出一个大的让步！您看这样，我们愿意在空调上面做出一个让步，以每台4899元的价格卖给你们，还有冰箱我们也愿意再降低1000元，这样做相信你也看出我们的诚意啦！只是希望在液晶电视的量上能不能再加一些？因为您也看到了，这个电视的订货量真的很少，所以我们也希望您也能拿出您的诚意来给我们看看！

乙首：真的很高兴您能给我们这样的一个价格，我们也愿意接受这样的一个价格。为了表示我们的诚意，我们愿意接受贵公司的建议，在液晶电视的订货量上再追加500台，相信这样您也看到我们的诚意了吧！

甲首：真的很高兴我们能有这样一个良好的谈判氛围，但是不知道贵公司的货款何时能打过来？

乙首：这个恐怕我们不能一次性付清，因为这个加起来也不是一笔小的数目，不如先让我们的财务介绍一下我们这边的财务状况吧！

乙财：刚才我仔细地合算了一下，就我们的购货量还有贵公司给出我们的优惠，这笔费用加起来一共有上千万的金额，这么大一笔数额，我们也不可能一次就付清吧！所以我们提出分期付款的方式，您看怎么样？

甲财：我们也核算过了，这确实是一笔不小的数目，就是不知道贵公司是怎么一个分期付款的方式。

乙财：我们提出的分期付款方式是在贵公司第一次货物到达后的一个星期内，经过我们检验合格以后会在3天内进行付款。至于其他的尾款我们将在年底付清，不知道贵公司是什么意见？

甲财：通过您的介绍我们也了解了贵公司所说的分期付款的方式，只是这个尾款在年底付

清是不是有点晚了。您也知道我们供货商也要进行生产，而且需要供货的不止您一家。如果其他购货商都这样，我们真的很难做，所以希望尾款在我们最后一笔货物到达之后就付清。

乙财：您也知道，我们只是销售商，我们销售货物也要有一个回款期，我们也需要时间，真的很难那么快地付清。

甲首：您看这样吧！我们愿意给您这样一个承诺，凡是购买我们海尔的产品，我们都会2年内免费为其维修。您也知道我们海尔是世界500强企业，我们在一线、二线城市都有专职的售后服务点，在其他的县市也都有代理服务点，我们都提供上门维修的服务，这样不知道贵公司感觉怎么样？

乙首：既然贵公司给了我们这么大的优惠，看来我们也要做出相应的让步了，那我们也接受贵公司的建议，我们的尾款也会在接到贵公司的货物后的第一时间首先付给贵公司，你看怎么样？您也知道我们的供货商也不止一家，也希望我们的合作关系能够一直延续下去。不知道这样的解决方法怎么样？

甲首：好！为了我们将来的继续合作，我们也愿意接受贵公司的意见，接下来就让我们的秘书去起草相关的文件合同，希望我们的合作愉快，下次见面的时候就是我们签合同时候了！谢谢贵公司的到来！

乙首：很高兴我们的合作能够这么愉快，也感谢贵公司的接待，谢谢！

（双方谈判人员起身握手，甲方目送乙方的离开）

谈判结束。

思考讨论

1. 谈谈该模拟谈判过程中，双方采用的谈判技巧。
2. 为使双方达成一致，谈判中期各方应做出怎样妥协？

【拓展3】

精密仪器买卖商务谈判案例

通过对中方与荷方在精密仪器价格上的谈判分析，揭示谈判前的必要准备、详细计划、协商互利原则对谈判成功的作用。

案例概要：

荷兰某精密仪器生产厂与中国某企业拟签订该种精密仪器的购销合同，但双方在价格条款上还未达成一致。谈判一开始，荷方代表就其产品的性能、优势及目前在国际上的知名度等做了详细介绍，并说明许多国家的企业欲购买其产品。然后，荷方代表自信地说：“根据我方产品的以上优势，一台仪器售价4000美元。”

中方胸有成竹，因为根据掌握的有关资料，国际上此种产品最高售价为3000美元。于是，中方代表将其掌握的国际上生产该产品的十几家厂商的生产情况、技术水平及售价等向荷方代表做了说明。

荷方代表十分震惊。根据他们掌握的情况，中方是第一次进口这种仪器，想必对有关情况缺乏了解，没想到中方代表准备得如此充分。荷方代表无话可说，立刻将售价降低到

3000 美元。

事实上，中方代表在谈判前就了解到，荷兰这家厂商产品虽具国际一流水平，但目前经营困难，陷入一场巨款债务危机中，回收资金是当务之急，正在四处找寻其产品的买主。于是，中方代表从容回答荷方代表："由于我国政府对本企业用汇额度有一定的限制，我方只能认可 2500 美元的价格。"荷方代表听后不悦地说："我们的产品是物有所值，且需求者也不仅是只有中方一家，若中方没有诚意，我们可终止谈判。"

中方依然神色从容，说道："既然如此，我方很遗憾。"

中方根据已掌握的情况，相信荷方不会就此终止谈判，一定会再来找中方。果然，没过多久，荷方即主动找到中方，表示价格可以再谈。在新的一轮谈判中，双方都做了一定的让步。最终以 2700 美元成交。

【评析】

谈判是具有利害关系的双方和多方，为谋求一致而进行协商洽谈的沟通协调活动。"凡事预则立"，必要的准备对促成商务谈判成功的作用不可忽视。一场谈判并不是从谈判双方坐在谈判桌前的洽谈才开始，而是在这之前就已经开始了。

1. 谈判前的准备原则

中方代表在进行谈判之前不仅对荷方的仪器质量、公司状况进行了相应的调查，还对此种商品的市场行情进行了详细地了解。

当荷方代表列出自己产品的优势，并给出 4000 美元的较高价位时，中方调查的详细信息则保障了其在谈判中的主动地位。中方本着自己的价格目标，凭借具体真实的信息：已经有十几家公司可提供此种产品，并对它们的生产情况、技术水平及售价等向荷方代表做了说明。荷方代表面对如此充分的准备，不得不做出让步，降低价格至 3000 元。

2. 制订具体谈判方案的原则

在了解到荷兰这家厂商产品虽具国际一流水平，但目前经营困难，陷入一场巨款债务危机中，回收资金是当务之急，正在四处找寻其产品的买主的情况后，中方依然觉得还有降价的机会，没有接受 3000 美元的价格。中方代表做到充分了解对方目前的经营状况以及遇到的问题，对谈判中可能出现的情况做了必要的准备。在对谈判中可能出现的情景进行预测的基础上，制订了各种应对方案。面对荷方的拒绝，中方神色从容，说明其早已预测到此种结果。真正地做到知己知彼，岂能不取得谈判的胜利？

3. 协商互利原则

中方代表希望荷方能降低价格时，声称我国政府对本企业用汇额度有一定的限制，我方只能认可 2500 美元的价格。此时，谈判陷入一种僵局。但是为了各自的利益，当荷方再次与中方进行协商时，双方都做出了让步，最终达成了 2700 美元的价格。这正是进行谈判的终极目标，获取各自利益最大化，在合作中各得己需。

进行谈判就是为了追求各自利益最大化、谋求合作、寻求共识。从中方与荷方的谈判中我们可以看出，必要的准备、详细的计划、协商互利的原则是此次谈判成功的必要原则。这也启示着我们，在以后的职场或者其他谈判中，都要学会遵从一定的原则。

【拓展 4】

设备采购商务谈判案例

背景材料：

我国某冶金公司要向美国购买一套先进的组合炉和冶炼自动设备，派一高级工程师与美商谈判。为了不负使命，这位高工做了充分地准备工作，他查找了大量有关冶炼组合炉的资料，花了很大的精力对国际市场上组合炉的行情及美国这家公司的历史和现状、经营情况等了解得一清二楚。谈判开始，美商一开口要价150万美元。中方工程师列举各国成交价格，使美商目瞪口呆，终于以80万美元达成协议。当谈判购买冶炼自动设备时，美商报价230万美元，经过讨价还价压到130万美元，中方仍然不同意，坚持出价100万美元。美商表示不愿继续谈下去了，把合同往中方工程师面前一扔，说："我们已经做了这么大的让步，贵公司仍不能合作，看来你们没有诚意，这笔生意就算了，明天我们回国了。"中方工程师闻言轻轻一笑，把手一伸，做了一个优雅的请的动作。美商真的走了，冶金公司的其他人有些着急，甚至埋怨工程师不该抠得这么紧。工程师说："放心吧，他们会回来的。同样的设备，去年他们卖给法国只有95万美元，国际市场上这种设备的价格100万美元是正常的。"果然不出所料，一个星期后美方又回来继续谈判了。工程师向美商点明了他们与法国的成交价格，美商又愣住了，没有想到眼前这位中国商人如此精明，于是不敢再报虚价，只得说："现在物价上涨得厉害，比不了去年。"工程师说："每年物价上涨指数没有超过6%。一年时间，你们算算，该涨多少？"美商被问得哑口无言。在事实面前，不得不让步，最终以101万美元达成了这笔交易。

【评析】

对于这个案例，明显地可以看出，中方工程师对于谈判技巧的运用更为恰当准确，赢得有利于己方利益的谈判结果也是一种必然。下面我们从美方谈判人员的表现来进行分析。

从美方来看，可以说存在以下这么几个问题，或者是其谈判败笔所在。

（1）收集、整理对方信息上没有做到准确、详尽、全面。从文中来看，重要的原因可能是：没有认清谈判对象的位置。美商凭借其技术的优势性以及多次进行相类似交易的大量经验，轻视对手，谈判前就没有做好信息收集工作，于是在谈判中步步在对方大量信息的面前陷于被动，一开始就丧失了整个谈判的主动权。

（2）谈判方案的设计上，没有做到多样与多种。在对方的多次反击中，仓促应对。针对其谈判方式设计的单一化，估计有着以下几个原因：①过早地判定问题，从文中可推测出，美方一开始就认为此行不会很难，谈判结果应该是对己方利益更有利；②只关心自己的利益，美方以其组合炉技术的先进为最大优势，铁定会卖个高价，但并未考虑到中方对此的急迫需求与相应的谈判准备，在对方信息攻击下，频频让步。

（3）在谈判过程中，希望用佯装退出谈判以迫使对方做出让步，无奈在对方以资料为基础辨别出其佯装的情况下，该策略失败。

总结：商务谈判中的各种技巧，对于在各种商战中为自己赢得有利位置，实现自己利益的最大化有着极其重要的作用。但我们也要注意的是，技巧与诡计、花招并不相同，前者要求的是恰如其分，既要赢，也要赢得让对方心服口服，赢得有理有据。只有这样，对于谈判技巧的运用，才是真正的游刃有余。

【拓展5】

挑剔式开局策略

巴西一家公司到美国去采购成套设备。巴西谈判小组成员因为上街购物耽误了时间。当

他们到达谈判地点时，比预定时间晚了 45 分钟。美方代表对此极为不满，花了很长时间来指责巴西代表不遵守时间，没有信用，如果老这样下去的话，以后很多工作很难合作，浪费时间就是浪费资源、浪费金钱。对此巴西代表感到理亏，只好不停地向美方代表道歉。谈判开始以后似乎还对巴西代表来迟一事耿耿于怀，一时间弄得巴西代表手足无措，说话处处被动。无心与美方代表讨价还价，对美方提出的许多要求也没有静下心来认真考虑，匆匆忙忙就签订了合同。等到合同签订以后，巴西代表平静下来，头脑不再发热时才发现自己吃了大亏，上了美方的当，但已经晚了。

【评析】

这个是一个挑剔式开局策略的运用，在一开始的时候对对手的某项错误或礼仪失误严加指责，使其感到内疚，从而达到营造低调气氛，迫使对方让步的目的。本案例中美国谈判代表成功地使用挑剔式开局策略，迫使巴西谈判代表自觉理亏，在来不及认真思考的情况下匆忙签下对美方有利的合同。

学习情境六　完成工作总结

任务　撰写工作总结

情境导入

《左传》里的《曹刿论战》篇，记叙了历史上著名的长勺之战。战争结束后，鲁庄公问曹刿取胜的原因，曹刿说："打仗全靠勇气。第一次擂鼓，士兵勇气大振；第二次擂鼓，勇气衰退；第三次擂鼓，勇气全完了。敌人的勇气全完了，而我军的勇气正旺盛，因此打败了齐军。大国的情况难以捉摸，怕他们有埋伏。我看到他们的车迹混乱，望见他们的旗帜倒下，因此才追击他们。"这就是总结。总结不一定都形成书面文字，而书面总结影响会更深远。在学习和工作中及时总结经验，查找差距和不足，就能不断进步，不断提高。

任务描述

要求学生了解总结的作用、特点和写作上的格式要求，以便在将来的工作中能够结合工作岗位实际撰写符合要求的总结。

案例导引

实习工作总结

时间一晃而过，转眼间试用期已接近尾声。这是我人生中弥足珍贵的经历，也给我留下了精彩而美好的回忆。在这段时间里，各位领导和老师给予了我足够的宽容、支持和帮助，让我充分感受到了领导们"海纳百川"的胸襟，感受到了工业园人"不经历风雨，怎能见彩虹"的豪气，也体会到了工业园人作为拓荒者的艰难和坚定。在对你们肃然起敬的同时，也为我有机会成为工业园的一分子而惊喜万分。

在这三个月的时间里，在领导和同事们的悉心关怀和指导下，通过自身的不懈努力，各方面均取得了一定的进步，现将我的工作情况进行如下汇报。

一、通过理论学习和日常工作积累，我对工业园有了较为深刻的认识。

记得初到工业园时，我拿到的第一份资料就是工业园的一期招商画册，然而对于杨市长致辞的理解也仅停留在字面上，这里所有的一切对于我来说，既新鲜也处处存在挑战。不懂就学，是一切进步取得的前提和基础。在这段时间里，我认真学习了工业园的各相关资料，

阅读了《招商引资运作全攻略》《成功的引资》，并从网络上摄取了大量的有用素材，再加上日常工作积累，我对工业园有了较为深刻的认识，也意识到了工业园的建设对推动怀化工业化进程的巨大作用。我们的工业园不仅仅是企业的聚集地，更重要的是作为入园企业的孵化器，工业园的各项政策对入园企业均有着举足轻重的影响。我国大部分高新技术企业、大中型企业均分布在工业园区内。如今的工业园建设也是一个地区工业发展的重要因素和衡量地区经济发展程度的指标之一。目前经济发展的大环境则是西部大开发、产业梯度由沿海向内地转移，工业园正是顺应了这一发展趋势，抓住机遇成立了怀化市生态工业园这样一家拥有先进体制的企业化运作的行政机构。“一级财政，一级金库”“一站式服务”“最低收费区”等一系列优惠政策的实施，这一切都让我对工业园充满了信心和憧憬。

二、坚持政治、经济学习，让我的思想理论素养不断得到提高。

一直以来，我始终坚持学习邓小平同志建设有中国特色的社会主义理论，关心我国的民主政治进程，在工作、生活中注意摄取相关的政治经济政策，注重学习与工作有关的各经济法律法规，注重经济大环境走向。“新闻调查”“经济半小时”等栏目都是摄取该类知识不错的途径。通过上述学习，我坚定了中国民主政治的信念，使自身的政治经济理论素养得到了进一步的完善。勤勉精神和爱岗敬业的职业道德素质是每一项工作顺利开展并最终取得成功的保障。在这三个月的时间里，我兢兢业业做好本职业工作，从未迟到、早退，并积极自觉利用节假日参与工业园的加班加点工作。用满腔热情积极、认真地完成好每一项任务，严格遵守工业园的各项规章制度，认真履行岗位职责，自觉按章操作。平时生活中团结同事、不断提升自己的团队合作精神。

三、认真学习岗位职能，工作能力得到了一定的提高。

根据岗位职责的要求，我的主要工作任务是：①负责对外宣传，具体包括工业园网站建设、二期招商画册的设计制作及参加相关展会等；②日常接待工作；③相关活动的策划及筹备；④担任讲解工作；⑤领导交办的其他工作。通过完成上述工作，使我认识到一个称职的招商主管应当具有良好的语言表达能力、流畅的文字写作能力、网站建设维护能力、大型活动的策划及筹备能力。目前我在网站建设、大型活动的策划方面存在不足。在网页制作的过程中我发现，Frontpage 根本无法适应精美网页的制作要求，于是我重新学习了新的网页制作软件 Dreamweaver MX 及图形处理软件 Fireworks MX。目前我已熟悉了上述软件的常用功能，并能运用其进行基本的网页制作及图形处理。为了让自己做一个称职的招商人员，我阅读了网上的部分策划案例，以便对以后的策划工作有所帮助。

在今后的工作中，我将努力提高自身素质，克服不足，朝着以下几个方向努力：

1. 学无止境，时代的发展瞬息万变，各种学科知识日新月异。我将坚持不懈地努力学习各种招商引资知识，并用于指导实际工作。

2. “业精于勤而荒于嬉”，在以后的工作中不断学习业务知识，通过多看、多学、多练来不断提高自己的各项业务技能。

3. 不断锻炼自己的胆识和毅力，提高自己解决实际问题的能力，并在工作过程中逐渐克服急躁情绪，积极、热情、细致地对待每一项工作。

陈××

2010 年 3 月 29 日

思考讨论

(1) 这篇总结写得是否符合内容和格式的要求？

(2) 你的评价标准是什么？总结应该包括哪些内容？如何写更有意义？

知识平台

一、总结的含义和作用

总结是指对某一阶段的工作或某项工作的完成情况，包括取得的成绩、存在的问题及得到的经验和教训加以回顾和分析，为今后的工作提供帮助和借鉴的一种文书。

总结主要是回顾过去，而回顾过去特别是从中引出规律性的东西，还要为了给今后的工作提供借鉴和帮助。同时，总结过去的工作情况本身，也是一个培养工作能力、提高认识水平的过程。

二、总结的种类

按内容和性质的不同，将总结分为综合性总结和专题性总结。

三、总结的写法

总结一般也是由标题、正文和落款三个部分构成的。

1. 标题

标题的写法有两种：一种是包括单位名称、时间、总结对象和文种类别的标题，这种标题的写法同计划标题的写法相近；另一种是新闻式标题，即概括总结的核心内容的标题。另外，总结还经常使用两种标题复合的双行标题，即以正标题点明主题，以副标题标明单位名称、总结对象和文种等。

2. 正文

正文一般包括前言、主体和结语几个部分，分别写入基本情况、成绩与经验、问题与教训、今后的意见等几个方面的内容。

“基本情况”也即“前言”部分，通常用以概述情况，或对工作背景和开展工作的条件，做一个简要的交代。

主体的第一个部分是“成绩与经验”部分，在此要用翔实的材料，将成绩取得的做法写明。主体的第二部分是“问题和教训”部分，在此要实事求是地把工作中的失误和问题写明。

夹叙夹议或先叙后议，都是总结的主体部分常用的写法。把存在的问题和解决问题的措施放在一起，在“成绩与经验”部分之后写出，也是比较常见的写法。

在“今后的意见”也即“结尾”部分，要结合经验和教训，提出改进的办法或下一步努力的方向。

篇幅较长的总结，通常要在每个部分之前加上序码，或者序码和小标题。

3. 落款

落款的写法同计划的落款完全相同。

四、撰写总结的要求

1）要充分占有资料，并实事求是地反映情况。

2）要善于分析材料，并找出规律性的东西来。

3）要合理地取舍内容，以突出重点。

4）要深入研究问题，以突出特点。首先，从内容方面来看，无论是写成绩，还是写问题，也无论是写经验，还是写教训，都应把真正属于自己的东西反映出来。其次，从形式方面来看，在结构的安排和语言的运用上，总结也有自己的一些特点，写作时应当注意体现这些特点。

五、写好总结需要注意的问题

1. 总结前要充分占有材料

最好通过不同的形式，听取各方面的意见，了解有关情况，或者把总结的想法、意图提出来，同各方面的干部、群众商量。一定要避免领导出观点，到群众中找事实的写法。

2. 一定要实事求是

成绩不夸大，缺点不缩小，更不能弄虚作假。这是分析、得出教训的基础。

3. 条理要清楚

总结是写给人看的，条理不清，人们就看不下去，即使看了也不知其所以然，这样就达不到总结的目的。

4. 要剪裁得体，详略适宜

材料有本质的，有现象的；有重要的，有次要的，写作时要去芜存精。总结中的问题要有主次、详略之分，该详的要详，该略的要略。

【瑕疵例文】

个人工作总结

站在世纪边缘，透视过去一年，工作的风风雨雨时时在眼前隐现。回眸望去，过去的一幕幕在不知不觉中打湿眼睑，似乎年初的记忆依然还在心头展现！

自跨世纪的钟声敲响的那一瞬起，我就已深深地感觉到新一年的工作重担已向我无情地压来，企业的不断扩建与化验室规模不变的冲突已无形中为化验人员上紧了一根弦！本已绷紧的神经再一次被重重地牵动了！为能保质保量地完成工作任务，我只能在过去的基础上对化验的相关知识进行重新学习，加深认识，使之更加系统化，进而融会贯通，使化验专业水准提到了一个新的起跑线。有了新起点，下一步就是确定怎样在实践中具体发挥作用。在岗位人员严重吃紧，工作量与日俱增的前提下，要想不被压垮，唯一的解决办法只有两个：一是加强岗位练兵，增加自己对实验各个环节的熟练程度，从而提高工作效率；二是加强内部各人员间的团结合作，互相紧密配合，充分挖掘集体的潜力。在此基础上，我顾不上去管夜黑楼高，也没时间去看月暗天阴，风狂雨急，不顾一切，只管一人独自前行，取样化验，日夜不停。虽不见工作有什么硕果呈现眼前，却只觉汗水一次次湿透衣服，眼角的皱纹多了一层又一层，手上的皮肤退了一次又一次，辛酸的眼泪咽下一回又一回！曾几何时，我从梦里一回回惊醒，却以为自己仍在工作中，也许像我们这样的人真应该叫作工作狂才对，但我们

却必须面对现实，不仅仅要能够埋下头去忘我地工作，还要能在回过头的时候，对工作的每一个细节进行检查核对，对工作的经验进行总结分析，从怎样节约时间，如何提高效率，到尽量使工作程序化，系统化，条理化，流水化！从而再百尺竿头，更进一步，达到新层次，进入新境界，创开新篇章！

经过这样紧张有序的锻炼，我感觉自己工作技能上了一个新台阶，做每一项工作都有了明确的计划和步骤，行动有了方向，工作有了目标，心中真正有了底！基本做到了忙而不乱，紧而不散，条理清楚，事事分明，从根本上摆脱了过去只顾埋头苦干，不知总结经验的现象。就这样，我从无限繁忙中走进这一年，又从无轻松中走出这一年，当××年来到我面前，我只想说，来吧，我已从工作中长大！

【评析】

这篇个人工作总结从语体到格式再到内容，都不符合“总结”文体的写作要求。通篇采用的是抒情的文艺语体，感慨多于事实，汗水多于成绩，内容空洞，言之无物，而且思维比较混乱，没有逻辑性和条理性，可以说是一篇不合格的“总结”。

首先，文章错用了语体。语体是什么？语体是适应题旨和语境的需要为实现交际功能而形成的语言运用的特征体系和方式。语体的种类有很多，根据不同的标准可以分出不同的类别。一般情况下，根据交际方式和功能，人们把语体先分为口头语体和书面语体两大类。口头语体又可分为对话语体（谈话语体）和独白语体（演讲语体）；书面语体又可分为文艺语体、政论语体、科技语体和事务语体四种。一种语体形成之后，往往有它典型的表达手段和方式，以保持它的稳固性和独立性。虽然语体之间具有渗透性，但某一语体对其他语体的典型的表达手段和方式具有排斥性。比方说，事务语体就排斥文艺语体的典型的形象化的表达手段和方式。如果我们在一则通知中运用了比喻，那就会使人觉得不伦不类；如果我们在一份合同中运用了夸张，那只能造成交易的失败。比喻、夸张本身是非常有效的修辞手段，但如果不切合语体，就不能取得好的交际效果。总结属于事务语体，事务语体讲究语言的准确、庄重、简洁、朴实，不需要文艺体的比喻、夸张、形容之类。可是这篇“总结”的开头就是“文艺”的笔法：“站在世纪边缘，透视过去一年，工作的风风雨时时在眼前隐现。回眸望去，过去的一幕幕在不知不觉中打湿眼睑，似乎年初的记忆依然还在心头展现！”这种描写的方法不符合总结的文体要求。这就叫不合语体，即不得体。文章通篇都有这个毛病。

其次，内容不符合“总结”的要求。总结的总体思路是：做了什么—怎么做的—做得怎样—今后怎么做。从内容和写作思路的角度看，这篇“总结”逻辑比较混乱，没有条理，没有突出重点，看不出在过去的一年中取得了哪些成绩，还存在哪些问题，今后应该怎么做，不符合“总结”的写作要求。

再次，格式不符合要求。总结的标题一般包括四个要素：机关、期限、内容、文种。比如：《东风汽车公司2006年财务工作总结》。在标题中，机关可以省略，但期限一般不能省略。正文中也要说明总结的期限，不然，就不知道是哪一年的总结。像这篇“总结”，文中只有“过去一年”“这一年”等比较模糊的说法，究竟是哪一年，并不明确，似乎从2000年到2006年都可以。从开头“站在世纪边缘，透视过去一年”来看，好像是2001年更准确一些，但从在网上发表的时间来看，说它是2006年的总结更准确一些。结尾处既没有落款，也没有时间，使读者不知道是谁写的总结，也不知道总结的时间。这些都不符合总结的写作

要求。

从写作模型的角度来看，这篇“总结”的总体结构应该进行如下构思。

2006年个人工作总结

一、开头：概述基本情况。交代毕业时间，进××公司的时间，从事什么工作等。

二、成绩和经验；做法和体会。

三、存在的问题：缺点和不足之处。

四、结尾：今后努力的方向。

××公司化验室×××

2007年2月×日

建议作者按照这个写作模型来构思文章，并且用平易朴实的事务语体来写作，相信一定会写出合格的总结来。有兴趣的同学，不妨改写一下，看看自己的水平如何。

注意：改写的时候，模型中的序号“一、二、三、四”不必标出，“开头”“结尾”字样也不能出现。只需遵照这个模型把内容写出来就可以了。

相关资讯

工作总结写作的八种角度

“横看成岭侧成峰，远近高低各不同”。总结工作，首先要选取合适的角度。善于选准角度，既是一种技巧，又是写好工作总结的重要因素。笔者根据经验和自己的体会，归纳了总结工作时常用的八种角度，从中探索写好工作总结的方法，与大家探讨。

1. 根据工作职能进行总结

这是一种最主要的总结角度，常用于年度工作报告，用于对工作进行全面总结。

如税务部门的主要职能是“执好法、收好税、带好队、服好务”，某省国税局在总结工作时就归纳为“税收收入跃上新台阶；依法治税得到新加强；队伍素质有了新提高；纳税服务有了新改进”等部分，这就是从工作职能出发来总结工作的。

2. 根据工作思路进行总结

如果工作思路与众不同或别有创新，也可以围绕工作思路来总结。

某省国税局抓税收分析工作，先从宏观税负查找可能存在问题的行业，然后再对该行业可能存有疑点的企业进行微观评估，然后进一步总结经验、汲取教训、制定制度，形成长效机制。整项工作思路清晰，层层递进，富有启发性。该单位在经验总结时就归纳为“宏观分析定方向；微观分析找问题；健全机制求长效”三部分，在全国交流时产生了很大反响。一般来说，用这种角度来总结工作，效果好坏主要取决于思路是否清晰、深刻、新颖。

3. 根据工作特色进行总结

这种方法常用于专项工作的经验介绍，对执笔人要求比较高，不仅需要充分掌握材料，而且还要有一双善于发现的眼睛，能从大量的资料中挖掘出闪光点来。

笔者刚参加工作时，有位同事承担了撰写本单位思想政治工作总结的任务，但反复修改，几易其稿，还是通不过，十分苦恼。一位从事文字工作多年的办公室领导提醒他，可以

先从原始材料中提炼出特点和特色来，然后再围绕这些特点进行总结。

可谓“一语惊醒梦中人”，这位同事听后迅速调整思路，抓住本单位思想政治工作“工作扎实、细致耐心、方式灵活、领导带头”的特点进行总结，归纳为“立足一个实字，增强思想政治工作的针对性；着眼一个细字，增强思想政治工作的感染力；突出一个活字，增强思想政治工作的吸引力；强调一个带字，增强思想政治工作的感召力”等部分。

领导看后十分满意，认为不落俗套，写出了新意，还要求大家作为范文来学习。选用这种角度写起来比较难，对秘书工作者的写作能力要求也很高，但写好了就别具一格，很有说服力。

4. 根据采取的工作措施进行总结

这也是很常见的方法，主要用于对某方面的工作进行总结。如某市纪检部门抓“执行力建设”时采取了“统一思想、转变作风、加强督办、素质培训”四大措施，总结时就归纳为“统一思想抓落实；转变作风抓落实；督促检查抓落实；提高能力抓落实”四部分。

又如某市工商局从“教育引导、内外监督、健全制度和严格惩处”等方面抓规范执法工作，总结时就归纳为“创新载体，提升教育的针对性；内外并重，增强监督的实效性；建章立制，确保机制的长效性；狠抓不懈，提高查处的准确性”。这是根据工作措施进行总结的典型例子。

5. 根据开展工作的时间进行总结

这种方法一般用于对专项工作进行总结。如完成某个重点项目后，从“领导重视，精心组织；制定方案，分工负责；加强协调，形成合力；抓好试点，健全方案；狠抓落实，强化执行；总结提高，优化改进”等六方面进行总结。这个例子所采取的角度就是开展工作的先后顺序。应该说，这种方式能完整描述整项工作的全貌，但缺点是重点不突出，特点不明显，写不好很容易变成流水账，难以给人留下深刻的印象。

6. 根据“关键词”进行总结

党代会、中央全会等各种重要会议，往往会提出一些新的理念，出现一些热点词汇。合理利用这些热点词汇来总结工作，既可以体现时代气息，又可以提升文稿的高度。有一次，在某市政协的一个会议中，市领导在讲话时抓住政协的“协”这一关键字进行总结论述，“第一，所谓相‘协’，首要之义为协商；第二，所谓相‘协’，又有协力之义；第三，所谓相‘协’，又有协和之义；第四，所谓相‘协’，还有协同之义”，讲得富有新意，十分精彩，赢得了满堂喝彩。因此，作为一名秘书工作者，如果经常关注党中央的最新精神和理念，能善于提炼、总结关键词或字，也能开阔思路，提高总结的水平。

7. 根据参与主体来总结

当某方面工作或者某个重大项目完成后，一般都要召开会议，总结工作，表彰先进。这种场合的总结部分，往往围绕参与该工作的各主体来构思。如某次抗洪抢险救灾工作总结表彰会议的总结部分就采用了这种方法，“在整个抗洪抢险中，党中央高度关注……受灾省区的各级党委和政府，认真贯彻执行党中央、国务院的方针……人民解放军和武警部队坚决响应党和人民的召唤……人民群众是夺取抗洪抢险胜利的主力军和真正英雄……”，这是按参与主体总结的一个经典范例。

8. 根据解决的问题来总结

在总结工作时，针对解决的问题来归纳，往往也会取得很好的效果。例如，有一次某单

位的服务部门总结工作，客观来说这个部门做了很多工作，也采取了很多创新的措施，成效也比较明显，但上级领导听了汇报并不满意，批评思路不清楚，工作针对性不强。回去后，该部门对材料进行了重新补充和梳理，从解决“脸难看、事难办、门难进”等问题出发，将工作总结为“进一步提高服务意识，尽量让老百姓少受一点气；进一步改进服务环境，尽量让老百姓少跑一点路；进一步优化服务手段，尽量让老百姓少花一点钱；进一步提升工作效率，尽量让老百姓少排一点队”四个方面，得到了领导的认可。用这种角度来总结工作，针对性强，直接鲜明，能给人留下较深的印象。

上述只是可以切入的几种角度，在实战中它们往往不是独立使用的，常常是根据情况有机组合的。撰写总结时，应当认真收集材料，掌握总结对象的特点，尝试从多个角度出发，把思路向四面扩散，沿着不同的方向、不同的侧面思考问题，然后再进行比较分析，找出最佳的总结角度和方法。

实践演练

1. 下列材料是一篇总结的前言部分，指出其存在的毛病，并对其进行改写。

巍巍喜马拉雅山纵情歌唱，滔滔雅鲁藏布江舒袖欢舞。在送走了多少坎坷之后，我们终于迎来了部队科学文化教育的明媚春光。我们边防队驻守在喜马拉雅山麓××公里的边防线上。这里海拔4500多米，空气稀薄，气候寒冷。许多地方曾被地质学家判为“永冻层”，被生物学家划为“生命禁区”。然而，正是在这样艰苦的环境里，广大指战员为了更好地为改革开放和社会主义现代化建设保驾护航，努力学习文化，攀登科学高峰，军营中的文教事业兴旺发达，使“永冻层”上热气腾腾，“生命禁区”里生机盎然。

2. 病文评析。

××乡上半年工作总结

半年来本乡在精神文明和物质文明方面做了许多工作，取得了很大成绩。半年来，主要做了以下工作：安排、落实全年生产计划；推行、落实承包责任制；帮助专业户发展；修建乡下小学校舍；建乡食品厂方便面生产车间厂房；推销乡果脯厂、食品厂、编织厂的产品；为乡机械厂解决原材料不足问题；美化环境，街道两旁栽花种草；封山植树；办了一期果树栽培技术培训班。

半年来，在工作繁杂，头绪多而干部少的情况下，能做这么多工作，主要是：

一、上下团结。乡领导和一般干部都能同甘共苦，劲儿往一处使。工作中有不同看法，当面讲、共同协商。互相间有意见，能开展批评与自我批评，不犯自由主义。

二、不怕困难。本乡企业刚刚起步，困难很多，技术力量薄弱，原材料不足；产品销路没有打开等。为此，经管科的同志和全乡干部共同想办法，他们不怕跑路、放弃自己的休息时间，忍饥挨饿受冻，四处联系，终于解决了今年所需要的原料，推销了一些产品。

三、领导带头。乡的几位主要领导带头苦干，实干。他们白天到下边去调查了解情况、解决问题，晚上开会研究问题，寻找解决的方法。领导干部夜以继日地工作，带动了全乡工作。

××乡人民政府
××××年×月×日

3. 写作训练。

1）请根据自己一年来的大学生活、学习情况写一份总结。

2）任何人在生活、工作、学习方面，总有取得成功的时候，只是有的人的成功次数多些，有的人成功的次数少一些；有的人的成功在学习上，有的人的成功在其他方面。请你回顾自己的生活，以你自认为是成功的一个侧面或一件事为题，写一篇总结。

附　录

附录 A　2015 年普通话等级划分标准

普通话等级考试试卷包括 5 个组成部分，满分为 100 分。

（一）读单音节字词（100 个音节，不含轻声、儿化音节），**限时 3.5 分钟，共 10 分。**

1. 目的：测查应试人声母、韵母、声调读音的标准程度。

2. 要求：

（1）100 个音节中，70% 选自《普通话水平测试用普通话词语表》“表一”，30% 选自“表二”。

（2）100 个音节中，每个声母出现次数一般不少于 3 次，每个韵母出现次数一般不少于 2 次，4 个声调出现次数大致均衡。

（3）音节的排列要避免同一测试要素连续出现。

3. 评分：

（1）语音错误，每个音节扣 0.1 分。

（2）语音缺陷，每个音节扣 0.05 分。

（3）超时 1 分钟以内，扣 0.5 分；超时 1 分钟以上（含 1 分钟），扣 1 分。

（二）读多音节词语（100 个音节），**限时 2.5 分钟，共 20 分。**

1. 目的：测查应试人声母、韵母、声调和变调、轻声、儿化读音的标准程度。

2. 要求：

（1）词语的 70% 选自《普通话水平测试用普通话词语表》“表一”，30% 选自“表二”。

（2）声母、韵母、声调出现的次数与读单音节字词的要求相同。

（3）上声与上声相连的词语不少于 3 个，上声与非上声相连的词语不少于 4 个，轻声不少于 3 个，儿化不少于 4 个（应为不同的儿化韵母）。

（4）词语的排列要避免同一测试要素连续出现。

3. 评分：

（1）语音错误，每个音节扣 0.2 分。

（2）语音缺陷，每个音节扣 0.1 分。

（3）超时 1 分钟以内，扣 0.5 分；超时 1 分钟以上（含 1 分钟），扣 1 分。

（三）选择判断，限时 3 分钟，共 10 分。

1. 词语判断（10 组）

（1）目的：测查应试人掌握普通话词语的规范程度。

（2）要求：根据《普通话水平测试用普通话与方言词语对照表》，列举10组普通话与方言意义相对应但说法不同的词语，由应试人判断并读出普通话的词语。

（3）评分：判断错误，每组扣0.25分。

2. 量词、名词搭配（10组）

（1）目的：测查应试人掌握普通话量词和名词搭配的规范程度。

（2）要求：根据《普通话水平测试用普通话与方言常见语法差异对照表》，列举10个名词和若干量词，由应试人搭配并读出符合普通话规范的10组名量短语。

（3）评分：搭配错误，每组扣0.5分。

3. 语序或表达形式判断（5组）

（1）目的：测查应试人掌握普通话语法的规范程度。

（2）要求：根据《普通话水平测试用普通话与方言常见语法差异对照表》，列举5组普通话和方言意义相对应，但语序或表达习惯不同的短语或短句，由应试人判断并读出符合普通话语法规范的表达形式。

（3）评分：判断错误，每组扣0.5分。

选择判断合计超时1分钟以内，扣0.5分；超时1分钟以上（含1分钟），扣1分。答题时语音错误，每个音节扣0.1分，如判断错误已经扣分，不重复扣分。

（四）朗读短文（1篇，400个音节），**限时4分钟，共30分。**

1. 目的：测查应试人使用普通话朗读书面作品的水平。在测查声母、韵母、声调读音标准程度的同时，重点测查连读音变、停连、语调以及流畅程度。

2. 要求：

（1）短文从《普通话水平测试用朗读作品》中选取。

（2）评分以朗读作品的前400个音节（不含标点符号和括注的音节）为限。

3. 评分：

（1）每错1个音节，扣0.1分；漏读或增读1个音节，扣0.1分。

（2）声母或韵母的系统性语音缺陷，视程度扣0.5分、1分。

（3）语调偏误，视程度扣0.5分、1分、2分。

（4）停连不当，视程度扣0.5分、1分、2分。

（5）朗读不流畅（包括回读），视程度扣0.5分、1分、2分。

（6）超时扣1分。

（五）命题说话，限时3分钟，共30分。

1. 目的：测查应试人在无文字凭借的情况下说普通话的水平，重点测查语音标准程度、词汇语法规范程度和自然流畅程度。

2. 要求：

（1）说话话题从《普通话水平测试用话题》中选取，由应试人从给定的两个话题中选定1个话题，连续说一段话。

（2）应试人单向说话。如发现应试人有明显背稿、离题、说话难以继续等表现时，主试人应及时提示或引导。

3. 评分：

（1）语音标准程度，共20分。分六档：

一档：语音标准，或极少有失误。扣0分、0.5分、1分。

二档：语音错误在10次以下，有方音但不明显。扣1.5分、2分。

三档：语音错误在10次以下，但方音比较明显；或语音错误在10～15次之间，有方音但不明显。扣3分、4分。

四档：语音错误在10～15次之间，方音比较明显。扣5分、6分。

五档：语音错误超过15次，方音明显。扣7分、8分、9分。

六档：语音错误多，方音重。扣10分、11分、12分。

（2）词汇语法规范程度，共5分。分三档：

一档：词汇、语法规范。扣0分。

二档：词汇、语法偶有不规范的情况。扣0.5分、1分。

三档：词汇、语法屡有不规范的情况。扣2分、3分。

（3）自然流畅程度，共5分。分三档：

一档：语言自然流畅。扣0分。

二档：语言基本流畅，口语化较差，有背稿子的表现。扣0.5分、1分。

三档：语言不连贯，语调生硬。扣2分、3分。

说话不足3分钟，酌情扣分：缺时1分钟以内（含1分钟），扣1分、2分、3分；缺时1分钟以上，扣4分、5分、6分；说话不满30秒（含30秒），本测试项成绩计为0分。

应试人普通话水平等级的确定

国家语言文字工作部门发布的《普通话水平测试等级标准》是确定应试人普通话水平等级的依据。测试机构根据应试人的测试成绩确定其普通话水平等级，由省、自治区、直辖市以上语言文字工作部门颁发相应的普通话水平测试等级证书。

普通话水平划分为三个级别，每个级别内划分两个等次。其中：

97分及其以上，为一级甲等。

92分及其以上但不足97分，为一级乙等。

87分及其以上但不足92分，为二级甲等。

80分及其以上但不足87分，为二级乙等。

70分及其以上但不足80分，为三级甲等。

60分及其以上但不足70分，为三级乙等。

说明：各省、自治区、直辖市语言文字工作部门可以根据测试对象或本地区的实际情况，决定是否免测“选择判断”测试项。如免测此项，“命题说话”测试项的分值由30分调整为40分。评分档次不变，具体分值调整如下：

（1）语音标准程度的分值，由20分调整为25分。

一档：扣0分、1分、2分。

二档：扣3分、4分。

三档：扣5分、6分。

四档：扣7分、8分。

五档：扣9分、10分、11分。

六档：扣12分、13分、14分。

(2) 词汇语法规范程度的分值，由5分调整为10分。

一档：扣0分。

二档：扣1分、2分。

三档：扣3分、4分。

(3) 自然流畅程度，仍为5分，各档分值不变。

附录B　职场语言汇编

职业语言是指在一定的社会团体内部使用的有其特定内容的日常交际用语。不同的职业有不同的职业用语，比如服务业、教师、医疗业、旅游业等都有本行业的语言特征。《职场沟通与写作训练教程》教材在训练学生交际沟通等通用核心能力基础上，还力图让学生了解本职业岗位或岗位群的语言特征，在职业活动中能够标准、流畅地使用职业语言，培养和提高职业语言表达能力。

一、导游语言

(一) 导游语言的表达要求

1. 流畅通达，表达恰当

流畅通达的语言有三要素：用词得当、语法正确、语音语调传情。流畅通达的语言以能使旅游者听清、听懂导游词并能领会其用意为前提。导游语言需衔接自然，词语搭配得当，遣词造句准确，给人以清爽流畅之感，能达到不假思索脱口而出的程度。

2. 鲜明生动，形象传神

使用导游语言时，应选用丰富多彩的词语和灵活多样的句式组合，并恰如其分地运用多种修辞手法。生动、传神的语言会影响旅游者的心理和情绪，可以使旅游者游兴大增、兴高采烈。

3. 幽默诙谐，轻松愉快

导游在准备导游词时，可以有意识地加入一些典雅而恰当的幽默词语。运用幽默时，要注意适度和语言品格，不要滥用，不要低级庸俗。

4. 温文尔雅，礼节周到

温和的语言是文雅的语言，礼貌语言也是文雅语言。善良是文雅的内涵之一，礼节周到，做到自谦而尊人。

5. 展现美感，赏心悦目

美的语言能使听者“赏心”，在导游语言中适当选配音节，注意音调节奏规律，导游说起来就朗朗上口，游客听起来也入耳入心。

(二) 导游语言运用技巧

1. 语音语调适度，富于变化

导游除对导游词的用词、用句、表达手法等语言因素深入理解和感受之外，还应要求导游在语音语调上适度，富于变化，即在调节音量、讲究停顿、运用语速、控制音色方面下功夫。

2. 正确把握语言的时机、节奏

讲解的艺术在于适中，导游根据自己对游客当时情绪的敏锐判断，调整讲解的话题长

短、音调高低。

3. 当敬则敬，当忌则忌

在不同场合准确使用不同的用语。与客人初次见面时应用“迎客语”，与客人辞别时应用“告别语”，与客人交流时应用“应答语”，当客人为你提供方便时，应用“感谢语”。不能用命令式或否定式的语言与客人交谈。

4. 充满激情

缺乏激情，必然缺少感染力。

（三）导游语言摘录

1. 礼貌用语

1）称呼语：小姐、夫人、太太、先生、同志、首长、那位先生、那位女士、那位首长、大姐、阿姨等。

2）欢迎语：欢迎您来我们这里、欢迎光临。

3）问候语：您好、您早、早安、午安、早上好、下午好、晚上好、路上辛苦了。

4）祝贺语：恭喜、祝您愉快、恭喜发财。

5）告别语：再见、晚安、明天见、祝您旅途愉快、祝您一路平安、欢迎您下次再来。

6）道歉语：对不起、请原谅、打扰您了、失礼了、十分抱歉。

7）道谢语：谢谢、非常感谢。

8）应答语：是的、好的、我明白了、谢谢您的好意、不要客气、没关系、这是我应该做的。

9）征询语：请问您有什么事、我能为您做些什么吗、需要我帮您做什么吗、您还有别的事吗、您喜欢（需要、能够……）、您……好吗。

10）基本礼貌用语10字：您好、请、谢谢、对不起、再见。

2. 导游语言的特点

1）口语化的特点。一定要将书面导游词口语化。

2）存在焦点话题。一个大家都感兴趣的话题是不会引发游客逆反心理的。导游改写导游词必须站在游客角度，进行取舍。

3）需要富有感染力的有声语言。明亮、顿挫、节奏、停连，理解内容，突出其中的情感因素。

4）要求普通话标准。这是基本要求，导游的普通话水平要求是二甲，只有在音准的基础上才能创设导游语言的美感。

3. 导游讲解技巧——得体

得体，就是语言体式上的恰如其分，使其既能合乎讲解内容、讲解场景，又能反映导游的讲解风格。

1）导游语言要有整体的和谐感。导游作为一种特殊的讲解者，其和谐应体现在：语言严谨而不呆滞，活泼而不轻率，幽默而不油滑，亲切而不低俗，明白而不粗浅。

2）导游语言要有分体的适应性。即针对不同的景观，运用不同的修辞词汇，用不同的语调。如自然山水导游语言的轻快，园林建筑的斯文，文物古迹的凝重，革命史迹的庄重，主题公园的高亢等。要因景、因境、因时，各有所宜。

3）导游语言要有个体的独特性，主要是指导游个体的讲解风格。讲解风格应与导游个

体气质、修养吻合，或平和舒展，或朴实简洁，或严谨翔实，或情真意切，或激情昂扬。

二、服务语言

（一）服务语言的用语原则

1. 必须满足交际的目的和内容

服务语言的主要目的是：为本企业树立良好的形象，建立良好的声誉，赢得服务对象的了解、理解、信赖和支持，同时达到促销和企业赢利目的。为此，服务人员应正确理解服务对象，通过语言传递目的和要求，也要正确地传递服务的信息。

2. 必须适应服务对象的不同特点

服务人员在接待服务对象时，要充分注意服务对象的年龄、性别、职业、职务、身份特点和性格、心理、文化修养、风俗习惯特点等，根据特定语言接受对象的理解和接受情况正确选择最佳的语言表达形式。

3. 必须适应特定的语言环境

语言环境主要指赖以进行的时间、地点、场合等因素，也包括表达、领会的前言后语等。语言环境是服务语言表达和领会的重要背景因素，服务语言表达应适应特定的语言环境。

（二）服务语言的基本要求

1. 形式上的要求

服务人员在服务时要用流利的普通话，清楚、准确、亲切地表达出自己的意思，但不宜多说话，而应启发服务对象多说话。现代服务也不宜大声吆喝，它讲究轻声服务，要求三轻（说话轻、走路轻、操作轻）。

2. 程序上的要求

1）宾客来店有欢迎声。

2）宾客离店有道别声。

3）客人呼唤时有回应声。

4）客人帮忙或表扬时有致谢声。

5）客人欠安或者遇见客人时有问候声。

6）服务之前有提醒声。

7）服务不周有道歉声。

（三）服务语言摘录

1. 称谓语

先生、小姐、太太、夫人、大姐、大哥、阿姨、同志、老师、师傅等。

2. 欢迎语

欢迎、欢迎光临、欢迎您再次光临本店、见到您很高兴、欢迎您的到来、莅临本店，不胜荣幸等。

3. 问候语

先生/女士您好、早上好、中午好、晚上好、新年好、中秋快乐、国庆快乐、圣诞快乐等。

4. 致谢语

谢谢您、谢谢您的提醒、谢谢您的好意、谢谢您的鼓励、谢谢您的帮助、谢谢您的夸

奖、谢谢您的合作、有劳您了、让您费心了、让您破费了、非常感谢您能赏光等。

5. 赞赏语

太好了、真不错、相当棒、对极了、还是您懂行、您的观点非常正确等。

6. 祝贺语

祝您成功、心想事成、诸事顺意、兴旺发达、工作顺利、生意兴隆、生活开心、心情愉快、合家幸福、节日快乐、举案齐眉、白头偕老、福如东海、寿比南山等。

7. 请托语

劳驾、拜托、借光、打扰了、请关照、请稍后、请让一下、请您拿好、有劳您帮帮忙等。

8. 指示语

先生/女士请随我来、先生/女士请一直往前走、先生/女士请您稍坐一会儿，马上就给您上菜等。

9. 推脱语

您可以到对面的商厦看看、我下班后要休息，不能接受您的邀请、谢谢您的好意，不过……承蒙您的好意，但恐怕这样做会违反规定，希望您理解等。

10. 提醒道歉语

对不起，让您久等了；对不起，打搅一下；请原谅，这是我的错等。

11. 应答语

好的；是的；好的，我明白您的意思；很高兴为您服务；听候您的吩咐；随时为您效劳；我知道了；一定照办；我会尽量按照您的要求去做等。

12. 谦恭应答语

过奖了、请多多指教、请不必客气、您太客气了、这是我的荣幸、这是我们应该做的等。

13. 谅解应答语

不必，不必；不要紧；没有关系；我不会介意的等。

14. 征询语

需要帮忙吗、您今天要些什么、我能为您做点什么等。

封闭式征询语

您是不是想先来试一试、您觉得这东西怎么样、您是不是很喜欢这种颜色、您不介意我来帮助您吧、您不来上一杯咖啡吗等。

开放式（选择式）征询语

您打算预订雅座还是预订散座；这里有红色、黑色、白色三种，您喜欢哪一种颜色；您需要这一种，还是那一种等。

15. 送别语

先生/女士，再见；先生/女士，您走好；请慢走；先生/女士，多多保重，欢迎再来；先生/女士，一路平安（客人要远去时），希望在酒楼再次见到您等。

三、销售语言

（一）销售语言的基本原则

1. 措辞

使用销售语言时，要充分尊重顾客的人格和习惯，经常使用谦谨语和委婉语，即用征询、商量的语气，用委婉、含蓄语代替禁忌词语。

2. 生动

用语幽默生动，创设轻松愉快的营销环境。

3. 细致

使用销售语言时注意察言观色，注意观察顾客的反应，不同场合、不同对象说不同的话。

4. 礼貌

销售语言的言辞礼貌性主要表现在敬语上，应彬彬有礼，热情而庄重，注意用“您”而不用“你”。

每个销售人员都需要学习和研究工作语言，并在实践中努力提高自己的语言应变能力，注意培养随机性和灵活性，以便适应服务接待工作的需要。

（二）销售语言运用技巧

1. 语言简练

要注意语言的简练、明确，突出中心。在推销过程中，与顾客谈话的时间不宜过长，这就要我们用简练的语言去交谈。

2. 选择词语

销售人员选择词语不同，往往会给顾客以不同的感受，产生不同的效果。

3. 调节语调和语速

说话不仅是在交流信息，同时也是在交流感情。许多复杂的情感往往通过不同的语调和语速表现出来。销售员应通过婉转柔和的语调，创造一种和谐的气氛和较好的推销环境。

4. 仪态

与顾客对话时，首先要面带微笑地倾听，并通过关注的目光进行感情的交流，或通过点头和简短的提问、插话，表示你对顾客谈话的注意和兴趣。为了表示对顾客的尊重，一般应站立说话。

（三）销售语言摘录

1. 基本用语

1）迎客时说：欢迎、欢迎您的光临、您好等。

2）对他人表示感谢时说：谢谢、谢谢您、谢谢您的帮助等。

3）由于失误表示歉意时说：很抱歉、实在很抱歉等。

4）在不能立即接待顾客时说：请您稍候、麻烦您等一下、我马上就来等。

5）对在等候的顾客说：让您久等了、对不起，让你们等候多时了等。

6）打扰或给顾客带来麻烦时说：对不起、实在对不起、打扰您了、给您添麻烦了等。

7）当你要打断顾客的谈话时说：对不起，我可以占用一下您的时间吗；对不起，耽搁您的时间了等。

8）接受顾客的吩咐时说：听明白了、清楚了，请您放心等。

9）当你听不清楚顾客问话时说：很对不起，我没听清楚，请重复一遍好吗等。

10）当顾客向你致谢时说：请别客气、不用客气、很高兴为您服务、这是我应该做的等。

11）当顾客向你致歉时说：没有什么、没关系、算不了什么等。

2. 敬语

1）接待顾客时

①接待顾客时应说：欢迎光临、谢谢惠顾。

②不能立刻招呼客人时：对不起，请您稍候；好，马上去；请您稍候；一会儿见等。

③让客人等候时：对不起，让您久等了；抱歉，让您久等了；不好意思，让您久等。

2）拿商品给顾客看时

①拿商品给顾客看时：是这个吗？好！请您看一看。

②介绍商品时：我想，这个比较好。

3）将商品交给顾客时

①让您久等了。

②谢谢，让您久等了。

4）换商品时

①替顾客换有问题的商品时：实在抱歉、马上替您换。

②顾客要换另一种商品时：没有问题，请问您要哪一种？

5）向顾客道歉时

①实在抱歉。

②给您添了许多麻烦，实在抱歉。

6）送客时

①谢谢您。

②欢迎下次光临，谢谢。

四、医护人员语言

对患者来说，医患沟通是一种重要的心理需求，而医护人员的语言态度是解除患者内心紧张，表达医护情感，寻求患者配合的重要手段。医生、护士良好的语言和态度使患者倍感亲切，产生良好的心理反应。而良好的心理反应可以引起患者神经内分泌系统积极的反应，使患者处于一个接受治疗所需的最好的心理状态。

（一）医生用语技巧

医生的语言可能在不经意之中，会损伤病人对医生的信任和尊重。但只要应用得好，就会在关键时刻帮助病人，起到昂贵药物无法达到的治疗康复作用。对于医生，把话说好，并非简单地加几句客气话就可做到，内心具备仁爱之心才是大前提。我国著名医学家张孝骞说过一句话，“病人以性命相托，我们怎能不诚惶诚恐，如临深渊，如履薄冰。”这正是医生这一治病救人的神圣职业应具备的人文素质。病人来找医生看病时，往往对所患疾病的情况一无所知，非常需要医生提供解释，而当医生给予了病人个体化的健康指导和建议后，病人一般都会满意而去。而且，随着医学的发展和医学模式的转化，现代医学也要求医务人员不仅要了解患者的病理变化，更需要了解患者的心理需求，并在医疗的各个环节表现出对患者的关爱，让他们感受到温暖，而医务人员的语言便是最重要的载体之一。

（二）护士用语表达技巧

护士在护理工作实施中，语言是心理治疗与心理护理的重要手段；反之，若运用不当，语言又可成为导致心因性疾病的因素。因此，护士必须重视语言的运用。

护士在向医生或护士长报告工作情况、反映病情，或向病人交代诊治和护理意图时，或向病者家属叮嘱事情时，都应当把人物称谓、时间概念、空间关系及其间的联系说清，把一件事情的起始、经过、变化、延续和结局讲明。同时，在符合语法要求的前提下，要注意语言简明精炼，这样才能提高工作效率。

护士用语的声音要轻一些、语气要温和一些、话语速度要慢一些，并且要适当配合手势和表情，这样也才能显现护士的温文尔雅和对病人的体贴关切。

1. 患者列举的医生和护士好的用语和好的态度

1）好的语言：您今天好吗；请您稍等一下；感觉好些吗；要有信心；要相信科学，相信医生；有不适感请及时告诉我们；别着急，我们帮您想办法；别紧张，放松点儿；帮您去问问；精神状态非常好，为您高兴；化疗期间注意保暖，要防止感冒等。

2）好的态度：亲切热情、尊重、关心体贴、安慰、鼓励、随叫随到、有同情心、理解、认真负责、态度可亲、细心周到等。

2. 患者列举的医生、护士差的语言和差的态度

1）差的语言：不知道；不清楚；着什么急，等着；快点，我还有事；问医生，别问我；没看见或没听见；能有张加床就不错了；你知道的比我们还多；谈论与工作无关的事情；某某床，某某号等。

2）差的态度：态度生硬、没有耐心、命令的态度、推诿、傲慢、冷淡、施舍、不平等的感觉、不负责任、不尊重等。

（三）医护人员用语摘录

1. 问候语

您好；大家好；早安；晚安；上午好；下午好；来了；忙呢；感觉好吗；感觉如何；你哪里不舒服；您有什么事吗；我能帮您什么忙吗；您需要我帮您做些什么吗；我可以进来吗；怎么难过了，能告诉我吗；您不介意的话，我可以看一看吗等。

2. 感谢语

谢谢、谢谢您、谢谢合作、非常感谢、让您费心了、有劳您了、给您添麻烦了、打扰了等。

3. 祝贺语

如早日康复等。

4. 应答语

当对方有事请求时，应回答：好、是的、我明白了、我明白您的意思、一定照办、我会尽量按照您的要求去做等。

当对方向你表示谢意或口头表扬时，应回答：不必客气、这是我应该做的、您太客气了、您过奖了等。

当对方因故向你道歉时，应回答：没关系、我不会介意的，请放心、我理解您的心情等。

5. 请托语

如请您帮个忙、劳驾、请您多关照、请您留步、请您稍后等。

6. 道歉语

对不起；对不起，让您久等了；对不起，让您受疼了；不好意思，请原谅；抱歉；失

敬；失陪了；很惭愧；真的过意不去等。

7. 送别语

慢走、请走好、一路平安、多保重、记住按时复查、请按时服药和定期检查、注意调整饮食、有事请及时与我联系等。

五、教师语言

教师语言是指教学口语和教育口语。教学口语专指教师在课堂上为传授知识、培养学生能力所用的讲课语言。教育口语泛指教师对学生的思想、品德、行为、习惯等进行评价的语言。前者偏重于教书，后者偏重于育人，总称教书育人。

（一）教师的语言要求

1. 言之实在，有根有据，富有真实性
2. 言之有理，充满哲理，富有教育性
3. 言之有情，情理交融，富有启发性
4. 有的放矢，一语中的，富有针对性
5. 用语恰当，分寸适度，富有准确性
6. 结构严谨，条理清楚，富有逻辑性
7. 抑扬顿挫，快慢有致，富有节奏性
8. 观点鲜明，简练流畅，富有简洁性
9. 形象生动，妙语连珠，富有趣味性
10. 忌用方言，通用国语，富有规范性

教学应以学生为主体，所以教师教学语言应在启发、诱导学生思考、掌握知识、具备能力方面下功夫。在教学过程中，成功的教师语言可以表现在鼓励学生参与教学上。

（二）教师语言表达技巧

1. 教学口语

不同的教学对象，不同的专业学科，不同的教学内容，不同的教学环节，在教学口语的运用上，有着不同的特点和要求。教师课堂上的语言应清晰标准，表现如下。

1）准确清晰。准确是指吐字合乎规范，字音标准；清晰是指语音具有较高的分辨率，即使在嘈杂环境中也能听清楚。

2）圆润动听。教师要有较好的声音音色和较高的吐字技巧。圆润动听与嗓音条件有直接关系，也与吐字技巧有关，同时完美的吐字会使人感到声音圆润动听并能弥补嗓音方面的某些不足。

3）富于变化。教师的课堂发音力求变化。无论吐字力度，还是音高、音色、节奏，都尽可能随讲解内容和感情色彩而变化。

4）朴实大方。讲课发音接近生活中的讲述，不能过分夸张和过多修饰，讲课用声与口语接近。

2. 教育口语

作为教师，尤其是班主任，在教育学生的过程中，口语表达能力的强弱，直接关系到教育的效果。教育口语的基本技巧表现如下。

1）看人说话。针对不同的谈话对象，运用相应不同的方法。

2）选择时机。可以根据问题的性质和迫切程度、学生的个性心理特征、当时的心境和

气氛以及谈话前的准备情况确定谈话时机。

3）以情动人。首先体现在对学生的尊重、平等待人的基础上。其次体现在对学生真诚地关心、信任和爱护的态度上。

4）以理服人。所讲的内容一定要实在、准确、全面。

六、接待语言

（一）接听电话用语

您好，××公司。

请问您贵姓？

请问有什么可以帮您的吗？

当听不清楚对方说的话时：

对不起，先生/女士，您刚才讲的问题我没听清楚，请您重述一遍好吗？

先生/女士，您还有别的事吗？

对不起，先生/女士，我把您刚才说的话再复述一遍，看妥不妥当？

您能听清楚吗？

当对方要找的人不在时：

对不起，他/她不在，有什么事情需要我转告他/她吗？

谢谢您，再见。

（二）打出电话用语

先生/女士，您好！我是××管理公司，麻烦您找××先生/女士。

当要找的人不在时，您能替我转告他/她吗？

谢谢您，再见。

（三）用户电话投诉时

先生/女士，您好！××管理公司。

请问您是哪家公司？

先生/女士，请问您贵姓？

请告诉我详情，好吗？

对不起，先生/女士，我立即处理这个问题，大约在××时间给您答复。请问怎样与您联系？

您放心，我们会立即采取措施，使您满意。

很抱歉，给您添麻烦了。

谢谢您的意见。

（四）用户来访投诉时

先生/女士，您好！请问我能帮您什么忙吗？

先生/女士，请问您贵姓？

您能把详细情况告诉我吗？

对不起，给您添麻烦了。

当投诉不能立即处理时：

对不起，让您久等了，我会马上把您的意见反馈到有关部门处理，大约在××时间给您一个答复。请您放心。

谢谢您的意见。

限于职权或能力不能解决时：

对不起，先生/女士，您反映的问题由于某种原因暂时无法解决，我会把您的情况向公司领导反映，尽快给您一个满意的答复。

（五）以下几项限物业管理专业

1. 用户电话咨询管理费时用语

先生/女士，您好！请问有什么可以帮忙的吗？

请稍等，我帮您查一下。

贵公司×月份的管理费×元、电费×元、维修费×元、仓库租金×元，共计×元。您打算来交款吗？

一会儿见。

2. 收管理费用语

先生/女士，您好！请问您是来交管理费的吗？请问您的房号？

您本月应交管理费×××元，上月电费×××元，维修费×××元。

收您×××元，找回×××元。

这是您的发票，请保管好。

谢谢您，再见。

3. 催收管理费用语

先生/女士，您好！

贵公司×月份的管理费还没有缴。我们于×日已经发出《缴款通知》，想必您已经收到了，现在再提醒您一下，按管理公约，管理费应在当月15日之前缴纳，逾期管理公司将按0.17%收取滞纳金。

4. 用户室内工程报修时用语

您好，服务中心。请问您室内哪里要维修？

您可以留下您的姓名和联络电话以方便维修吗？

谢谢您的合作，我们尽快派人替您维修，大约在10分钟内给您一个答复。

附录C　党政机关公文处理工作条例

第一章　总　　则

第一条　为了适应中国共产党机关和国家行政机关（以下简称党政机关）工作需要，推进党政机关公文处理工作科学化、制度化、规范化，制定本条例。

第二条　本条例适用于各级党政机关公文处理工作。

第三条　党政机关公文是党政机关实施领导、履行职能、处理公务的具有特定效力和规范体式的文书，是传达贯彻党和国家的方针政策，公布法规和规章，指导、布置和商洽工作，请示和答复问题，报告、通报和交流情况等的重要工具。

第四条　公文处理工作是指公文拟制、办理、管理等一系列相互关联、衔接有序的工作。

第五条 公文处理工作应当坚持实事求是、准确规范、精简高效、安全保密的原则。

第六条 各级党政机关应当高度重视公文处理工作，加强组织领导，强化队伍建设，设立文秘部门或者由专人负责公文处理工作。

第七条 各级党政机关办公厅（室）主管本机关的公文处理工作，并对下级机关的公文处理工作进行业务指导和督促检查。

第二章 公文种类

第八条 公文种类主要有：

（一）决议。适用于会议讨论通过的重大决策事项。

（二）决定。适用于对重要事项做出决策和部署、奖惩有关单位和人员、变更或者撤销下级机关不适当的决定事项。

（三）命令（令）。适用于公布行政法规和规章、宣布施行重大强制性措施、批准授予和晋升衔级、嘉奖有关单位和人员。

（四）公报。适用于公布重要决定或者重大事项。

（五）公告。适用于向国内外宣布重要事项或者法定事项。

（六）通告。适用于在一定范围内公布应当遵守或者周知的事项。

（七）意见。适用于对重要问题提出见解和处理办法。

（八）通知。适用于发布、传达要求下级机关执行和有关单位周知或者执行的事项，批转、转发公文。

（九）通报。适用于表彰先进、批评错误、传达重要精神和告知重要情况。

（十）报告。适用于向上级机关汇报工作、反映情况，回复上级机关的询问。

（十一）请示。适用于向上级机关请求指示、批准。

（十二）批复。适用于答复下级机关请示事项。

（十三）议案。适用于各级人民政府按照法律程序向同级人民代表大会或者人民代表大会常务委员会提请审议事项。

（十四）函。适用于不相隶属机关之间商洽工作、询问和答复问题、请求批准和答复审批事项。

（十五）纪要。适用于记载会议主要情况和议定事项。

第三章 公文格式

第九条 公文一般由份号、密级和保密期限、紧急程度、发文机关标志、发文字号、签发人、标题、主送机关、正文、附件说明、发文机关署名、成文日期、印章、附注、附件、抄送机关、印发机关和印发日期、页码等组成。

（一）份号。公文印制份数的顺序号。涉密公文应当标注份号。

（二）密级和保密期限。公文的秘密等级和保密的期限。涉密公文应当根据涉密程度分别标注“绝密”“机密”“秘密”和保密期限。

（三）紧急程度。公文送达和办理的时限要求。根据紧急程度，紧急公文应当分别标注“特急”“加急”，电报应当分别标注“特提”“特急”“加急”“平急”。

（四）发文机关标志。由发文机关全称或者规范化简称加“文件”二字组成，也可以使

用发文机关全称或者规范化简称。联合行文时，发文机关标志可以并用联合发文机关名称，也可以单独用主办机关名称。

（五）发文字号。由发文机关代字、年份、发文顺序号组成。联合行文时，使用主办机关的发文字号。

（六）签发人。上行文应当标注签发人姓名。

（七）标题。由发文机关名称、事由和文种组成。

（八）主送机关。公文的主要受理机关，应当使用机关全称、规范化简称或者同类型机关统称。

（九）正文。公文的主体，用来表述公文的内容。

（十）附件说明。公文附件的顺序号和名称。

（十一）发文机关署名。署发文机关全称或者规范化简称。

（十二）成文日期。署会议通过或者发文机关负责人签发的日期。联合行文时，署最后签发机关负责人签发的日期。

（十三）印章。公文中有发文机关署名的，应当加盖发文机关印章，并与署名机关相符。有特定发文机关标志的普发性公文和电报可以不加盖印章。

（十四）附注。公文印发传达范围等需要说明的事项。

（十五）附件。公文正文的说明、补充或者参考资料。

（十六）抄送机关。除主送机关外需要执行或者知晓公文内容的其他机关，应当使用机关全称、规范化简称或者同类型机关统称。

（十七）印发机关和印发日期。公文的送印机关和送印日期。

（十八）页码。公文页数顺序号。

第十条　公文的版式按照《党政机关公文格式》国家标准执行。

第十一条　公文使用的汉字、数字、外文字符、计量单位和标点符号等，按照有关国家标准和规定执行。民族自治地方的公文，可以并用汉字和当地通用的少数民族文字。

第十二条　公文用纸幅面采用国际标准 A4 型。特殊形式的公文用纸幅面，根据实际需要确定。

第四章　行文规则

第十三条　行文应当确有必要，讲求实效，注重针对性和可操作性。

第十四条　行文关系根据隶属关系和职权范围确定。一般不得越级行文，特殊情况需要越级行文的，应当同时抄送被越过的机关。

第十五条　向上级机关行文，应当遵循以下规则：

（一）原则上主送一个上级机关，根据需要同时抄送相关上级机关和同级机关，不抄送下级机关。

（二）党委、政府的部门向上级主管部门请示、报告重大事项，应当经本级党委、政府同意或者授权；属于部门职权范围内的事项应当直接报送上级主管部门。

（三）下级机关的请示事项，如需以本机关名义向上级机关请示，应当提出倾向性意见后上报，不得原文转报上级机关。

（四）请示应当一文一事。不得在报告等非请示性公文中夹带请示事项。

（五）除上级机关负责人直接交办事项外，不得以本机关名义向上级机关负责人报送公文，不得以本机关负责人名义向上级机关报送公文。

（六）受双重领导的机关向一个上级机关行文，必要时抄送另一个上级机关。

第十六条　向下级机关行文，应当遵循以下规则：

（一）主送受理机关，根据需要抄送相关机关。重要行文应当同时抄送发文机关的直接上级机关。

（二）党委、政府的办公厅（室）根据本级党委、政府授权，可以向下级党委、政府行文，其他部门和单位不得向下级党委、政府发布指令性公文或者在公文中向下级党委、政府提出指令性要求。需经政府审批的具体事项，经政府同意后可以由政府职能部门行文，文中须注明已经政府同意。

（三）党委、政府的部门在各自职权范围内可以向下级党委、政府的相关部门行文。

（四）涉及多个部门职权范围内的事务，部门之间未协商一致的，不得向下行文；擅自行文的，上级机关应当责令其纠正或者撤销。

（五）上级机关向受双重领导的下级机关行文，必要时抄送该下级机关的另一个上级机关。

第十七条　同级党政机关、党政机关与其他同级机关必要时可以联合行文。属于党委、政府各自职权范围内的工作，不得联合行文。

党委、政府的部门依据职权可以相互行文。

部门内设机构除办公厅（室）外不得对外正式行文。

第五章　公 文 拟 制

第十八条　公文拟制包括公文的起草、审核、签发等程序。

第十九条　公文起草应当做到：

（一）符合党的理论路线方针政策和国家法律法规，完整准确体现发文机关意图，并同现行有关公文相衔接。

（二）一切从实际出发，分析问题实事求是，所提政策措施和办法切实可行。

（三）内容简洁，主题突出，观点鲜明，结构严谨，表述准确，文字精练。

（四）文种正确，格式规范。

（五）深入调查研究，充分进行论证，广泛听取意见。

（六）公文涉及其他地区或者部门职权范围内的事项，起草单位必须征求相关地区或者部门意见，力求达成一致。

（七）机关负责人应当主持、指导重要公文起草工作。

第二十条　公文文稿签发前，应当由发文机关办公厅（室）进行审核。审核的重点是：

（一）行文理由是否充分，行文依据是否准确。

（二）内容是否符合党的理论路线方针政策和国家法律法规；是否完整准确体现发文机关意图；是否同现行有关公文相衔接；所提政策措施和办法是否切实可行。

（三）涉及有关地区或者部门职权范围内的事项是否经过充分协商并达成一致意见。

（四）文种是否正确，格式是否规范；人名、地名、时间、数字、段落顺序、引文等是否准确；文字、数字、计量单位和标点符号等用法是否规范。

（五）其他内容是否符合公文起草的有关要求。

需要发文机关审议的重要公文文稿，审议前由发文机关办公厅（室）进行初核。

第二十一条　经审核不宜发文的公文文稿，应当退回起草单位并说明理由；符合发文条件但内容需作进一步研究和修改的，由起草单位修改后重新报送。

第二十二条　公文应当经本机关负责人审批签发。重要公文和上行文由机关主要负责人签发。党委、政府的办公厅（室）根据党委、政府授权制发的公文，由受权机关主要负责人签发或者按照有关规定签发。签发人签发公文，应当签署意见、姓名和完整日期；圈阅或者签名的，视为同意。联合发文由所有联署机关的负责人会签。

第六章　公文办理

第二十三条　公文办理包括收文办理、发文办理和整理归档。

第二十四条　收文办理主要程序是：

（一）签收。对收到的公文应当逐件清点，核对无误后签字或者盖章，并注明签收时间。

（二）登记。对公文的主要信息和办理情况应当详细记载。

（三）初审。对收到的公文应当进行初审。初审的重点是：是否应当由本机关办理，是否符合行文规则，文种、格式是否符合要求，涉及其他地区或者部门职权范围内的事项是否已经协商、会签，是否符合公文起草的其他要求。经初审不符合规定的公文，应当及时退回来文单位并说明理由。

（四）承办。阅知性公文应当根据公文内容、要求和工作需要确定范围后分送。批办性公文应当提出拟办意见报本机关负责人批示或者转有关部门办理；需要两个以上部门办理的，应当明确主办部门。紧急公文应当明确办理时限。承办部门对交办的公文应当及时办理，有明确办理时限要求的应当在规定时限内办理完毕。

（五）传阅。根据领导批示和工作需要将公文及时送传阅对象阅知或者批示。办理公文传阅应当随时掌握公文去向，不得漏传、误传、延误。

（六）催办。及时了解掌握公文的办理进展情况，督促承办部门按期办结。紧急公文或者重要公文应当由专人负责催办。

（七）答复。公文的办理结果应当及时答复来文单位，并根据需要告知相关单位。

第二十五条　发文办理主要程序是：

（一）复核。已经发文机关负责人签批的公文，印发前应当对公文的审批手续、内容、文种、格式等进行复核；需作实质性修改的，应当报原签批人复审。

（二）登记。对复核后的公文，应当确定发文字号、分送范围和印制份数并详细记载。

（三）印制。公文印制必须确保质量和时效。涉密公文应当在符合保密要求的场所印制。

（四）核发。公文印制完毕，应当对公文的文字、格式和印刷质量进行检查后分发。

第二十六条　涉密公文应当通过机要交通、邮政机要通信、城市机要文件交换站或者收发件机关机要收发人员进行传递，通过密码电报或者符合国家保密规定的计算机信息系统进行传输。

第二十七条　需要归档的公文及有关材料，应当根据有关档案法律法规以及机关档案管

理规定，及时收集齐全、整理归档。两个以上机关联合办理的公文，原件由主办机关归档，相关机关保存复制件。机关负责人兼任其他机关职务的，在履行所兼职务过程中形成的公文，由其兼职机关归档。

第七章　公 文 管 理

第二十八条　各级党政机关应当建立健全本机关公文管理制度，确保管理严格规范，充分发挥公文效用。

第二十九条　党政机关公文由文秘部门或者专人统一管理。设立党委（党组）的县级以上单位应当建立机要保密室和机要阅文室，并按照有关保密规定配备工作人员和必要的安全保密设施设备。

第三十条　公文确定密级前，应当按照拟定的密级先行采取保密措施。确定密级后，应当按照所定密级严格管理。绝密级公文应当由专人管理。

公文的密级需要变更或者解除的，由原确定密级的机关或者其上级机关决定。

第三十一条　公文的印发传达范围应当按照发文机关的要求执行；需要变更的，应当经发文机关批准。

涉密公文公开发布前应当履行解密程序。公开发布的时间、形式和渠道，由发文机关确定。

经批准公开发布的公文，同发文机关正式印发的公文具有同等效力。

第三十二条　复制、汇编机密级、秘密级公文，应当符合有关规定并经本机关负责人批准。绝密级公文一般不得复制、汇编，确有工作需要的，应当经发文机关或者其上级机关批准。复制、汇编的公文视同原件管理。

复制件应当加盖复制机关戳记。翻印件应当注明翻印的机关名称、日期。汇编本的密级按照编入公文的最高密级标注。

第三十三条　公文的撤销和废止，由发文机关、上级机关或者权力机关根据职权范围和有关法律法规决定。公文被撤销的，视为自始无效；公文被废止的，视为自废止之日起失效。

第三十四条　涉密公文应当按照发文机关的要求和有关规定进行清退或者销毁。

第三十五条　不具备归档和保存价值的公文，经批准后可以销毁。销毁涉密公文必须严格按照有关规定履行审批登记手续，确保不丢失、不漏销。个人不得私自销毁、留存涉密公文。

第三十六条　机关合并时，全部公文应当随之合并管理；机关撤销时，需要归档的公文经整理后按照有关规定移交档案管理部门。

工作人员离岗离职时，所在机关应当督促其将暂存、借用的公文按照有关规定移交、清退。

第三十七条　新设立的机关应当向本级党委、政府的办公厅（室）提出发文立户申请。经审查符合条件的，列为发文单位，机关合并或者撤销时，相应进行调整。

第八章　附　　则

第三十八条　党政机关公文含电子公文。电子公文处理工作的具体办法另行制定。

第三十九条　法规、规章方面的公文，依照有关规定处理。外事方面的公文，依照外事主管部门的有关规定处理。

第四十条　其他机关和单位的公文处理工作，可以参照本条例执行。

第四十一条　本条例由中共中央办公厅、国务院办公厅负责解释。

第四十二条　本条例自2012年7月1日起施行。1996年5月3日中共中央办公厅发布的《中国共产党机关公文处理条例》和2000年8月24日国务院发布的《国家行政机关公文处理办法》停止执行。

参考文献

[1] 林灵. 实用口才与职场沟通[M]. 北京：人民交通出版社，2013.
[2] 陈向平. 口语表达与交际沟通技巧[M]. 北京：化学工业出版社，2011.
[3] 高彤心. 应用文写作实训教程[M]. 2版. 北京：高等教育出版社，2015.
[4] 刘增安. 新型实用应用文写作[M]. 北京：北京理工大学出版社，2011.
[5] 吕宏程. 职场沟通实务[M]. 北京：北京大学出版社，2012.
[6] 陈涛涛. 世界500强企业面试笔试攻略[M]. 北京：中国法制出版社，2015.
[7] 赵楠. 无领导小组讨论与结构化面试[M]. 广州：广东经济出版社，2013.
[8] 陈冠军. 给我Offer：世界500强面试秘籍[M]. 北京：化学工业出版社，2011.
[9] 陈沛然. 面试艺术[M]. 北京：人民出版社，2015.
[10] 李玉珊. 商务文案写作[M]. 3版. 北京：高等教育出版社，2014.
[11] 吴婕. 有效沟通与实用写作教程[M]. 2版. 北京：中国人民大学出版社，2014.
[12] 张建. 应用写作[M]. 3版. 北京：高等教育出版社，2015.
[13] 杨文丰. 高职应用写作[M]. 3版. 北京：高等教育出版社，2014.
[14] 章年卿，魏佐国，叶新平. 应用文写作概论[M]. 北京：教育科学出版社，2011.
[15] 陈桃源，朱晓蓉. 职场沟通与交流能力训练教程[M]. 2版. 北京：高等教育出版社，2014.
[16] 邱飞廉. 科技应用文写作[M]. 北京：中国人民大学出版社，2015.
[17] 郝士钊. 沟通说服口才[M]. 北京：当代世界出版社，2012.
[18] 余世维. 有效沟通：管理者的沟通艺术[M]. 北京：机械工业出版社，2006.
[19] 凡禹. 沟通技能的训练[M]. 北京：北京工业大学出版社，2004.
[20] 王光华. 口才训练教程[M]. 北京：机械工业出版社，2007.